乡村70载 振兴跨百年系列丛书

中国乡村振兴

—— 理论与实践探索

王玉斌等 ○ 编著

中国农业大学出版社
·北京·

内 容 简 介

本书是“乡村七十载　振兴跨百年系列丛书”中的第一册，是中国农业大学经济管理学院畜牧经济研究中心、国家农业农村发展研究院畜牧经济研究团队立足新中国成立70周年、决胜全面建成小康社会冲刺之年和“两个一百年”关键历史交汇期，紧扣乡村振兴战略和新时代“三农”工作特点，围绕“五大振兴”、农业农村优先发展和质量兴农战略，近年来的研究成果。展现的是近年来研究团队积极投入乡村振兴战略、深入农业农村调研的所看、所思、所想及所得，体现了中国农业大学学人“学农、思农、爱农”的深厚情怀与责任担当。

图书在版编目（CIP）数据

中国乡村振兴：理论与实践探索／王玉斌等编著．—北京：中国农业大学出版社，2019.9
（乡村七十载　振兴跨百年系列丛书）
ISBN 978-7-5655-2271-0

Ⅰ.①乡…　Ⅱ.①王…　Ⅲ.①农业经济发展－中国－文集
Ⅳ.①F323-53

中国版本图书馆CIP数据核字(2019)第197813号

书　　名　中国乡村振兴——理论与实践探索
作　　者　王玉斌　等　编著

策划编辑　童　云　　**责任编辑**　何志勇
封面设计　郑　川
出版发行　中国农业大学出版社
社　　址　北京市海淀区学清路甲38号　　**邮政编码**　100083
电　　话　发行部 010-62733489,1190　　读者服务部 010-62732336
编辑部 010-62732617,2618　　出　版　部 010-62733440
网　　址　http://www.caupress.cn　　**E-mail**　cbsszs@cau.edu.cn
经　　销　新华书店
印　　刷　涿州市星河印刷有限公司
版　　次　2019年9月第1版　　2019年9月第1次印刷
规　　格　787×1 092　　16开本　　23印张　　350千字
定　　价　76.00元

《中国乡村振兴——理论与实践探索》
编写人员

王玉斌　李　乾　尹金辉　李晓峰

（以下人员按姓氏拼音为序）

姜昊辰　李　杰　李　婕　刘议蔚　鹿傲飞

王鹏程　王伟达　张国鹏　赵培芳　邹杰玲

序

中国农业大学经济管理学院，源于1927年国立北平大学农学院农业经济系。1949年，原北京大学农学院、清华大学农学院和华北大学农学院合并，成立北京农业大学，同时设农业经济系。1952年，高校院系调整，从全国抽调一批著名农业经济学家到北京农业大学，农业经济系得到壮大。1985年，撤系建农业经济管理学院；1993年，扩建为经济管理学院。1995年，原北京农业工程大学管理工程学院创立，由原乡镇企业与社会发展学院、管理工程教研室、系统工程教研室及农业经济教研室合并而成。2002年6月，经济管理学院和管理工程学院合并组建现经济管理学院。

经济管理学院以“改变世界，赋权人民，激励生命”为愿景，以“创新经济知识，拓展管理理念，培养大农业类研究、管理与投资人才，服务社会，影响中国”为使命，扎实推进“三农”领域人才培养、科学研究、社会服务与文化传承。

经济管理学院设有期货与金融衍生品、食品安全政策与战略、农村金融与投资、农产品流通与营销、物流规划与发展战略、农业保险与风险管理、食物与健康经济、食品安全与消费等方面的研究机构17个，其中畜牧经济研究中心成立于2017年底，中心主任是王玉斌老师。中心成立以来，聚焦畜牧产业经济研究并有所收获。2018年，承担国家社科基金项目“肉牛养殖废弃物资源化利用模式选择、利益分配与政策设计研究”（编号：18BJY133）；2019年，承担教育部基本科研业务费项目“我国与北美驴产业发展比较研究”（编号：2019TC074）、农业农村部“农牧交错带牛羊牧繁农育关键技术集成示范”之任务5“模式试验示范”（编号：1619005-05）等科研项目，近两年来在全国驴业大会、首届扬子江生态文明国际论坛、中国合作经济高层论坛等大型会议上报告中心研究成果，多次参与行业战略论证、产业规划指导、技术咨询服务等一线工作，先后有两份政策建议获得国家领导重要批示，一份调研报告获得农业农村部领导重视批示和高度肯定，中心研究成果在《财经科学》《中国畜牧杂志》《中国奶业》等期刊发表，应《农民日报》《农村经营管理》以及中国畜牧业协会与驴业分会微信公众号等邀约撰写行业稿件数篇，社会反响良好。

王玉斌老师团队在做好教育教学、科学研究、社会服务等工作任务的同时，注重搭建引导研究生和本科生从事科学研究与学术交流的平台。“乡村七十载　振兴跨百年系列丛书”是王玉斌老师精心组织并率领科研团队与部分优秀青年教师、研究生、在校本科生立足新中国成立 70 周年、决胜全面建成小康社会冲刺之年和“两个一百年”关键历史交汇期，紧扣乡村振兴战略和新时代“三农”工作特点，围绕“五大振兴”、农业农村优先发展和质量兴农战略，基于近年深入农业农村调研及所看、所思、所想，经过认真组织编撰而成的，展现了农大学人“学农、思农、爱农”的“三农”情怀和责任担当。

中国农业大学经济管理学院　常务副院长

司伟 教授

二〇一九年七月二十五日

前　言

中国农业大学经济管理学院创办92年来，一代又一代经管人牢记“格物致知”“经世致用”和“潜心三农”理念，凝心聚力为国育栋梁、为农谋出路、为民解烦忧。2019年是新中国成立70周年，也是决胜全面建成小康社会冲刺之年和“两个一百年”关键历史交汇期，乡村振兴战略扎实推进，脱贫攻坚取得巨大成效。中国农业大学经济管理学院畜牧经济研究中心携手有关老师和广大同学，聚焦新时代“三农”工作召唤，紧扣“乡村振兴战略”主题，围绕“五大振兴”、农业农村优先发展和质量兴农战略，深入农业农村一线开展调研而撰写了一系列所看、所思、所想文章，在中国农业大学经济管理学院和国家农业农村发展研究院领导支持下，经团队紧张认真而又高效地筛选、编撰、修改和完善，在中国农业大学出版社有关领导和老师帮助下，《中国乡村振兴——理论与实践探索》一书终得以顺利成稿付梓。

“乡村七十载　振兴跨百年系列丛书”之《中国乡村振兴——理论与实践探索》以乡村振兴之“五大振兴”为基础，外加“乡土情怀：投身乡村发展之源”一章，“诗歌咏志：‘三农’调研情之所系”作为附录。其中，第一章产业振兴：乡村振兴战略之本，既有三产融合发展与农民增收关系的理论分析，也有特色产业（毛驴、奶牛、山羊）及其产品发展情况的比较，还有农业保险与普惠金融等重要支持产业的研究；第二章人才振兴：带动乡村发展之要，既有农业劳动力外出务工对农业新兴技术采用影响的实证研究，也有农民工进城存在的问题、农民离乡产生的原因等的分析与忧思，还有村庄治理、农村引人留人的思考，更有能人带动发展的经验介绍；第三章生态振兴：建设美丽乡村之路，既有人居环境的治理演变与美化绿化的观察与赞美，也有畜禽养殖废弃物资源化利用、畜禽粪便肥料化利用及其政府行为与政策选择的实证研究，还有乡村旅游与休闲农业的功能分析；第四章文化振兴：寻找乡村发展之魂，既有基于文化角度对村庄空心化的观察，也有乡村教育与文化传承的思考，还有年轻人对振兴农村文明的期待与豪情，更有对记载乡土乡情特殊景物的亦步亦趋的追踪与思绪的描绘；第五章组织振兴：保障乡村发展之基，既有农业社会化服务体系与农业农村优先发展的讨论，也有农民合作社内部交易价格机制的比较分析及"空壳社"清理注销的建议，还有农民合作社参与农业社会化服务与生产托管的调研，以及小农户衔接现代农业的思考；第六章乡土情怀：投身乡村发展之源，既有精准扶贫战略实施的调研探索与问题等的讨论，也有深度扶贫内生动力的思考，还有对美丽乡村建设过程中幸福家庭变化的见证、观察与思考，更有对百年历史的回望、成就的总结以及下个一百年中国梦的期待；附录诗歌咏志："三农"调研情之所系，从笔者散布于乡村调研路上、发布于微信朋友圈"不算诗歌的诗歌"中选择了36首，既是对紧张艰辛的"三农"调研的记载与思考，也是触景、触物、触事而生的心路感怀，更是对"三农"工作的情之所系、情之所切。

希望借助本书的出版，能够吸引聚集更多的同道中人，投身乡村振兴这项伟大的事业。

王玉斌

二〇一九年七月二十六日

目 录

第一章

产业振兴：乡村振兴战略之本

引言：产业振兴是乡村振兴的核心。没有产业的振兴，乡村振兴就是一句空话。无论传统种养业，还是特色新兴产业，无论农业生产、农产品加工，还是农业服务业，产业之间的融合发展、协同互补与升级演化，都是乡村产业振兴的重要内容，产业兴旺是破解乡村发展难题的根本。

第一节　产业融合与农民增收的互促互进①

促进农民增收是实施乡村振兴战略的重要目标之一，也是实现 2020 年全面建成小康社会的题中应有之义。2016 年，我国农村居民人均可支配收入 12 363 元，比上年增长 8.2%，剔除价格因素，实际增长 6.2%，名义和实际增长率均高于城镇居民人均可支配收入②。当前，我国经济发展进入新常态，经济由高速增长转向中高速增长，经济下行压力继续加大，农民增收的难度和局部减收的风险显著增大③，对促进农民收入持续较快增长提出了严峻挑战。为适应并引领经济发展新常态，充分挖掘农民增收潜力，我国推出了一系列改革举措。其中，通过推动农村一二三产业融合发展，让农民分享二、三产业环节增值收益，作为拓宽农民增收渠道、培育农民增收新动能的有效对策被提出。2015 年，中央一号文件首次提出“推进农村一二三产业融合发展”，2015 年年底国务院办公厅发布了《关于推进农村一二三产业融合发展的指导意见》，相关部委和部分省（市、自治区）也陆续出台了专门政策文件，部署推进农村一二三产业融合发展（以下简称“农村产业融合发展”）。虽然，政策上明确支持农村产业融合发展的时间较短，但农村产业融合发展势头向好，促进农民增收的效果逐渐凸显。有研究表明，相较于传统农业单一发展模式，农村产业融合的增收效应在 50%以上④。实现农村产业融合促进农民增收的关键在于厘清农村产业融合发挥增收效应的路径，以及如何因势利导

① 本节内容原文发表于《经济体制改革》2018 年 04 期，原题为“农村一二三产业融合发展与农民增收的互动机制研究”，作者为李乾、芦千文、王玉斌（中国农业大学经济管理学院），略有修改。

② 2016 年，城镇居民人均可支配收入 33 616 元，同比上年增长 7.8%，剔除价格因素，实际增长 5.6%。

③ 姜长云．当前农民收入增长趋势的变化及启示[J]. 人民论坛·学术前沿，2016(7)：46-57，79

④ 李云新，戴紫芸，丁士军．农村一二三产业融合的农户增收效应研究——基于对 345 个农户调查的 PSM 分析[J]. 华中农业大学学报(社会科学版)，2017(4)：37-44

完善并强化该增收路径。然而，目前相关研究中较多从农村产业融合项目角度研究对农民增收的促进作用，较少从农民作为参与者角度研究农村产业融合发展促进农民增收的路径问题，更缺少对农民增收与农村产业融合发展互动机制的研究。鉴于此，本节从理论与实践的双重视角探究农村产业融合发展与农民增收的互动机制，以期为更有效地发挥农村产业融合促进农民增收效应提供有益思考。

一、农村产业融合发展与农民增收互动的现状及问题

1. 农村产业融合发展与农民增收互动的现状

2015 年农村产业融合发展正式提出以来，全国各地在实践中，依托地区资源禀赋和主导或特色产业优势，探索出一系列灵活多样且各具特色的农村产业融合发展新模式，如农业内部融合型、农业产业链延伸型、三次产业集聚集群发展型、农业农村功能拓展型、新技术渗透型等①②。不同的产业融合模式与农民增收的互动，微观层面主要表现为不同的利益联结机制，宏观层面则表现为产业融合的多重综合效益。

(1) 微观层面：利益联结日趋紧密，机制创新亮点纷呈。各融合主体在农村产业融合发展中具备不同的比较优势和劣势，它们通过构建激励相容的利益联结机制，不断调整分工格局，实现优势互补、分工协作、互利共赢，提高产业融合项目的发展质量和综合竞争力。融合项目主导产业、参与主体、组织方式的不同，决定了利益联结机制的多样化、多元化，使其成为农业经营体系创新的亮点。当前，参与农村产业融合的主体日益多元，包括普通农户、家庭农场、农民合作社、农业龙头企业、产业联盟、产业联合体（会）等，不同经营主体又相互联合形成不同的合作方式，如“合作社＋农户”“公司＋园区＋农户”“龙头企业＋合作社＋基地＋农户”等。产业层面也拓展至农业产业链、供应链、价值链的各个领域。这就催生出不同的利益联结机制，从松散到紧密依次表现为：①劳动就业型，即普通农户以务工形式参与农村

① 芦千文，姜长云．关于推进农村一二三产业融合发展的分析与思考——基于对湖北省宜昌市的调查[J]. 江淮论坛，2016(1)：1-16，58

② 葛新权，和龙．促进我国农村产业融合发展的政策取向[J]. 经济纵横，2017(5)：80-85

产业融合发展活动，获取相应的工资性收入。②土地出租型，即普通农户将承包地经营权流转给农村产业融合主导主体，获取相应的土地租金。③合同订单型，即普通农户按照农业企业、农民合作社等的要求进行农业生产，而企业、农民合作社等为农户提供技术服务、资金支持、生产资料等，并按保底价或高于市场价的订单价收购农户生产的农产品，保障普通农户的基本收益。④土地、资金、技术等生产要素入股型，主要包括农民入股农业企业、农民合作社，农业企业、工商资本入股农民合作社两种类型，但当下以前者为主。⑤复合型组织联结型，即不同产业融合项目参与主体组建新的复合型农业经营组织，如现代农业产业化联合体（会）、现代农业综合体、农业产业联盟等。如上五种常见的利益联结机制或单一存在抑或交叉并行。

（2）宏观层面：多重效益逐渐显现，发展动能加速生成。农村产业融合发展已在全国各地迅速推开，部分先行地区更是积极探索、主动创新，形成了一批具有代表性的典型模式。农村产业融合发展的经济、社会、生态等多重效益逐渐显现，在培育农业农村发展新动能、推进农业供给侧结构性改革中发挥了重要作用。①经济效益。追逐利益是生产要素流动的内在动力，而农村产业融合为生产要素有效配置提供了载体和通道，推动农业价值链裂变升级，实现产业融合增值，并转化成融合主体的增值收益。如截至2016年底，全国农业产业化组织达38.6万个，辐射带动农户1亿余户，农户从事农业产业化经营户均年增收3 000余元①。②社会效益。农村产业融合具有较强的正外部性，带动了农业农村基础设施的完善，加速了农业现代要素积累，助推了美丽乡村建设，促使农村焕出发新的生机等②。如部分“村社合一”的农民合作社将产业融合发展中归合作社的剩余收益作为村集体收入，用于本村道路修建、生活卫生环境整治、贫困帮扶等，社会效益较为突出。③生态效益。功能拓展型产业融合项目是发挥生态效益的有效形式，依托绿色生态资源，开发农业的多种功能，开展休闲农业、创意农业、乡村旅游等，带动了相关产业协同发展，实现了既要金山银山，也要绿水青山的双重目标。另

① 余瑶．我国新型农业经营主体数量达280万个[N]．农民日报，2017-03-08(6)

② 赵霞，韩一军，姜楠．农村产业融合：内涵界定、现实意义及驱动因素分析[J]．农业经济问题，2017(4)：49-57

外，农村产业融合也在一定程度上提高了农业竞争力、推动了农业现代化发展，为乡村振兴增添了活力，注入了动力。

2. 农村产业融合发展与农民增收互动中存在的问题

(1) 农村产业融合的社会认知尚待提高。推进农村产业融合发展的前提是科学辨识农村产业融合的真伪。虽然农村产业融合已经在全国各地广泛地开展起来，但其中不乏“伪农村产业融合”，社会中对“什么是农村产业融合”“农村产业融合由谁参与”“农村产业融合与农业产业化的区别”等的认知存在模糊不清的现象。①普通农民的认知不足。农民在政策信息获取方面处于比较劣势地位、缺乏甄别信息真伪的能力，而信息在传递过程中又存在不同程度的失真，因此对农村产业融合的认知最为不足。不少农民认为农村产业融合是农业企业、工商资本的游戏，对其表现出不了解、不关心、不参与的“三不”消极态度，主体地位没有体现出来，制约了农村产业融合的深入推进。②专业大户、农业龙头企业等其他融合主体的认知偏差。作为农村产业融合的生力军，该群体对农村产业融合的认知主要建立在政府的认知基础之上，表现为跟着政府政策走，按照政府的标准申请产业融合项目、获取相关支持政策，对农村产业融合不求甚解，以致在项目开展中自觉或不自觉地偏离农村产业融合的本质。③政策执行主体的认知偏差。在政策执行和资金落实过程中，不少政府部门对农村产业融合的复杂性、创新性认知不足，简单以为就是政策宣讲、项目申报、资金发放，对过程把控、示范引导、典型塑造和政策创新重视不够，影响到农村产业融合工作的推进以及相关支持政策的有效落实。

(2) 农村产业融合的总体水平偏低。一是农村产业融合主体多而不强、创新能力弱，整合资源、集聚要素、开拓市场的能力有限。多数农村产业融合项目缺乏发挥主导作用且实力突出的产业化组织，融合主体的弱质性成为农村产业融合提质增效的制约瓶颈。二是农村产业融合内容创新力度不够，发展模式雷同问题较为突出。产业融合主要聚集在附加值低的产业链前端，对农业的多功能性挖掘不足，不少项目处于低水平复制模仿阶段，缺乏高端化、品牌化、标准化的产业融合项目，导致产业融合发展的内容同质化、市场饱和、恶性竞争问题，不利于农村产业融合良性健康发展。三是有些农村产业融合项目的辐射带动能力不强。这与融合主体间利益联结机制不完善有关。不少产业融合项目的利益联结机制规范程度低，利益联结形式主要以订单型为主，而股份合作型相对较少，且部分股份合作型名不副实。四是相关配套基础设施建设滞后。如给排水和供电条件差、信息化水平低、道路等级以及可达性差、环卫设施不齐全等①，导致与外界空间的对接不畅、吸引优质资源的能力不强、开发区域特色资源的难度增大，制约着农村产业融合发展水平的提升。

(3) 农村产业融合升级的要素制约突出。农村产业融合需要现代农业生产要素的有效配给，而当前农村生产要素的配置结构和流动性障碍正制约着农村产业融合项目对生产要素的跨界集约配置：①传统生产要素制约。大部分农村产业融合项目需要一定面积的设施用地或建设用地用于仓储、加工、流通、休闲设施建设等，尤其是当产业融合项目规模扩大、业务延伸后，其对设施用地或建设用地的需求也随之增加。而农村产业融合项目所在地多为基本农田，且可利用的设施用地或建设用地指标有限，制约了部分产业融合项目落地或扩张升级。虽然各级政府对农村产业融合予以贴息贷款、低息贷款等优惠政策，但由于政策针对性不强、附加条件苛刻、落实不力等，融资难、融资贵问题仍然普遍存在。部分农村产业融合主体甚至借用高息过桥资金以缓解资金需求压力，加大了融资成本和经营风险。②先进生产要素制约。人才、技术、服务等先进生产要素是农村产业融合发展升级的重要支撑。而这些正是农村所紧缺的要素，对产业融合升级的制约比传统要素更为突出。农村产业融合需要懂技术、会管理、善经营的高素质复合型人才，而现阶段产业融合的发展水平以及发展环境弱化了对复合型人才的吸引力，也在一定程度上制约了先进生产技术的引进及采用。

(4) 农村产业融合的风险防范意识不足。在农村产业融合发展迅速推进的同时，部分融合项目的风险问题日益凸显，而当前政府部门和融合项目参与主体仍以加快融合发展为重，对潜在的风险缺乏防范意识。在各地农村产业融合实践中，存在因自然灾害、市场不景气、发展战略不当等导致的农村

① 国家发展改革委宏观经济研究院，国家发展改革委农村经济司课题组．产业融合：中国农村经济新增长点[M]．北京：经济科学出版社，2016

产业融合项目亏损或失败的现象。风险防范意识不足主要体现在三个方面：一是农村产业融合涉及的利益主体较多，经营亏损或失败的波及面较广，而市场中缺乏相关的保险产品或融合主体对已有的保险产品认知不足、参与积极性不高；二是当前农村产业融合遍地开花，且普遍处于发展的初级阶段，一旦后期扎堆进入发展的兴盛期，将面临市场需求饱和、价格波动等一系列风险，追逐短期利益而忽视长期风险势必为农村产业融合可持续发展埋下隐患；三是部分融合项目被赋予过多的目标职能，被动地承担起与其现阶段发展能力不相匹配的社会职能，影响产业融合的健康发展，甚至存在被拖垮的风险。此外，农村产业融合主体之间风险承担与利益分享不对等，农业产业化组织承担着农村产业融合的绝大部分风险，导致激励与约束机制不匹配，使其对农民增收的可持续带动作用受到抑制。

二、农村产业融合发展促进农民增收的路径

农村产业融合的微观本质是生产要素跨界集约配置的“帕累托改进”。农村产业融合打破了原有农村一二三产业孤立发展的格局，通过对劳动力、土地、资本等生产要素的优化配置，催生了新产业、新业态、新模式，改变了农村产业发展的原有组织形态。这一过程中，农民也通过生产要素的再配置适应这种改变，达到生产力与生产关系的再协调，以不同路径增加了收入。

1. 劳动力增收路径

劳动力是农村产业融合的最基本投入要素，也是其他生产要素投入或发挥作用的载体。农村产业融合通过劳动力报酬增值促进农民增收的路径主要表现为：一是农村产业融合创造了部分就业岗位，吸纳周边闲置的农村劳动力就业，提高了农民工资性收入；二是部分农村产业融合项目依托规模经营，推动农村劳动力向城市转移，进一步提高了工资性收入在农民总收入中的比重。

2. 土地增收路径

对于土地转出农户而言，土地租赁是最原始、最普遍的做法，农民获取一定的土地出让租金。但近年来，随着土地流转市场的不断发育完善，土地流转形式愈加丰富，入股、代耕、托管等新形式不断涌现，其中土地入股逐

渐成为农民参与农村产业融合的流行做法，农民不仅能够获得“保底收益”，还能参与“二次分红”，享受农村产业融合的增值收益。此外，部分农户直接参与农村产业融合，如以“订单”的形式成为农村产业融合链条中的一环，分享其他融合主体要素投入的溢出效益，提高既有资源的投入产出效率。

3. 资金增收路径

还有少数农户以资金入股的形式参与农村产业融合，或者成为农村产业融合的发起人。但由于农村产业融合的资金需求量普遍偏大，而农民的资金约束性较强且投资意识不足，农民参与农村产业融合主要表现为风险规避型行为。因此，当前通过该路径实现农民增收的情况相对较少。但在“土地增收路径”中，农民以“订单”等形式参与农村产业融合也同时涵盖了劳动力、土地、资金等众多要素增收的路径内涵。各资源要素作为一个要素集合共同发力，共同促进农民增收。

4. 产品增收路径

在种养环节，农户是具有比较优势的微观主体。因此，在多数农村产业融合项目中，农民在统一的物资投入、农机服务、技术指导下，实现了种养环节的专职化、专业化和标准化，确保了农产品的质与量，为优质优价奠定了基础，如特色种养、标准化种养、有机生态种养等。此外，农村产业融合中“订单”等合作形式的缔结又为农产品销售渠道和销售价格提供了有效保障。综合之下，农村产业融合发展以农产品增值的形式实现了农民增收。

农村产业融合发展促进农民增收的要素路径还包括技术增收路径、物质资本增收路径等，如农民以房屋使用权、农业机械等固定资产等参与农村产业融合，并获取相应的要素报酬。鉴于当前农村产业融合发展水平总体偏低，尚处于起步发展阶段，技术、物质资本等要素增收路径相对较少。但随着农村产业融合的深入推进以及农村要素市场的不断发育完善，产业融合促进农民增收的要素路径会更多，增收效应会更强。

三、农民增收对农村产业融合发展的促进作用

农村产业融合发展与农民收入水平提高之间存在内生性。农村产业融合能够促进农民收入水平的提高，而农民收入水平提高又会反作用于农村产业

融合发展，推动农村产业融合向更高层次水平迈进。这种反作用主要体现在四个方面。

1. 农民收入水平提高有利于推动劳动力转移，为部分农村产业融合模式创造规模经营条件和市场需求条件

根据马斯洛需求层次理论，农民收入水平提高会激发农民需求层级向更高水平转换，由农村转移至城市是最直观的体现，城市意味着更丰富的物质文化生活、先进的医疗教育资源以及高工资就业机会等。农民向城市转移主要表现为进城务工，部分农民在城市落户。该过程伴随着各种形式的土地流转，为部分农村产业融合发展创造了土地规模经营条件。此外，农民收入水平提高也表现在城乡居民消费结构升级方面，个性化、多元化的消费需求为农村产业融合发展创造了市场需求条件①。

2. 农民收入水平提高有利于增强农民对农村产业融合的认知与诉求

新形势下，农村产业融合被寄予促进农民收入持续较快增长的厚望，但当前许多地区的农村产业融合发展总体上仍处于“幼树期”或“初果期”，尚未进入“盛果期”②，对农业农村经济发展的辐射带动作用尚不显著，农民收入中得益于农村产业融合发展的比例较小。但随着农村产业融合发展的深入推进，其增收效应会逐渐增强。农村产业融合重要性的凸显会提高农民对农村产业融合的认知与偏好，其增收示范效应会增强农民对农村产业融合的诉求，进一步夯实农村产业融合发展的群众基础。

3. 农民收入水平提高有利于促进农民参与农村产业融合身份的转变

农村产业融合对资金、技术、经营管理理念等提出较高要求，与工商资本、农业龙头企业等相比，农民在这些方面处于比较劣势的地位。在当前农村产业融合发展实践中，农民主要以次要参与者身份参与农村产业融合，甚至没有参与农村产业融合。但随着农民收入水平的提高，其参与农村产业融合的物质基础以及对农村产业融合的诉求会进一步增强，推动其在农村产业

① 王兴国．推进农村一二三产业融合发展的思路与政策研究[J]．东岳论丛，2016(2)：30-37

② 姜长云．推进农村一二三产业融合发展的路径和着力点[J]．中州学刊，2016(5)：43-49

融合发展过程中角色的转变，由不参与或被动参与向主动参与或发起人转变。如在各地农村产业融合实践中，返乡下乡创业者等乡村精英逐渐成为农村产业融合的主力军，增强了农村产业融合的本土根植性和社区亲和性。

4. 农民收入水平提高有利于农村产业融合发展环境的改善

农民收入水平提高在一定程度上也反映出农村经济发展水平的整体提升，而经济发展往往伴随着各种软硬件基础设施的配套及完善。因此，农民收入水平提高会改善农业农村发展的基础设施条件，为农村产业融合创造良好的外部发展环境。如近年来，受农民收入快速增长带动的农业生产性服务需求向综合化、多样化、高端化快速转变，有效促进了农村现代农业服务平台、集成服务商的快速发展及其配套的现代农业基础设施的迅速完善，为加快农村产业融合发展提供了有力支撑。

四、农村产业融合发展与农民增收互动的外部环境

虽然当前我国经济下行压力较大、农民收入持续较快增长的难度加剧，但从农村产业融合发展与农民增收的互动互促来看，机遇大于挑战，促进农民增收的潜力较大、前景开阔。

1. 各级政府高度重视，支持政策频频出台

自 2015 年中央一号文件首次提出“推进农村一二三产业融合发展”以来，我国在短期内相继出台了多项政策方案，从金融服务、人才创业创新等方面支持农村产业融合发展。2016 年 11 月 18 日出台的《关于支持返乡下乡人员创业创新促进农村一二三产业融合发展的意见》（国办发〔2016〕84 号）更是进一步细化了具体支持政策，从简化市场准入、改善金融服务、用地用电支持、开展创业培训等八个方面系统地支持农村产业融合发展。地方层面，浙江、安徽、福建、陕西等地也结合各地实际，相继出台了推进农村一二三产业融合发展的具体实施意见。在农村业已具备产业融合要素条件的基础上，各相关支持政策的出台势必对农村产业融合发展起到催化助推作用，加速农村产业融合由无到有、由“幼树期”或“初果期”向“盛果期”转变，凝聚起农民增收、乡村振兴的新力量。

2. 新型农业主体不断涌现，产业融合的基础增强

新型农业主体是未来农业发展的生力军，也是农村产业融合的重要参与者。新型农业主体不局限于新型农业经营主体，还包括新型农业服务主体、经营农业的社会工商资本等。相较于普通小农，新型农业主体具备资金、管理、技术、社会关系等比较优势，参与农村产业融合的基础好、能力强，能够找准结合点与普通小农形成有效的组织方式和紧密的利益联结机制，助推农村产业融合快速发展①。近年来，新型农业主体的不断涌现，壮大了农村产业融合的后备队伍，奠定了农村产业融合产生、提档升级的融合主体基础。此外，新型农业主体的增加常常伴随着土地规模经营集中度的提高，也为部分农村产业融合项目落地或扩张提供了土地规模经营的条件。

3. 农村要素市场逐渐完善，优质要素涌入渠道畅通

随着农村集体产权制度改革、城乡户籍制度改革等深入推进，农业农村发展的体制机制障碍逐渐被破解，农村要素市场不断完善，对接高端要素、产品市场的通道逐渐疏通、能力逐渐增强。技术、服务、工商资本等要素资源不断涌入农村市场，为农村产业融合提档升级提供了强有力的要素支撑。如农业信息化的快速发展、“互联网＋”和“＋互联网”在农业农村发展中的快速普及，一些平台型企业、农产品电商、乡村旅游电商、网络金融等发挥出在农业产业链延伸、供应链打造以及价值链提升中的比较优势，为农村产业融合发展注入新的要素动力，实现小农户与现代农业发展的有机衔接。

五、思考

农村产业融合发展为当前农业农村发展注入新的动能，是实施乡村振兴战略的重要抓手。在相关政策的引导及支持下，农村产业融合发展促进农业增效、农民增收的作用逐渐凸显并增强，与农民增收的互动形式不断丰富、程度不断加深。但农村产业融合发展与农民增收互动仍然存在较大的深化完善空间，据此提出几点思考。

---

① 郑风田，乔慧．农村一二三产业融合发展的机遇、挑战与方向[J]．中国合作经济，2016(1)：27-31

1. 加强产业融合政策经验宣传

农村产业融合的社会认知不足很大程度上归咎于政策宣传推介不到位。因此要加强对农村产业融合常识以及支持政策等的宣传，提高社会的整体认知水平，进而增强农民对农村产业融合的诉求，为农村产业融合工作的开展及深入推进奠定良好的舆情基础。同时也要继续加强对农村产业融合典型经验的宣传推介，如印刷案例手册、举办经验交流会等，形成可复制和可推广的经验，让农村产业融合发展的好处实实在在地展现出来，为农村产业融合发展与农民增收互动注入内生动力。

2. 落实完善产业融合相关支持政策

一方面，国家及地区层面频频出台了农村产业融合发展的支持政策，对此要保障相关支持政策落到实处，惠及农村产业融合主体；另一方面，农村产业融合是个新事物，处于动态发展的初级阶段，要根据其发展的实际情况，调整并完善相关支持政策，提高政策的精准性、指向性。尤其是地方各级政府，要因地制宜地创新支持政策体系，满足融合主体的合理政策需求，为农村产业融合发展与农民增收互动营造良好的政策氛围。

3. 加强农业农村公共服务设施建设

完善的公共服务设施是农村产业融合顺利发展的外在基础，对融合参与主体具有较强的吸引力。但当前农业农村发展的公共服务建设相对滞后，如农村水、电、通信设施落后，综合性信息化服务平台缺乏等，不能很好地满足农村产业融合发展的需求，制约农村产业融合发展的广度与深度①。虽然农民收入水平提高会在一定程度上改善农业农村发展的公共服务设施条件，但公共服务（准）公共物品的属性决定了完全依靠农民自发提供的内生动力不足，还应通过政府引导创新其供给机制，予以完善。

4. 多措并举提高农民收入水平

农村产业融合发展是农民增收的重要途径，但不是唯一途径，而且农村产业融合发展直接惠及群体也不可能涵盖农村所有农户。从农村产业融合发

① 朱信凯，徐星美．一二三产业融合发展的问题与对策研究[J]．华中农业大学学报（社会科学版），2017(4)：9-12

展促进农民增收的微观本质来看，应借助农村产业融合激活并优化农村闲置或低效配置的生产要素资源，促进劳动力、土地、资本、技术等生产要素资源合理充分流动，实现既有条件下的要素资源最优配置。因此应根据农户个体收入来源的内在比较优势，合理引导农户参与农村产业融合或外出就业等，多措并举拓宽农户收入来源渠道、提高农民收入水平。

第二节 “蓄势待兴”的中国驴产业①

驴是我国畜牧业中一枝独秀、独具产业竞争力的唯一大型畜种。我国养驴历史悠久，驴品种资源丰富，存栏数量曾一度长期居于世界首位。随着我国农业机械化程度的提高，驴的役用功能不断萎缩，商用功能快速发展，近年来，驴存栏量严重锐减，供需矛盾突出②。驴皮、驴肉等产品市场需求的快速增长为驴业的发展带来了巨大潜力，同时驴产品市场供给的严重不足也暴露了驴业在发展初期存在的诸多问题。本节基于实地调研走访，并结合相关统计信息，介绍近年来我国驴产业发展现状，对当前驴产业发展过程中存在的问题进行深入分析，提出促进我国驴产业健康持续发展的政策建议。

一、我国驴产业发展现状

1. 存栏量下降严重

国家统计局《2018 年中国统计年鉴》数据显示，我国驴存栏量从 1998 年的 955.8 万头连年下降至 2016 年的 259.3 万头，2017 年略有回升至 267.8 万头。1998—2016 年，驴存栏量以平均每年 6.5%的速度在减少（图 1-1）。20 世纪 90 年代末，我国农业机械化水平不断提高，驴役用价值不复存在，驴饲养数量显著减少。近些年，驴商用化价值的持续高位，尤其是以驴皮为主要

① 本节内容原文发表于《中国畜牧杂志》2019 年 05 期，原题为“我国驴业发展现状、问题及对策”，作者为李杰、王玉斌（中国农业大学经济管理学院），略有修改。

② 张莉，杜立新．对我国驴产业发展的思考与建议[J]．草食家畜，2015(5)：1-5

原材料的阿胶商用价值不菲，市场需求量持续增加，巨大的利润空间促使驴屠宰量大幅度增加，存栏量直线下降，驴供给严重短缺。

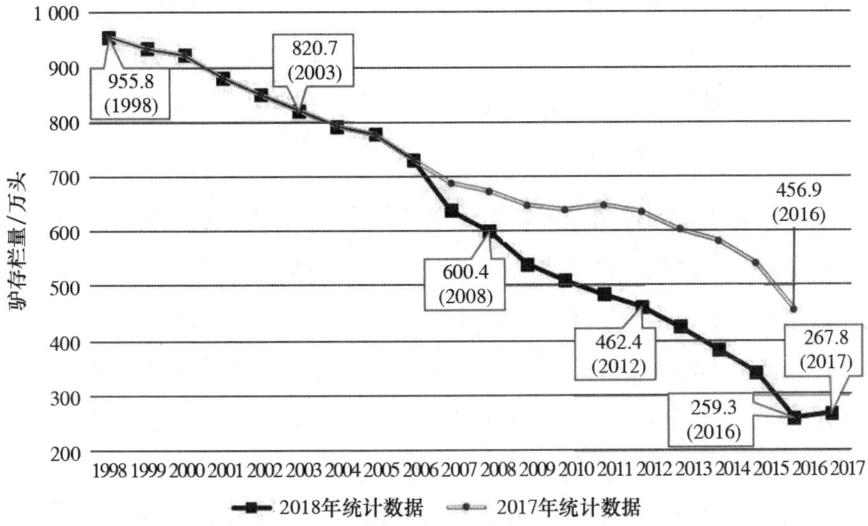

图 1-1　1998—2017 年我国驴存栏量变化

数据来源：国家统计局。2018 年国家统计局依据第三次全国农业普查情况，对 2007—2016 年的畜牧业数据做了相应修订。

2. 养殖区域化特点突出

我国驴养殖主要集中在内蒙古东部、辽宁西部、甘肃及新疆部分区域。根据 2018 年国家统计局数据，2017 年我国驴存栏总量 267.8 万头，其中内蒙古、辽宁、甘肃、新疆四个省区驴存栏量分别为 75.5 万头、49.9 万头、36.6 万头、20.8 万头，4 个省区驴存栏量占全国驴存栏总量的 68.3%。蒙东辽西、甘肃、新疆畜牧养殖历史悠久，畜牧产业特色明显，土地及生态环境优势突出、饲料资源丰富，是驴养殖的重点发展区域。四大区域经济发展相对落后，政府纷纷将驴养殖作为区域内部特色经济发展的新“抓手”，使其在扶贫攻坚过程中发挥重要作用。

3. 驴皮价格波动极大

在备受我国消费者青睐的阿胶保健产品带动下，驴皮价格从十几年前的 5 元/公斤上涨至 2017 年初最高达到 180 元/公斤。驴皮价格的攀岩式上涨导致驴屠宰量居高不下，阶段性危及基础母驴甚至孕驴的存栏。2017 年中，制胶企业紧急将驴皮价格下调至100元/公斤以下，2018年驴皮价格持续大幅下行，最低时各地驴皮收购价格低于60元/公斤。驴皮价格波动影响着活驴出栏价格，使价格波动当期出栏驴的利润大打折扣。分析来看，“一张驴皮”（阿胶）明显带热了驴产业，吸引了大量非农资金进入发展驴产业，但是单单依靠一张驴皮显然难以带动驴产业平衡协调持续发展。

4. 肉奶消费刚性增长

中国人食用驴肉的消费习惯始于明朝①，《本草纲目》记载：“驴肉补血、治远年老损，煮之饮、固本培元。”近些年，随着国民经济收入的提高和消费观念的转变，驴肉消费需求显著上升，在需求拉动下，生驴肉价格从2009年的24元/公斤上涨至2018年的78.6元/公斤，十年内驴肉价格年均增长率达到了14.1%。驴奶是我国特色奶的重要组成部分，以其稀缺性和功能性优势逐渐受到中高端消费人群的偏爱②。新疆岳普湖县深加工的冻干驴奶粉2017年的市场价格超过4 000元/公斤，年销售额超2 000万元。驴肉和驴奶的巨大消费潜力成为拉动驴业发展的极大动力。

5. 渐成产业扶贫主推模式

随着经济不发达地区特色产业扶贫工作的不断推进，驴业作为畜牧业中具有较大潜力和独具优势的特色产业，被国务院扶贫办作为产业扶贫的主推模式之一在全国大力推广。在政府、企业、金融机构、高校、村党支部及合作社等多方机构组织的合作参与下，驴养殖不仅成为各地区贫困户的“真金白银”，而且“驴”扶贫模式的不断创新与推广更为驴业健康持续发展提供了动力。蒙东地区的内蒙古赤峰市因地制宜探索出“政府＋金融＋龙头企业＋养殖户”的区域扶贫养殖模式，促进当地驴存栏量增长了一倍，带动当地养殖户增收约20亿元③。

---

① 周楠，韩国才，柴晓峰，等．驴的产肉、理化指标及加工特性比较研究[J]．畜牧兽医学报，2015(12)：2314-2321

② 王玉斌，陈慧萍．中小规模奶牛养殖和奶山羊养殖的效益比较[J]．中国畜牧杂志，2018，54(5)：131-133

③ 李欣．发展驴产业实现精准扶贫——2017中国国际畜牧业博览会在青岛开幕[J]．中国食品，2017(11)：32-35

二、我国驴产业发展存在的问题

1. 产业链不完善，供求错位

驴肉消费需求愈加旺盛，假驴肉充斥消费市场，这种现象表面上是由于驴养殖存栏量有限、供不应求导致的市场扭曲，实际上生产端驴仍存在大批量滞销，部分地区的散养农户难以找到销路，面临赔本境遇。引起供求双方矛盾的重要原因是驴产业链上屠宰检疫环节不健全。很多小型的驴肉加工企业及餐饮业客户一般都要求获得屠宰好的生鲜驴肉，同时要求提供合法的动检手续，而这部分需求在很多地区无法实现，这些地区没有专门的屠宰点，也没有配套的检疫手续。如果没有合作社、企业等组织统一销售或者收购活驴，散养育肥驴的养殖户很难靠自己为驴找到“出路”。屠宰检疫方面的不健全在一定程度上也导致了屠宰环节的暴利。产业链不完善不仅对供求关系产生了错位制约，对整个产业链各环节利润分配平衡也造成了不利影响。

2. 价格严重倒挂，养殖户进退两难

驴皮价格连年大涨，肉驴价格也不断飙升，进一步传导形成较高的驴驹价格。2017 年初，驴驹价格为 50～54 元/公斤，成年（怀孕）母驴价格为 44～46 元/公斤，肉驴价格为 36～38 元/公斤，价格均处于较高水平。居高不下的屠宰量对基础母驴甚至孕驴的存栏极其不利，进入 2017 年秋季，制胶企业大幅度降低驴皮收购价格，导致本周期肉驴养殖处于高价进驹、低价售驴区间，育肥陷入保本甚至赔钱状态，相关企业（农户）叫苦不迭。驴皮价格在驴产业链中传导影响极强，但光靠一张驴皮带动不了整个驴产业链的健康平衡发展。

3. 养殖周期长，资金投入大

驴自身耐粗饲、抗病能力强等特点使得驴养殖相较于其他常见畜禽养殖成本较低①，然而驴养殖繁殖周期较长的特质导致养殖前期无净利润回报，资金投入负担大。根据笔者实地调研获得的数据分析可知，若养殖户在第一年

① 李亚蓉，李建道．夏县肉驴养殖要点与效益分析[J]．科学种养，2018(12)：57-58

初购进能繁母驴 5 头并开始饲养，年均成本投入包括饲料费用、水电燃料费用、医疗防疫费用、技术服务费用及母驴购进费用折价共计约 11 200 元，通过人工授精，第一年下半年将会有 3 头左右的母驴成功配种，并在第二年产下小驴驹，假设驴驹价格为 5 500 元/头，养殖第二年驴驹销售收入为 16 500 元，即养殖户第一年净利润为负，到第四年养殖累计利润为正（图 1-2）。漫长的繁育养殖周期会不断增加养殖户负担，在养殖累计利润为正数之前，一旦投入资金出现中断，养殖项目将随时面临亏本境遇。由养殖周期长而引起的养殖投入风险是导致农户对驴养殖积极性不高的主要原因之一。

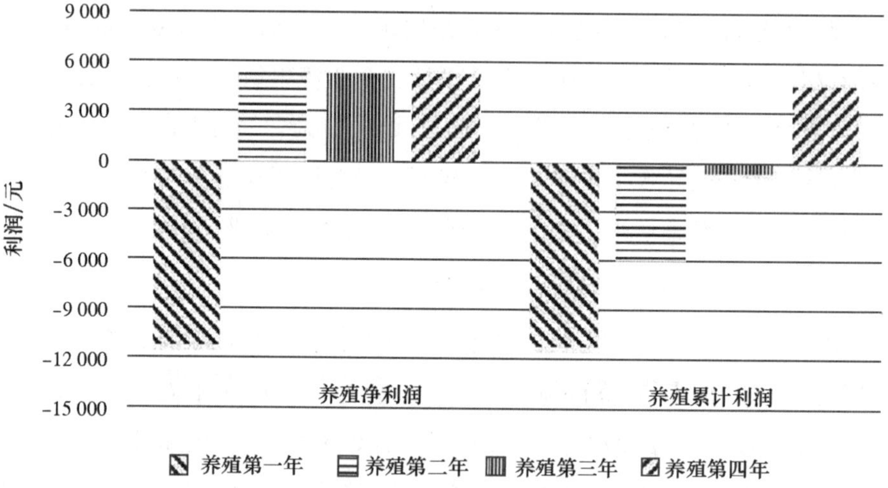

图 1-2　驴养殖净利润与累计利润情况分析

数据来源：实地调研

4. 地方优势品种资源退化，产业优势受到威胁

我国驴品种 30 多个，其中关中驴、德州驴、泌阳驴、庆阳驴、广灵驴、佳米驴 6 种驴属于优良品种①。随着国内驴养殖浪潮的逐渐升温，我国驴存栏量连年持续下滑，优良品种成为扩群繁殖的必要基础，但优良种驴一度稀缺，不同优质性状驴锐减。我国山东无棣县是德州驴的主要产区，2017 年无棣县

① 袁日进．一个值得关注和开拓的产业项目——对驴产业的市场调研与思考[J]．江苏农村经济，2016(9)：31-33

德州驴存栏量仅为 0.38 万头，而该县历史上德州驴存栏量曾一度高达 1.7 万头①。驴良种资源的退化极大程度上制约了我国驴产业的可持续发展。

5. 相关科研人员匮乏，产业经济开发利用受到制约

驴产业的发展由于缺乏专业的科技研究人员，不具备相应的科技推广队伍，导致人们对地方良种驴缺乏认识，长期忽略驴的品种改良和效益开发，使得良种驴资源严重流失，驴存栏量逐年下降，驴产业链无法拓展，只局限于驴皮和驴肉产品加工，驴奶开发仍处于起步阶段，驴血、驴尿等产品的开发几近空白，驴产业的经济开发利用受到了严重制约。

三、对策建议

1. 高度重视发展驴产业，做好驴产业供给侧改革顶层设计

我国驴品种资源相对丰富。驴以其耐粗放饲养、适应性强、抗病性强等养殖特点逐渐成为各地区发展特色优势产业的有利载体。驴产业发展与壮大的重点，一方面是总体数量的扩张，不仅是驴数量的增长，更多的是要求良种数量增长；另一方面是提质增效，保证个体产量的增加、规模化的提高、产品质量的提档升级、效益的上涨。各地区在发展驴特色养殖进程中，从农业供给侧改革入手，顶层制定科学合理的行业中长期发展规划。由政府牵头，以市场为导向，以企业为主体，产学研紧密合作，引导多方参与，形成多元化的保护、开发模式，加快驴资源优势向经济优势转化，满足市场多样化需求。

2. 打通驴产业链条中屠宰流通环节，大力发展驴产品精深加工

农业产业化龙头企业在贯通和拓展驴产业链过程中发挥着重要作用。建立具备驴屠宰、分割功能的驴企业是打通驴产业链条中屠宰流通环节的主要手段；加强驴屠宰检疫管理、严格把控屠宰检疫流程、强调驴检疫的重要性是规范驴肉市场的重要途径。驴资源丰富地区要积极引进和培育驴龙头企业，深入开发驴产品市场，以驴奶、孕驴血、孕驴尿、驴胎盘等畜产品加工为开

① 张玉环，李玉，郭光．德州驴的现状及发展对策[J]．山东畜牧兽医，2006(4)：10-11

发重点，依托地方资源优势，建立驴产品加工自主品牌，不断加强品牌建设和推广，将地区特色畜牧产品的资源优势真正转化为可以提高当地养殖户养殖收益的经济优势，推动地方特色产业的不断发展①。

3. 开展驴种质资源基因库建立工作，加快驴良种繁育体系建设

对驴品种资源开展收集、遴选、繁育、提纯、复壮等大量保种工作。将驴产业纳入现代农业产业技术体系建设，尽快建立驴种质资源库；基于不同品种、不同性状的筛选研究，探索肉用、奶用等专门优势性状品系繁育推广；对原有区域性或特殊用途品种加以提纯复壮；支持通过杂交、转基因等技术手段培育新的优良品种；借鉴改进肉牛、奶牛等成熟人工授精和胚胎移植技术，提高驴生产性能；实现良种驴养殖管理技术规范化，保证驴产业的可持续健康发展。

4. 尊重产业发展规律，完善驴业配套政策

在驴养殖扶贫模式的不断推广和应用过程中，各地区应树立正确的政绩观，避免政府主管和行业主管不切实际的政绩观对行业造成破坏式、跃进式的助推；立足行业发展规律，不盲目求大求全，对大、中、小型规模养殖进行合理布局，倡导绿色养殖，鼓励适当放养，提供良好信息服务；净化市场环境，加强中介机构和经纪人培训与监管，使其提供规范的中介服务并拿到合理水平的佣金，避免其对不了解行情的新进入企业和缺乏谈判地位的养殖散户进行利益屠宰。

财政投入政策方面，不仅要加大补贴数量，同时补贴要具有针对性，保证驴产业发展后劲。例如：驴人工授精技术员稀少，需对优良驴种人工授精环节给予一定补贴；母驴数量锐减严重，应按年发放能繁母驴补贴；驴养殖前期基础设施、生产资料投入压力大，应借鉴辽宁、内蒙古等地做法对养殖场（户）圈舍建设、购驴给予补助扶持；驴养殖场（户）保费负担重，导致投保率低，使得病死驴损失风险较大，针对该情况应给予适当的保费补贴。同时，加强扶持资金使用全程监管并向后端延伸，将项目资金一次性投放调

① 《吐鲁番市驴产业发展规划（2017-2025）》[EB/OL].（2017-07-21）[2018-10-03]. http://www.tlf.gov.cn/info/6051/169568.htm

整为 3 年及以上，避免恶意套取政策资金和政策驴快速流失。

5. 结合驴产业特点，探索丰富产业扶贫有效模式

针对驴养殖周期长，前期资金投入负担大的困境，各地政府应结合当地驴养殖户的实际情况，以“政府＋驴养殖户”模式为基础，大力培育当地驴养殖合作社、驴养殖企业等新型经营主体，不断加强与银行、保险公司、高校及研究机构进行驴产业合作，积极探索“养殖规模户＋贫困户”“专业合作社＋贫困户”“政府扶持村＋养殖企业＋贫困户”“养殖企业＋银行＋保险＋贫困户”“村党支部＋高校＋公司＋合作社＋贫困户”“政府助力＋公司运行＋贫困户代养”等多种创新发展模式，让驴产业真正成为各地区脱贫致富的特色产业。

第三节　驴产业转型升级之路[①]

2017 年党的十九大报告中首度提出实施乡村振兴战略，这是解决新时代我国社会主要矛盾、实现“两个一百年”奋斗目标的必然要求，是建设美丽中国的关键举措，是实现全国人民共同富裕的必然选择，同时也是全面打赢脱贫攻坚战的有效路径[②]。

产业兴，则百业兴；百业兴，则乡村兴。乡村振兴和农民富裕的关键在于产业的发展，产业兴旺才能为乡村发展注入鲜活血液，才能为农民幸福筑牢坚固屏障。习近平总书记指出，乡村振兴要靠产业，产业发展要有特色，新时代新背景下要走出一条人无我有、科学发展、符合自身实际的特色道路。基于我国正处于精准扶贫的决胜期、攻坚期，因地制宜地发展特色产业、紧紧抓住产业优势、延伸产业链条、打造区域品牌、激发农村活力，以发展特色优势产品带动乡村产业振兴，对于全面建成小康社会、助力乡村振兴具有

① 本节作者刘议蔚(中国农业大学经济管理学院)。

② 中共中央国务院印发《乡村振兴战略规划(2018—2022 年)》. 2018 年第 29 号国务院公报，中国政府网

重要时代意义。为此我们应该借乡村振兴之势，助力驴产业这一特色产业扬帆远航。

一、深化改革，完善驴产业顶层设计

特色产业不同于传统产业，发展有其自身的特色性和异质性，各地区在发展特色优势产业进程中，要着重以农业供给侧结构性改革为主线，制定科学合理的顶层特色产业发展规划。特色产业要发展，不仅要依据当地资源禀赋，也要充分考虑当地经济社会发展实际①。要兼顾主体和市场两大纽带，形成由政府部门牵头，以市场为导向，以龙头企业为主体，各主体紧密合作的发展形式，将区域特色产业的资源优势转化为经济优势，满足市场多样化需求。

随着农耕文明向工业文明的转型升级，农业机械化迅速普及，驴产业逐渐退出农业役用的舞台，发展呈现新趋势新特点，其功能与作用由役用逐步向肉用、药用、乳用、保健及生物制品开发等多用途的“活体经济”转变②，发展特色驴产业成为促进乡村经济繁荣的有力载体。在此背景下，甘肃、内蒙古、山东、新疆等多地政府从农业供给侧结构性改革入手，积极与龙头企业和研究院合作，成立了多家驴产业研究院、国家驴产业技术创新战略联盟、中国畜牧业协会驴业分会和专家委员会等，为驴产业的良种繁育、规模发展、提质增效制定科学合理的发展规划③。

二、创新升级，提升驴产业品牌形象

产业要想走得远走得宽走得稳，必须重视加强特色产品的品牌建设和科技创新，塑造乡村特色产业品牌形象，发挥农业产业科技创新引领作用，提

① 杨建，杨毅．对培育特色产业助推乡村振兴的建议[J]．四川农业科技，2018(12)：55-56

② 张伟，王长法，嵇传良．山东：新兴特色养驴业助力新旧动能转换[J]．中国农村科技，2018(3)：74-77

③ 袁日进．一个值得关注和开拓的产业项目——对驴产业的市场调研与思考[J]．江苏农村经济，2016(9)：31-33

升特色产品的市场竞争力，推进农业特色产业全面发展。因此各级政府、龙头企业以及农民等各类主体应当强化品牌信心、树立品牌意识，借助新兴大众传媒的宣传作用，引导地方企业依托品牌打造推动农业特色产品的品牌化发展；同时推进农业特色产业科技创新，坚定不移地走产学研相结合的道路，与农业科研院校开展人才培养合作，建立一支专门开展特色产品研发工作的科研队伍，主动对接市场需求，瞄准绿色、高效、优质、营养、安全目标①，着眼产业可持续发展，满足多元化、多样化、优质化市场消费需求②。将地方特色产品的资源优势真正转化为可以提高农民收益的经济优势，伴随特色产业的不断发展，实现乡村经济的振兴繁荣。

民间一直流传着“天上龙肉，地下驴肉”的谚语，可见百姓对于驴肉的评价是很高的③。然而在如今品牌林立的竞争环境中，如何让特色驴产品满足快速发展的市场经济需求以及消费者消费观念，对于整个产业的持续健康发展意义重大。

东阿阿胶股份有限公司以发展品类为己任，积极推行“隐去品牌推品类”策略，做大品类，做强品牌，通过“品质”来推动“品牌”，促进阿胶行业可持续性发展。山东驴帮餐饮管理有限公司自成立以来，始终秉承“产业品牌化、品牌产业化”这一理念，通过不断整合和延伸驴产业链的上下游，打造了以“驴帮”“驴到家”“驴百味”“驴匠”为代表的餐饮连锁、熟食外卖、驴肉制品等终端品牌。

三、因地制宜，激发驴产业整体活力

区域特色产业的选择必须因地制宜，每个地区都有它独特的地理和人文特色，要充分依托各地的资源比较优势和区域特点，调整产业结构与发展方式，激发特色产业新活力。

---

① 杨建，杨毅．对培育特色产业助推乡村振兴的建议[J]．四川农业科技，2018(12)：55-56

② 唐珂．中央一号文件系列解读之九积极创建特色农产品优势区助力脱贫攻坚和农业高质量发展[J]．农村工作通讯，2019(5)：44-45

③ 李超．探究如何提升“驴肉食品”品牌包装的市场竞争力[J]．绿色包装，2018(1)：43-45

1. 开发乡村特色文化项目，创新驴产业文化模式

总结各地乡村文化建设的成功经验，打破传统模式，基于当地的产业特色和乡风民俗，从人们多样化的需求出发，开发新型文化旅游理念，将产业链适当延伸，从而打造出一条有特色、有故事的文化长廊。

驴产业历史悠久，其文化内涵丰富多彩，深入挖掘驴产业的文化价值，符合新时代人们日益增长的美好生活需求。驴文化作为一种区域特色悠久文化，其建设要以时代为主题，以藏品、活体、实物、展板、文字、动画等形式展示，积极开展摄影、绘画、展览等活动，让文化成为一种生产力。

2. 精准对接产业扶贫任务，依托驴产业脱贫致富

当前我国的脱贫攻坚战已经进入了攻坚拔寨的关键期，只有聚焦深贫地区，精准识贫、因户施策，才能实现贫困地区的真扶贫、扶真贫。贫困地区受自然和社会条件的限制，其地理和文化属性往往存在独特性和小众性，深入贫困地区因地制宜发展适宜当地的特色产业对于带动贫困地区经济发展，实现农民脱贫致富而言不失为一种积极选择。

驴产业作为畜牧业中具有较大发展潜力的特色产业，目前已被国务院扶贫办作为产业扶贫的主推模式之一在全国大范围推广。自 2015 年中共中央发布打赢脱贫攻坚战的决定以来，农业部（即现在农业农村部，以下同）和 9 省 16 市县地方政府出台了 20 个红头文件，提出以发展特色驴产业带动精准扶贫。目前已经探索出“村集体经济”“小规模大群体”“带孕母驴”“种养结合”“参股、入股分红”等多种扶贫模式。东阿阿胶股份有限公司在山东聊城市建设了 100 个规模化、标准化扶贫养驴场，带动 3 000 余户贫困户脱贫致富。目前，华北地区的河北省、山西省、内蒙古自治区，华中地区的河南省，东北地区的吉林省、黑龙江省，西北地区的陕西省、甘肃省、青海省、宁夏回族自治区、新疆维吾尔自治区共有 301 个贫困县合适推广特色驴产业扶贫来带动当地乡村经济的发展①。

① 李杰，王玉斌．我国驴业发展现状、问题及对策[J]．中国畜牧杂志，2019，55(5)：159-162

3. 创新乡村产业发展形式，培育驴产业合作组织

发展特色产业应当注重建立农业特色产业合作组织，并将其布局到产业链的每一个环节，提升产业总体服务和效率水平。各地政府应基于地方特色产业优势，选择适宜的产业合作模式，强化合作组织的实用性和功能性。同时利用互联网技术，完善线上服务平台，将“电商＋”等模式融入特色产业发展规划中，充分发挥数据信息在信息传递、资源共享、风险管理方面的作用，拓展特色产品销售渠道，提升特色产品综合竞争力①。

驴的养殖周期较长，前期资金投入较多。针对驴产业的现实情况，各地大力培育养殖合作社、养殖企业等新型经营主体，在“政府＋驴养殖户”模式的基础上，尝试探索“专业合作社＋养殖户”“养殖企业＋银行＋保险＋养殖户”“村党支部＋高校＋公司＋合作社＋养殖户”“电商＋金融＋驴养殖户”等多种新型组织模式，推动特色产业快速发展②。东阿阿胶股份有限公司在内蒙古赤峰市实施了“政府＋金融＋龙头企业＋养殖户”的金融租赁养殖模式；德州禹城市惠民农业科技有限公司（图 1-3）、咸阳鑫响乞丐酱驴餐饮有限公司、宁夏德泽农业产业投资开发有限公司培育了“公司＋合作社＋农户”的合作模式；中国驴交所将建设“数据＋电商＋金融”三大核心业务平台，整合上游、中游、下游资源，改变原有供应、生产、加工、沟通方式，实现毛驴交易、毛驴管理、技术交流等业务的数字化管理。这些创新形式将有助于各主体功能的发挥，为特色产业发展注入新力量。

图 1-3　山东省德州市禹城惠民农业科技有限公司养殖场内的德州驴

① 张程．以特色产业推进农村扶贫[J]．人民论坛，2018(33)：86-87

② 李杰，王玉斌．我国驴业发展现状、问题及对策[J]．中国畜牧杂志，2019，55(5)：159-162

四、功能拓展，实现驴产业融合发展

垂直一体化发展是农业未来发展的新方向，也是提升全产业链效益的新途径[①]。农村特色产业若要做到一二三产业融合发展，各主体之间要加强联动作用，既要种好自己的“责任田”，又要管理好产业融合发展的“田园综合体”。产业的融合发展离不开对农业资源的优化配置和综合开发，地方在推进特色产业发展时要注重跳出传统农业单一的产业思维限制，主动实施跨越式、融合式发展战略，培育新型经营主体、扶持特色休闲农业，使农业产业从过去单一的食品功能逐步拓展为休闲观光等多元化功能产业，保障特色产业“立得稳，走得远”，使“特色”真正变成优势。只有这样，特色产业才能实现可持续发展，乡村振兴才能大有希望[②]。

驴性情温顺，相比于大宗草食畜而言驴在很多方面具有其“特色”，迷你驴、宠物驴品种，驴叫、驴打滚等活动特性使得驴的观赏价值极高。因此，通过扩展特色产业功能，融合各产业优势，使特色产业发展成为一村一品和休闲观光农业的新宠，不仅可以满足人们对生活多样化的需求，又为促进农业经济发展、振兴乡村产业提供新思路。

第四节　产业多元替代发展[③]

——奶牛与奶山羊养殖效益比较

自改革开放以来，在各种产业政策的扶持下，我国奶业取得长足发展。据统计数据显示，2016 年，我国奶类产量 3 712 万吨，其中牛奶产量 3 602 万

① 韩一军．加快推进农村一二三业产融合发展[N]．农民日报，2015-10-30(3)

② 杨建，杨毅．对培育特色产业助推乡村振兴的建议[J]．四川农业科技，2018(12)：55-56

③ 本节内容原文发表于《中国畜牧杂志》2018 年 05 期，原题为“中等规模奶牛养殖和奶山羊养殖的效益比较”，作者为王玉斌、陈慧萍(中国农业大学经济管理学院)，略有修改。

吨，成为世界第三大产奶国。然而，受国外进口大包奶粉的影响，2015 年以来，我国奶业形势持续低迷，奶牛养殖亏损面积超过 50%。据专家估计，2017 年原料奶产量还会进一步下降，不少小规模牧场将陆续退出奶牛养殖。

由于奶牛养殖投入大，牛舍、机械等固定投入多，变现可能性小，因此很多关闭的小规模牛场考虑转型奶山羊养殖。尽管奶牛和奶山羊都是奶畜养殖，但是由于国内的产业政策都是关于奶牛的，因此近 30 年间，我国奶业发展出现“一牛独大”的局面，忽略了乳品的多元化发展。

当牛奶的竞争白炽化后，很多乳品企业独辟蹊径，将目光投向了逐渐兴起的羊奶。黑龙江飞鹤乳业有限公司收购了陕西关山乳业有限责任公司，西安银桥乳业集团也发布了羊奶产品，陕西雅泰乳业和西安百跃羊乳集团纷纷投入羊奶行业，几个大型乳品企业也有涉足羊奶领域的打算。未来几年，随着羊乳品和乳粉的兴起，当前以散养为主的奶山羊养殖必然会发生结构性变化，规模化养殖比例也必然会不断增加，因此，奶牛养殖转型奶山羊养殖，不失为牛场转型转产的一个选择。

目前，关于奶牛养殖效益的分析比较多，如王艳阳等①比较了中美奶牛养殖的成本和效益，并对我国奶业发展提出了一些建议。张飞龙等②主要通过调研对呼和浩特市奶牛养殖的成本收益进行分析，并指出，造成奶农利益下降的根本原因是原料奶收购价格过低与饲料价格过快上涨。张曼玉③、王玉娟④等主要利用统计数据对不同省份、不同规模的奶牛养殖的成本效益进行分析。目前，关于奶山羊养殖成本和收益的情况，仅在一些媒体报道中，零星出现，尚未有人对其进行分析，也没有相关的统计数据，对两者经济效益进行比较的研究更是没有。

奶畜养殖最关键的是效益，即使转型再容易，如果没有效益，也没有人

---

① 王艳阳，李彤，王玉娟．中美奶牛养殖成本效益比较研究[J]．黑龙江畜牧兽医，2017(8下)：37-40

② 张飞龙，姚凤桐．奶牛养殖的成本收益分析——以呼和浩特市为例[J]．内蒙古科技与经济，2016(13)：48-49

③ 张曼玉，李彤，褚林然．不同养殖规模及主产省间原料奶成本收益分析[J]．中国畜牧杂志，2015(24)：54-59

④ 王玉娟，李彤．不同规模下奶牛养殖的成本收益比较[J]．财会月刊，2014(11下)：76-78

愿意转向奶山羊养殖。因此，很有必要对两者的成本收益进行对比分析。

一、奶牛养殖和奶山羊养殖概况

1. 奶牛养殖发展概况

我国奶牛养殖主要集中在黑龙江、内蒙古、河北等地，经过多年的发展，养殖技术相对成熟，品种、规模化、机械化、乳品质量、单产水平等方面都取得了较大的发展。2016 年全国奶牛养殖场（户）100 头以上规模养殖比例达到 53%，100%实现机械化挤奶，80%使用全混合日粮（TMR），荷斯坦牛平均年单产 6.4 吨，规模牧场平均达到 8.4 吨，生鲜乳供应充足。据农业部监测，全国生鲜乳乳蛋白率平均 3.22%，规模牧场为 3.33%；乳脂率 3.81%，规模牧场为 3.87%；菌落总数平均 25 万 CFU/毫升，规模牧场为 13 万 CFU/毫升；体细胞数平均 59.1 万 CFU/毫升，规模牧场 30.1 万 CFU/毫升，达到了国际先进水平①。

然而，受制于养殖成本偏高，中国牛奶的世界竞争力不强。尽管，我国规模奶牛场在不断进行降本增效，然而原料奶的生产成本仍然在 3 元/公斤以上，而采用放牧养殖的新西兰、澳大利亚等国家，原料奶的生产成本仅为 1.5 元/公斤，即使加工喷粉运到国内，价格也仅为 2.5 万元/吨，而国内生产 1 吨大包粉的成本在 3.5 万元。受利益驱动，不少乳品企业纷纷选择进口大包粉，2017 年我国进口大包粉的数量同比又增长了不少。

在进口大包粉的冲击下，国内奶牛养殖业自 2015 年以来一直处于低迷状态，原料奶的收购价格一路下滑到 3.4～3.7 元/公斤，牛场的亏损面达到了 50%，倒奶杀牛现象时有发生，不少小规模牧场不得不关门大吉。只有当原料奶收购价格高于 3 元/公斤，且牛场没有出现病疫、拒奶等现象，牛场才可以实现盈利。2015 年，单产在 6 吨以上，收奶价格为 3.8 元/公斤的牛场，每头牛的年收益达到了 5 000 元左右，见表 1-1。

① 中国奶业协会．中国奶业质量报告(2017)

表 1-1　不同规模奶牛养殖场 2015 年成本收益情况

项目	小规模	中规模	大规模
产值合计（元）	20 551.63	25 580.75	31 212.19
主产品产量（公斤）	5 305.32	6 032.78	6 934.89
主产品产值（元）	18 343.30	23 192.44	28 626.54
售奶单价（元/公斤）	3.46	3.84	4.13
副产品产值（元）	2 208.33	2 388.31	2 585.65
总成本（元）	16 501.45	20 173.64	25 004.08
生产成本（元）	16 453.27	20 093.64	24 933.25
原料奶成本（元/公斤）	3.10	3.33	3.59
净利润（元）	4 050.18	5 407.11	6 208.11
成本利润率（%）	24.54	26.80	24.83

数据来源：《全国农产品成本收益资料汇编 2016》①

2. 奶山羊养殖发展概况

奶山羊是我国第二大奶畜，传统养殖主要集中在陕西、山东两地。2016 年，我国奶山羊存栏量有 1 300 万只，其中产奶羊有 770 万只，山羊奶总产量 210 多万吨，占全国鲜奶总产量的 5.4%。据不完全统计，2007 年以来，我国奶山羊以 3%的年增长率稳步增长，山羊奶虽然总产量有所波动，但是保持了 10%的平均增长率②。在各方的共同推动下，奶山羊的养殖规模不断扩大，百头规模、千头规模的养殖场数量有所增加，良种率、单产水平、机械化挤奶比例、原料奶质量等指标都有了较大的提高，不少乳品企业投资建设的规模奶山羊养殖场都要陆续投入使用，但是相对于奶牛养殖的发展状况，奶山羊养殖还有较大的增长空间。

以奶山羊养殖大省陕西为例，奶山羊存栏与羊奶产量位居全国第一，但是平均单产水平仅为 300 公斤/年，而良种奶山羊的产奶量为 500～700 公斤/年，可见良种比率不高。从规模化水平看，适度规模的散养模式占了主导地位，乳品企业多是在村里建立收购站或者挤奶厅进行集中收奶。在陕西的奶山羊养殖基地富平县，散户养殖 200 只以下的仍占绝大部分；200 只以上的

① 国家发展和改革委员会价格司．全国农产品成本收益资料汇编 2016[M]．北京：中国统计出版社，2016

② 中国奶业协会．中国奶业统计年鉴 2016[M]．北京：中国农业出版社，2016

均为养殖场管理；人均 50 只以上的养殖户年收入最低 8.0 万元人民币①；每只奶山羊挤奶和羊羔收入在 1 500～2 000 元/年。

尽管，奶山羊的养殖水平基本上与 2008 年之前的奶牛养殖水平相近，但是国际横向比较看，我国奶山羊的竞争力较强。在单产水平不高，羊奶收购价格在 6～7 元/公斤的基础上②，我国的羊奶粉价格为 7 万元/吨，而进口羊奶的大包粉价格为 7.5 万元/吨，相差不大，具有较大的发展空间。

二、成本效益比较分析

由于不同规模下，养殖的成本收益会有较大的差别，考虑到此次转型的多为中小型规模养殖场，因此，在进行成本收益比较时，均以 500 头以下规模场为例。奶牛养殖数据主要是在统计年鉴的基础上，结合牛场调研，变更某些数据；奶山羊的数据主要来自养殖场调研和访问数据。

1. 生产成本比较

在比较投入成本时，考虑到是转型牛场，固定成本已经进行了投入，所以在计算成本的时候，只考虑生产成本。考虑到计算方便，本研究中奶畜的饲养，都以从外购进可以快速繁殖的青年母畜开始。具体的成本情况，见表 1-2。

表 1-2　奶牛养殖和奶山羊养殖的生产成本比较

项目	奶牛	奶山羊
品种	荷斯坦奶牛	萨能奶山羊
高产奶畜价格	12 000～13 000 元	2 000～2 500 元
日饲精料量	8～10 公斤	0.8～1 公斤
日饲喂青储料量	20～30 公斤	5～7 公斤
日粮费用	50～60 元/天	8～10 元/天
饲养成本	17 000 元/头	3 000 元/头
总成本	29 000 元	5 000 元

数据来源：统计资料结合养殖场调研

① 王澍，赵丽红，房瑞东，等．奶山羊养殖区特色产业研究——以陕西省富平县为例[J]．中国草食动物科，2017(3)：56-61

② 国际上羊奶的收购价格普遍为牛奶收购价格的 2～5 倍，而我国则为 2 倍左右。

2. 收入比较

奶畜的收入主要来源于售奶收入和幼畜的出售收入，特别是奶山羊一胎多只，羊羔的收入更是占较大比例。收入除了跟产奶量，还跟奶价有关，幼畜的价格也跟公母有关，另外，在行情好的时候，幼畜的价格较高。本研究中，幼畜均是断奶后出售，时间很短，多用奶、母乳饲喂，饲料费用可以忽略不计。

奶牛和奶山羊的收入比较，具体见表 1-3。

表 1-3　奶牛养殖和奶山羊养殖的收入比较

项目	奶牛	奶山羊
总收入	20 700 元	4 800 元
售奶收入	18 700 元	3 300 元
幼畜收入	1 000（公），2 000（母）	500（公），1 000（母）
残畜价格	5 000～6 000 元	1 000～1 200 元
售奶价格	3.4～3.6 元/公斤	6～7 元/公斤
年产奶量	5 000～6 000 公斤	500～600 公斤
幼畜数量（年）	1 只	2～4 只

3. 效益比较

通过成本和收入比较后，可知奶牛养殖投入高，一头就需要 3 万元左右的投入，但是一年的纯利润仅有 3 700 元左右，养殖 3 年后，可以将前期投入抹平，将残畜卖掉，每头可以获得 5 000 元的收入，即奶牛养殖 3 年的净收入。奶山羊养殖投入较低，一头仅需要 5 000 元，每头的年利润即可将年初的成本抹去，养殖 3 年卖掉残畜之后，可以获得 4 400 元（表 1-4）。如果，同时投入 100 万元，仅能饲养 34 头奶牛，3 年后获得收益 17 万元；同样的资金投入奶山羊，可以饲养 200 只，3 年后可以获得收益 88 万元。因此，在现有的售奶价格下，奶山羊的养殖效益要远高于奶牛的养殖效益。

表 1-4　奶牛养殖和奶山羊养殖的效益分析

项目	奶牛	奶山羊
前期投入	12 000 元	2 000 元
养殖投入	17 000 元/年	3 000 元/年

续表 1-4

项目	奶牛	奶山羊
年收入	20 700 元	4 800 元
年净利润	3 700 元	1 800 元
3 年后的收益	5 000 元	4 400 元
利润率	12.75%	36%

三、对我国奶牛场转型的建议

奶牛养殖属于高投入高产出，相对于奶山羊养殖，奶牛养殖的产业链条、社会化分工更加明确，虽然较以前的收益下降，但是只要不出现大的疫病和拒奶现象，原料奶收购已经形成体系，市场相对稳定。奶山羊的规模养殖近年才兴起，还存在着良种化程度低、羊奶加工技术落后、奶羊集中饲养程度低、机械化挤奶程度不高、羊奶价格波动大等问题①。羊奶产业的各类服务体系还有待发展，养殖技术、冻精质量、挤奶机技术、原料奶除膻加工技术等还有待提高②。特别是，奶山羊的规模养殖经验比较少，如何预防疫病，在小规模时没有发生的疾病扩大规模，一旦发生了如何治疗，如何配置整群的产奶量都是养殖过程中急需解决的现实问题。

中等规模牧场转型奶山羊养殖，首先要与当地的羊奶加工企业相联合，从挤出奶运输到工厂的时间不宜过长；另外，还可以有一个相对稳定和较高的收购价格。奶山羊比奶牛的繁殖效率高，同时投入成本不高，行业进入门槛低，扩大规模相对容易，这也容易导致跟风养殖，导致奶价的波动，产奶量容易超出已有乳品企业的加工需要量，因此，在扩大规模的同时要密切关注产业发展，避免因奶价波动导致养殖场的损失。

虽然奶牛养殖和奶山羊养殖技术相近，但是还不能仅凭经验为之，一定要多方学习，前期尝试养殖，到积累一定经验之后，再去扩大规模，遵循循序渐进的过程。

---

① 任洪辉，张鹏，王永. 我国奶羊产业发展的前景、问题和对策[J]. 江苏农业科学，2013，41(11)：230-232

② 赵善仓，李增梅，董燕婕，等．我国奶羊产业发展与羊乳质量安全现状及对策研究[J]. 农产品质量与安全，2014(6)：12-14，22

第五节 迅速发展的中国“特色奶”[①]

我国奶产品种类丰富，不只有牛奶，还有羊奶、驴奶、马奶、驼奶等。除了牛奶之外的奶，统称为特色奶。在哺乳动物里，能被人类所利用的，产奶量最大的就是奶牛，因此人类的关注点都集中在奶牛身上，对奶牛、牛奶的研究很多，涉及养殖、产量、品质、加工等多个方面。

在我国的特色奶中，又以羊奶的产量居多，几乎占了半壁江山，而驴奶、马奶、驼奶则多集中在少数民族生活的聚集地，如新疆、内蒙古、云南等地。受此影响，对特色奶的研究较少，陆东林等[②]人的研究集中在新疆本地的特色奶发展上，不仅分析了驴奶的成分、标准、产业，还探讨了羊奶的产业发展，马奶的产业发展、驼奶的成分，比较了特色奶与牛奶的营养成分，分析了新疆特种奶开发利用的现状及存在的问题。赵善仓等[③]对我国羊奶的发展进行了概述和分析，指出了存在的问题，并提出了一些发展建议。王俊勋等[④]对我国驼奶产业的发展进行了讨论。

近年来，在龙头企业带动下，以羊奶和驴奶为代表的特色奶发展迅速，人们对特色奶的生产、功能、利用等方面的认知需求不断增加，但是由于产量少，重视程度不够，我国特色奶的统计和研究均不够。基于此，本节主要从营养、产量、地域、产业等方面，对我国特色奶的发展情况进行分析。

---

① 本节内容原文发表于《中国奶牛》2018 年 03 期，原题为“中国特色奶的发展”，作者为王玉斌、陈慧萍（中国农业大学经济管理学院），略有修改。

② 陆东林，徐敏，李景芳，等．新疆特种乳产业发展现状、问题和对策［J］．新疆畜牧业，2017（5）：4-7

③ 赵善仓，李增梅，董燕婕，等．我国奶羊产业发展与羊乳质量安全现状及对策研究[J]. 农产品质量与安全，2014(6)：12-14，22

④ 王俊勋，孙新华，齐新林，等．新疆驼奶产业现状和发展趋势[J]. 中国奶牛，2013(4)：13-16

一、特色奶的营养与功效

陆东林等①、赵小伟等②、肖海霞等③、古丽巴哈尔等④均对特色奶的营养成分进行了比较和分析，尽管受采集品种、个体的影响，乳成分的蛋白、脂肪等的含量检测结果与其他人的研究有一定的差异，但是也能表明各类乳的大致区别。

以陆东林的研究结果为例，与牛奶的蛋白质和脂肪含量相比，驼奶比牛奶高，羊奶与其相当，马奶和驴奶均低于牛奶（表 1-5）。除了脂肪和蛋白，特色奶中还具有独特的活性成分、特色蛋白，具有提高免疫力、抵抗疾病的功效，因此常被用于治疗某些疾病，生活中多用于老人、儿童、病患等特殊人群（表 1-6）。

表 1-5 特色奶与牛奶营养成分的比较

奶类	蛋白质（%）	脂肪（%）	乳糖（%）	灰分（%）
山羊奶	3.50	3.80	4.10	0.80
马奶	2.18±0.18	0.84±0.24	6.56±0.20	0.36±0.04
驴奶	1.60±0.24	1.04±0.40	6.34±0.20	0.39±0.05
驼奶	3.75±0.33	5.17±1.07	4.88±0.44	0.91±0.05
牛奶	3.30	3.60	4.60	0.70

数据来源：陆东林等的研究⑤

① 陆东林，徐敏，李景芳，等．新疆特种乳产业发展现状、问题和对策[J]．新疆畜牧业，2017(5)：4-7

② 赵小伟，杨永新，黄冬维，等．乳驴的利用现状及发展前景[J]．草食家畜，2014(6)：28-32

③ 肖海霞，何美升，帕热哈提江·吾甫尔，等．驴乳用性能研究进展[J]．中国奶牛，2017(4)：21-24

④ 古丽巴哈尔·卡吾力，高晓黎，常占瑛，等．马乳与驼乳、驴乳、牛乳基本理化性质及组成比较[J]．食品科技，2017(7)：123-127

⑤ 陆东林，徐敏，李景芳，等．新疆特种乳开发利用现状和发展前景[J]．中国乳业，2017(5)：72-77

表 1-6　特色奶的营养特点与功效

奶类	营养特点	应用功效
羊奶	1. 每千克羊奶的热量比牛奶高 210 千焦，脂肪含量为 3.6%～4.5%（脂肪球直径 2 微米左右），更容易被吸收。2. 羊奶富含短链脂肪酸，低级挥发性脂肪酸占所有脂肪酸含量的 25%，而牛奶中则不到 10%。3. 羊奶的酪蛋白与乳清蛋白之比为 75∶25，更接近人乳。4. 羊奶重矿物质含量为 0.86%，比牛奶高 0.16%左右①	1. 在临床上，山羊奶可辅助治疗脂肪泻、乳糜尿、高血脂，也适于肠切除术、冠状动脉搭桥、胆结石等患者饮用。2. 山羊奶缓冲性好，对防治胃溃疡也有一定效果。3. 山羊奶富含超氧化物歧化酶、表皮生长因子等，可抗氧化、抗衰老、防止皮肤干燥和角质化，具有较好的养颜美容功效②
马奶	1. 马奶中乳清蛋白和酪蛋白的比例、人体必需脂肪酸占总脂肪酸的比例以及一些微量营养素，如 VC 和牛磺酸的含量都优于牛、羊乳。2. 马奶中蛋白质和灰分（矿物质）含量较低，饮用后对肾脏形成的负担较轻，正好适合于婴幼儿肾功能不完善的特点。3. 马奶对婴幼儿致敏性很低，能被婴幼儿较好地接受③	1. 医疗实践证明，酸马乳对许多慢性病，如肺结核、慢性支气管炎、慢性肝炎、肠胃炎、贫血、高血压、高血脂等均有一定的辅助治疗作用。2. 我国蒙医学中有“酸马乳疗法”，内蒙古锡林郭勒盟蒙医研究所每年夏秋季都要用酸马乳治疗肺结核病人。3. 酸马乳还可以改善胰岛素分泌，降血糖效应，因此，乳糖不耐受人群和糖尿病患者可饮用酸马乳③
驴奶	1. 驴奶营养丰富，含人体必需的脂肪酸、亚油酸和亚麻酸，胆固醇含量仅为牛奶的 1/5，属于天然低脂肪、低胆固醇乳品，富含矿物质硒和上皮细胞生长因子。2. 驴奶中乳清蛋白和酪蛋白的比例为 65∶35，其中的乳	1. 不仅可以提高免疫力，还具有美容、抗菌消炎，抗氧化，抗疲劳等功效④。2. 驴乳具有低脂肪、低胆固醇的特点，适于心脑血管病、“三高症”、胆石症和肥胖症等人群饮用。3. 驴乳对许多疾病，如慢性支气管炎、肺结

① 胡长利．牛奶、羊奶、骆驼奶　动物奶营养大比拼．http://health.people.com.cn/n1/2017/0926/c14739-29559365.html. 人民网-生命时报，2017

② 陆东林，徐敏，李景芳，等．新疆特种乳开发利用现状和发展前景[J]. 中国乳业，2017(5):72-77

③ 陆东林，刘朋龙，王生俊，等．新疆马乳产业发展初探[J]. 中国乳业，2013(11):16-19

④ 肖海霞，何美升，帕热哈提江·吾甫尔，等．驴乳用性能研究进展[J]. 中国奶牛，2017(4):21-24

续表 1-6

奶类	营养特点	应用功效
	清蛋白更易消化①。3. 驴奶中的硒含量是牛奶的 8 倍，维生素含量是牛奶的 5 倍，乳清蛋白含量比牛奶高 50%②	核、口腔和消化道溃疡、习惯性便秘、产后或重病后二次贫血等，都有一定的医疗康复作用②
驼奶	1. 驼奶所含的维生素 C 和铁分别是牛奶的 3 倍和 10 倍。2. 驼奶的不饱和脂肪酸、蛋白质、镁、钙等含量也高于牛奶。3. 1 L 驼奶含 52 单位胰岛素，远高于牛奶的 0.016 单位。4. 驼奶富含牛奶所缺少的具有杀菌和强化人体免疫力的乳铁传递蛋白和溶解酵素，而脂肪含量则低于牛奶③	1. 驼奶具有强身健体、提高人体免疫力、抗癌、治疗糖尿病等功效。2. 哈萨克族人民长期以来就用驼奶治疗肺结核病。3. 饮用驼奶有助于水肿、黄疸、脾脏疾病、肺结核、哮喘、贫血和痔疮等患者的康复③

二、特色奶的产量变化

近 30 年来，我国的奶类产量一直呈现持续增长的态势，但主要是得益于牛奶产量的增加，特色奶产量在 1978—2007 年之间，属于增长期，在 2008 年爆发性增长 1 倍后，又在 2009—2015 年间呈现持续减少的趋势。究其原因，是 2008 年牛奶质量出问题后，消费者转向特色奶，而随后牛奶监管加强后，又从价格昂贵的特色奶逐渐转回平价的牛奶。截止到 2015 年，我国特色奶的产量为 115.6 万吨，较上年略有降低（图 1-4）。

从占比看，特色奶占奶类总产量的比例在逐渐下降，尽管下降，但是在 1979—2000 年期间，特色奶的占比均在 10%以上。然而，随着 2000 年之后，我国奶牛养殖的大规模推进，牛奶产量 20%～30%的增速冲击下，特色奶的产量占比就逐渐下降，并从 10%下降到 2015 年的 3%（图 1-5）。

① 胡长利．牛奶、羊奶、骆驼奶 动物奶营养大比拼．http://health.people.com.cn/n1/2017/0926/c14739-29559365.html．人民网-生命时报，2017

② 陆东林，李景芳．驴乳的保健作用[J]．新疆畜牧业，2016(4)：9-12，34

③ 王俊勋，孙新华，齐新林，等．新疆驼奶产业现状和发展趋势[J]．中国奶牛，2013(4)：13-16

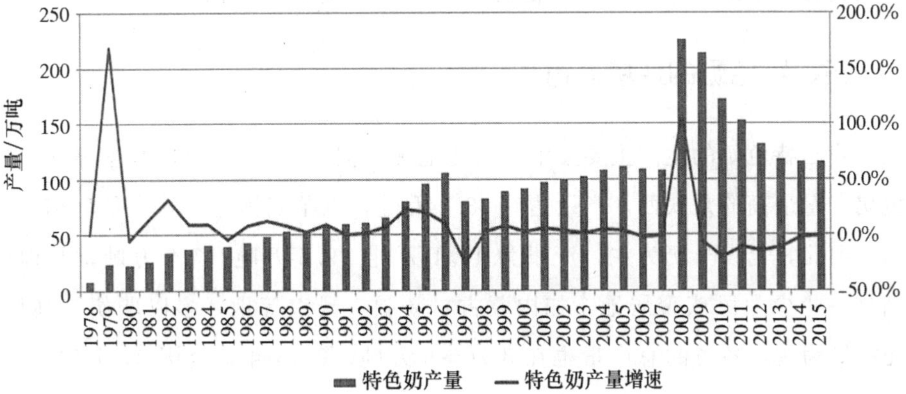

图 1-4　1978—2015 年我国特色奶产量变化情况

数据来源：中国奶业年鉴 2016

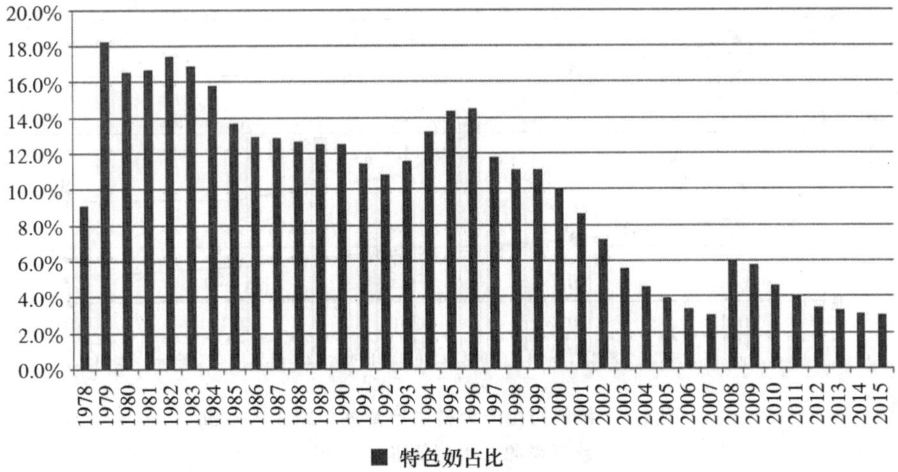

图 1-5　1978—2015 年我国特色奶占比变化情况

数据来源：中国奶业年鉴 2016

从全球范围看，全球奶类总产量也是呈现逐年增长的趋势，特色奶产量较为稳定，且保持低速增长，但是占总奶产量的比例在不断下降。据统计数据显示，2015 年，全球奶类总产量为 8.18 亿吨，其中，牛奶产量 6.74 亿吨，占奶类总产量的 82.4%；其他畜奶产量为 0.34 亿吨，占比 4.2%①。

三、特色奶的地域分布

我国特色奶的生产主要集中在西北地区。据 2015 年的统计数据显示，特色奶产量最高的是陕西，产量达到 48.7 万吨，以羊奶为主；其次是河南、山东、河北，也以羊奶为主，产量为 10.1 万吨、9.5 万吨、7.5 万吨，其他的则是一些少数民族聚居地，如内蒙古、新疆、云南等地，多以驴奶、马奶、驼奶等为主，各省的总产量也在 8 万～9 万吨。2015 年，全国 31 个省、市、自治区中，有 15 个省市生产特色奶，将近一半的省市不生产特色奶。

在几个生产特色奶的大省中，内蒙古、辽宁、黑龙江、湖北 4 个省份的产奶量在逐年下降。其中，湖北的特色奶产量由 2011 年的 20.6 万吨，下降到接近 0 吨；内蒙古也由 2011 年的 23.2 万吨，下降到 9 万吨（图 1-6）。

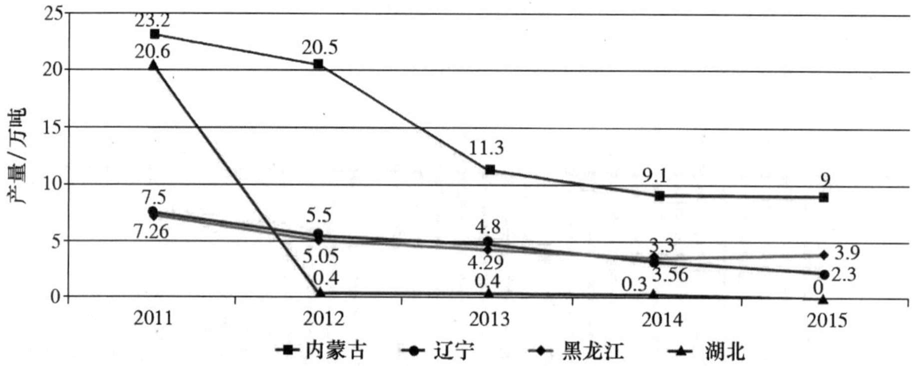

图 1-6　特色奶生产大省中产量逐年减少的省份

数据来源：中国奶业年鉴 2016

作为特色奶的主产省，在龙头企业的推动下，云南、新疆两地的特色奶产量在 2011—2015 年间，呈现逐年增长的态势，见图 1-7。

① 中国奶业协会．中国奶业统计年鉴 2016 年[J]．北京：中国农业出版社，2016

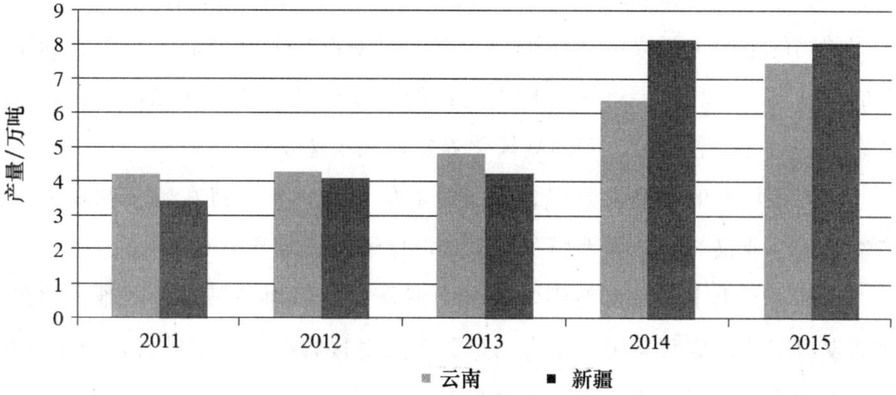

图 1-7　特色奶生产大省中产量逐年增加的省区

数据来源：中国奶业年鉴 2016

在剩余的 10 个省区中，特色奶主要产出省份陕西、河北、河南、山东、西藏等地的特色奶产量，常年保持稳定；吉林、山西、福建、甘肃、青海等地数量虽少，但也基本维持生产。

四、特色奶的产业发展

在特色奶的产业发展中，发展最为迅猛的是羊奶，其次是驴奶，马奶和驼奶的发展较为落后。目前，国家尚未出台特色乳的国家标准，仅新疆于 2007 年发布了《驴乳粉和调味驴乳粉》（DB 65/T 2800—2007）地方标准，其他产品至今仍按企业自行制定的“企业标准”组织生产和销售①。

借鉴牛奶的发展经验，陕西、山东等地的羊奶发展势头良好。据统计，仅陕西一个省的羊奶产量超过 46 万吨，接近全国的 50%，全国的羊乳制品生产企业也大都集中在陕西。陕西省年产羊奶粉 6 万吨，产值达 30 多亿元，产量占到全国的 90%以上②。无论山羊奶的固态（奶粉）、半固态（奶酪）还是

① 陆东林，江龙，李雪红，等．关于制定新疆驴乳和驴乳粉地方标准的研究[J]．中国乳品工业，2007(10)：26-29

② 何汪维，张有效．陕西积极推进羊奶产业发展[N]．中国食品安全报，2016

液态产品（山羊奶和酸奶），山羊奶的售价都是牛奶的1～2倍①。

驴奶的生产主要集中在新疆、云南、内蒙古和山东等地，在驴乳加工企业的带动下，驴乳发展迅速，投入建设的乳品生产线产能充足，驴乳产品有液态乳、酸乳、乳粉等，驴的规模化养殖也在迅速发展。

国内市场上的驼奶主要产自新疆，驼奶产量常年保持在4万吨左右，生产驼奶的企业仅3家，且因奶源供应难以保证，经常开工不足②。

目前马奶也主要来自新疆，且多为酸马奶。因为马奶保存困难，牧民多将其发酵酿造制成酸马奶后出售。企业多是直接收购酸马奶销售，加工马奶，制成其他形式乳制品的企业几乎没有。

特色奶除羊奶外，由于产量低，销售面窄，价格居高不下。据了解，鲜驴奶的价格在60～80元/公斤，驴奶粉的价格在4 000元/公斤；驼奶的价格更高，鲜驼奶的价格在200～300元/公斤，由于干物质含量高，驼奶粉的价格略低，为2 000元/公斤③。

五、结语

特色奶虽然数量少，但也是我国奶类的重要组成部分，是牛奶的有益补充。我国特色奶的发展具有营养独特、数量不多、地域局限、品类不平衡等特点。由于稀缺性和功能性的优势，特色奶一直属于少数人消费的产品，很多品牌、种类则仅在某些地区销售，知名度和品牌影响力都不够。在我国奶业发展处于低谷的这个阶段，适当的发展特色奶，是争夺奶类高端市场，与国外乳品竞争的主要着力点。

---

① 赵善仓，李增梅，董燕婕，等．我国奶羊产业发展与羊乳质量安全现状及对策研究[J]．农产品质量与安全，2014(6)：12-14，22

② 王俊勋，孙新华，齐新林，等．新疆驼奶产业现状和发展趋势[J]．中国奶牛，2013(4)：13-16

③ 陆东林，徐敏，李景芳，等．新疆特种乳开发利用现状和发展前景[J]．中国乳业，2017(5)：72-77

第六节　农业保险能为农民收入保驾护航吗[①]

农业生产是自然再生产和经济再生产的统一体，由于自身的弱质性和生产过程的特殊性，农业生产在整个再生产循环过程中除了面临市场风险、社会风险外，还面临着不可抗力的自然风险。2011 年之前我国农业成灾面积维持在 10%以上，现在为 7%～8%。虽然灾后有政府补助、社会救济等外在支持，但补贴力度相对较小，农业风险带来的损失仍然主要由农民自己承担，严重影响农民的农业收入和农业再生产进程，一些农民甚至因灾致贫。“三农”问题是贯穿我国现代化过程的基本问题，关系着农业、农民 、农村，影响着我国的工业化、城市化发展进程，也事关共同富裕、可持续发展、粮食安全等重大问题。

农业保险作为现代农业发展的三大支柱之一，是抵御农业风险、稳定粮食生产以及保障农民收入的重要手段，也是各国政府扶持农业发展的有效政策。我国政府十分重视农业保险发展，从 2004 年开始，中央一号文件持续关注农业保险。在政府推动下，我国农业保险 2006 年进入迅速恢复阶段，各省农业保险探索取得了积极进展，逐渐走向成熟。2016 年，我国农业保险市场已经发展为亚洲第一、世界第二，发展规模不断扩大，已覆盖全国所有省份，承保主要农作物 14.5 亿亩，占全国主要农作物播种面积的 59%，三大主粮作物平均承保覆盖率超过 70%，接近发达国家水平。2015 年，我国农业保险保费收入 374.90 亿元，占财产保险公司保费收入 4.45%，赔款支出 237.10 亿元，约占农作物直接经济损失的 9.6%，农业保险赔付率现基本稳定在 60%左右。农业保险密度从 2006 年的 2.08%增长到 2015 年的 35.02%，农业保险深度从 2006 年的 1 元/人增长到 2015 年的 62.13 元/人，保险覆盖范围逐渐扩大。农

① 本节内容系侯敏毕业论文改写而成，指导老师李晓峰，作者侯敏、李晓峰（中国农业大学经济管理学院）。

业保险服务“三农”的能力显著增强，对稳定农民收入发挥了重要作用。

一、国内外研究现状

国内外学者围绕农业保险对农民收入的影响展开了大量研究。Miranda 指出，欠发达地区的农业生产较多依赖于自然环境和气候状况，农业生产常常面临“一夜返贫”的困境，而农业保险有效保障了这些地区农业生产的连续性①。Vincent 认为与政府的灾害救助计划相比，农业保险最大的优势在于其稳定了农场的收入②。张跃华等认为在宏观层面上，农业保险有助于农业生产技术的提高、种植面积的增加，从而增加农业产量，但农业保险存在的道德风险和逆向选择会造成农业产量的相对下降；微观层面，农业保险公司的防险措施有助于产量稳定，但对于一些风险规避型生产者来说，农业保险会引起减少风险损失的投入物如化肥、杀虫剂的减少，进而影响产量③。徐维认为政策性农业保险促进农民增收的途径有五个方面：降低农业生产风险、加速农业产业结构调整、加快农业产业化进程、推动农业科技创新、刺激农村金融发展。这些文献基本从农业福利经济学、金融发展理论、生产者剩余等方面进行研究，使用的方法不同，结果也不尽相同。作用机制分析方面，缺乏全面、深入的探讨，对此做进一步总结分析非常必要④。吴雪平认为农业保险对美国农业经济产生了较大的正面影响，如促进了农业再生产资源在全美的有效配置和受灾地区农业再生产的恢复，增强了美国农业生产抵御自然灾害和风险的能力等，但也存在一些负面影响：增强了农业经济对政府的依赖性，政府过度干预打破了农业经济的自由市场，使非受灾农业地区在灾后的资源

---

① Miranda,M J,Glauber J W. Systemic risk reinsurance and the failure of crop insurance markets[J]. *American Journal of Agricultural Economics*,1997,79(2):206-215

② Smith,Vincent H,Glauber,Joseph W. Agricultural insurance in developed countries: where have we been and where are we going? [J]. *Applied Economic Perspectives and Policy*, 2012,34(3):363-390

③ 张跃华,史清华,顾海英. 农业保险对农民、国家的福利影响及实证研究——来自上海农业保险的证据[J]. 制度经济学研究,2006(2):1-23

④ 徐维. 农民收入水平与农业保险的关系研究——以陕西省为例[D]. 陕西:西北农林科技大学金融学院,2009

提供地位受到损害等①。

还有一些学者建立实证模型研究农业保险对农民收入、农村经济的影响。实证模型包括时间序列回归分析、（动态）面板数据回归分析、脉冲响应、方差分解法、误差修正模型、聚类分析等。温鸿飞采用我国省级面板数据进行研究，结果表明农业保险会促进农业经济增长，而且该促进作用在农业保险发展处于中等水平的地区作用效果最明显②。张小东和孙蓉研究发现，除北京外，其余省份的农业保险对农民收入均有正向促进作用，且较早获得财政补贴及地方政府重点扶持的省份，农业保险对农民收入的贡献更大③。孙朋和陈盛伟采用山东省数据、袁春旺等运用季度数据也都证明了这一点④。相反，祝仲坤和陶建平的研究结果表明，农业保险对农户收入有显著负效应，但保费补贴对农户收入有显著正效应⑤。余新平等研究指出，农业保险收入与农民收入增长呈负向关系，而农业保险赔付与农民收入增长呈正向关系⑥。周稳海等的研究表明农业保险灾前对农民收入具有显著的负向影响，灾后具有显著的正向影响，灾前灾后总效应短期为负向⑦。还有学者研究发现农业保险的作用不显著。这些文献在实证模型中多数只引入基本解释变量：农业保险保费收入和农业保险赔偿额，而且没有得到一致的结论，有必要根据柯布道格拉斯生产函数将影响农民收入的各类主要因素引入模型进行研究。

纵观已有研究可以看出，目前农业保险对农民收入影响机制的研究较为缺乏，实证方面的研究尚无定论。从研究变量来看，现有研究采用的解释变

① 吴雪平，梁芷铭．美国农业保险政策对农业经济的影响[J]．世界农业，2014(1)：64-67

② 温鸿飞．关于农业保险影响农业经济的理论分析和实证研究[D]．山东：山东大学财政学院，2016

③ 张小东，孙蓉．农业保险对农民收入影响的区域差异分析——基于面板数据聚类分析[J]．保险研究，2015(6)：62-71

④ 袁春旺，姚永兴，张杰．农业保险与农村居民收入增长关系研究——以吉林省为例[J]．华北金融，2011(6)：24-26

⑤ 祝仲坤，陶建平．农业保险对农户收入的影响机理及经验研究[J]．农村经济，2015(2)：68-71

⑥ 余新平，熊皛白，熊德平．中国农村金融发展与农民收入增长[J]．中国农村经济，2010(6)：77-96

⑦ 周稳海，赵桂玲，尹成远．农业保险发展对农民收入影响的动态研究——基于面板系统 GMM 模型的实证检验[J]．保险研究，2014(5)：21-30

量大多只包括农业保险保费收入、农业保险赔偿额，缺乏根据柯布道格拉斯生产函数引入的其他主要因素。农业保险对农民收入的具体作用渠道是什么？是否起到了积极作用？未来应该如何定位农业保险？非常有必要对此进行补充研究。有鉴于此，本节将从理论和实证两方面对农业保险在农民收入中的作用进行研究。

二、农业保险对农民收入影响的理论分析

借鉴已有相关研究经验，农业保险通过多种渠道对农民收入形成影响，具体可分为灾前效应和灾后效应。灾前效应指农业风险即自然灾害等没有发生时，农业保险在农民收入中发挥的作用，分为正面效应和负面效应。灾后效应即农业风险发生后农业保险对农民收入的作用，主要为正面效应。农业保险对农民收入的影响机制详见图 1-8。

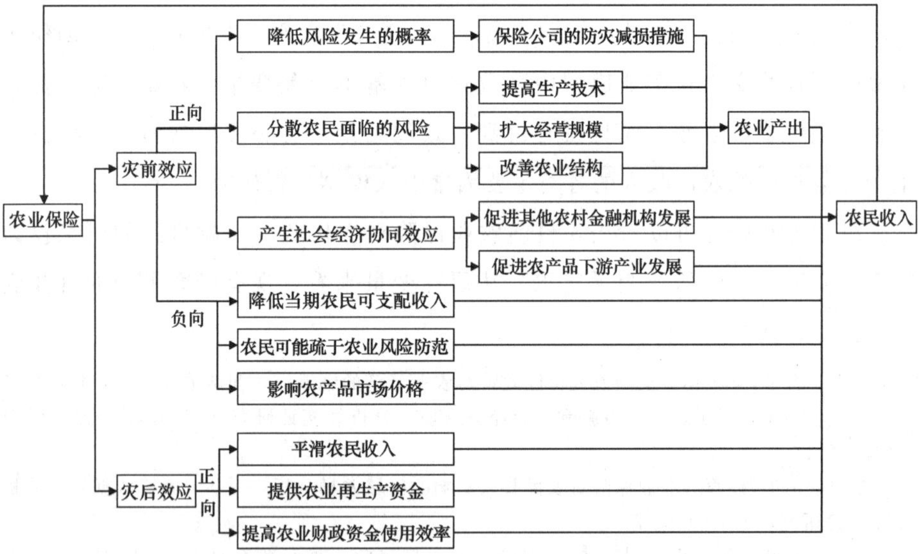

图 1-8　农业保险对农民收入的作用渠道

1. 灾前正面效应

(1) 农业保险公司为实现盈利会采取措施降低农业风险发生概率，从而影响农业产出、农民收入。如对农民进行防灾宣传、提供防灾建议，增强农民防范风险、应对风险的能力，密切监控异常气候等自然灾害，并采用科学

先进的防灾减损措施避免农业风险发生或降低损失程度。

（2）投保农业保险后，农民的风险得到分散。假使农民的风险承受偏好不变，此时农民实际可接受的风险上限提高，农民在农业生产中探索新技术、扩大经营规模、改善农业结构的可能性将会增大，而技术进步可以提高生产效率、规模扩大可能带来规模收益、农业种养殖结构调整可能来自对市场需求的判断。与此同时，“歧视性”参保政策会对农业经济活动产生引导效应：作物是否有对应的农业保险、不同作物品种不同的保费及保费补贴比例会使农民增加经济效益高的可参保作物种植、减少经济效益低的其他作物种植。金融结构理论也指出在经济发展初始阶段，金融发展可以产生供给引导作用，可以通过金融的超前发展促进经济增长。

（3）农业保险通过产生社会经济协同效应影响农业产出和农民收入。农业保险的发展可以促进如农村信贷等其他农村金融的发展：一是农业保险使风险的传导路径风险由农户直接传递给金融机构变成了由农户传递到保险公司再传递给金融机构；二是农业保险使农民具有稳定的现金流，满足贷款机构对于借款人资金稳定的要求；三是农业保险保单可部分弥补农村抵押品的不足，降低贷款机构面临的风险，使之具有积极性，农户借款的通过率也会提高。而农业保险又可以利用农村金融机构的网点、人力优势、地域优势和掌握的借款人信息促进自身发展。根据金融功能说和金融发展理论，金融发展可以促进经济增长即农村经济发展。此外，农业保险发展通过降低农产品生产的风险降低传递到农产品下游产业的生产风险，促进农产品下游产业发展，促进下游产业的资金流向农业生产，进而促进农业生产与农民增收。

2. 灾前负面效应

（1）农民投保缴纳保费会降低当期农民可支配收入。

（2）有些农户存在道德风险，因为投保农业保险而疏于对农业风险进行防范，对于投保后作物的管理下降，造成风险损失的概率提高；或者参与保险的目的就是为了获取农业保险赔付，造成农业产量的相对下降。

（3）农业保险对种养技术、规模、结构形成影响，虽然有利于产出的增加，但如果引起同类农产品产量变动过大，因为农产品需求相对刚性，则会导致该农产品价格降低。而农业保险通常只承保产量的变动，不承保价格的变化，最终农业保险是否能促进农民增收存在不确定性，可能反而降低农民收入。

3. 灾后正面效应

(1) 虽然投保农业保险会减少农民可支配收入，但一旦遭受经济损失，投保农户就能得到保险公司的经济补偿，农业保险可以平滑农民收入损失。

(2) 当农业风险发生后，保险公司对受灾农民的赔款补偿，使农民获得下一个生产周期的农业生产资料购买资金，不会落入“贫困陷阱”。

(3) 与政府灾后救济、民间捐助相比，农业保险赔付保障更高、更具可靠性。而且，农业灾害发生后如果需要政府的财政救助资金，则势必削减其他方面的支出来保障对农业的救灾支出，而这些资金如果用于农业基础设施建设、农业科技推广、新农村建设等其他用途，同样可以促进农村经济发展。

三、农业保险对农民收入影响的实证分析

1. 数据来源

本节通过中国国家统计局、历年保险统计年鉴、国泰安数据库、历年农村统计年鉴整理了 31 个省份 2007—2015 年的省际面板数据。

2. 模型构建

柯布-道格拉斯生产函数（C-D 函数）研究投入与产出的关系，一般形式为 $Q=AL^{\alpha}K^{\beta}$。其中，Q 是产出，L 为劳动力投入量，K 为资本投入量，A 表示技术进步，α、β 表示劳动与资本的产出弹性。本节根据 C-D 函数模型，分别建立混合模型、固定效应模型、随机效应模型，并对比检验模型效果，最终选取随机效应模型为基础，固定效应模型为参考，进行分析。

混合模型假设不存在个体效应，所有个体拥有完全一样的回归模型。回归模型如下，X_{it} 表示解释变量矩阵，Z_{it} 表示控制变量矩阵。

$$Incm_{it}=\alpha+\beta X_{it}+\gamma Z_{it}+\mu_{it} \tag{1}$$

固定效应模型假设个体效应存在且与解释变量相关，具体分为：一是使用个体组内离差信息、不考虑时间变化影响的个体固定效应模型；二是不考

虑个体变化、考虑时间变化的时间固定效应模型；三是将两者结合的双向固定效应模型。基本模型如下，其中α_i为常数。

$$Incm_{it}=\alpha_i+\beta X_{it}+\gamma Z_{it}+\mu_{it} \tag{2}$$

当α_i为随机变量，同时与误差项μ_{it}相互独立时，模型（2）变为随机效应模型，模型假设个体效应存在且与解释变量不相关。

3. 变量选取

（1）被解释变量：农村居民家庭人均经营纯收入。为了较好地体现农民收入水平，并且与农林牧渔农业保险相对应，根据现有文献，本节采用农村居民家庭人均经营纯收入表示被解释变量。家庭经营收入是指农村居民以家庭为生产经营单位进行农业、牧业、林业、渔业、建筑业、交通运输业、工业、贸易、餐饮服务、社会服务业等生产筹划和管理而获得的收入，与工资性收入、财产性收入和转移性收入共同构成全部收入。

（2）解释变量：农业保险发展水平。采用农业保险保费收入和农业保险赔付率两个指标表示。农业保险保费收入可以反映农业保险的发展水平，数值越大水平越高。农业保险赔付率为农业保险赔款与农业保险保费收入的比值，比值越大表明农户得到的灾后补偿越多、越有利于稳定农民收入与恢复农业生产，但是农业保险赔付率越高也说明农业生产受灾越严重，因此其对农民收入的影响不能确定。

（3）控制变量：农民收入影响因素主要有农户自身、经营规模、科技、金融、市场、自然、政策等因素。本节根据理论分析、C-D 函数、其他学者的研究，选取土地投入、技术投入、农村人口数量、灾害情况作为控制变量。土地投入采用主要农作物播种面积表示，技术投入采用农业化肥施用量和农业机械总动力表示，农村人口数量采用乡村人口表示，灾害情况采用成灾面积表示。

本节将所有变量取对数，具体变量详见表 1-7。

表 1-7 变量描述性统计

变量	名称	含义	预期符号	均值	标准差
被解释变量	农村家庭人均经营性纯收入	农民收入水平	—	7.987 7	0.433 9
解释变量	农业保险保费收入	农业保险发展水平	正	5.711 0	1.507 1
	农业保险赔付率	农业保险发展水平	不确定	3.946 2	0.695 4
控制变量	主要农作物播种面积	土地投入	正	8.116 6	1.155 3
	农业化肥施用量	资本投入	正	7.025 8	1.203 2
	农业机械总动力	技术投入	正	7.565 5	1.091 5
	乡村人口数	农村人口数量	负	7.293 0	0.971 1
	成灾面积	灾害情况	负	5.593 9	1.521 1

4. 实证分析

本节首先使用聚类稳健标准误建立混合回归模型。F 值通过显著性检验，模型拟合程度较好，各个解释变量的符号和预期相符，但主要农作物播种面积、成灾面积、农业保险赔付率没有通过显著性检验。然后建立个体固定效应模型和双向固定效应模型。个体效应的平均值为 10.34，*rho* 为 0.94，复合扰动项的方差主要来自个体效应的变动。个体固定效应模型的估计结果显示个体效应存在，但个体效应可能以随机效应的形式存在。本节估计随机效应模型，除农业化肥施用量变量不显著，随机效应模型各变量表现较好。各主要模型回归结果详见表 1-8。

在三种模型的检验和选择中，本节采用普通标准误法和 LSDV 法比较混合模型和固定效应模型。对于原假设"H_0：$all\ \mu_i=0$"，即所有个体效应为 0，得到 F 检验的 P 值等于 0.00，拒绝原假设，认为固定效应明显比混合模型好，每个个体应该拥有自己的截距项，LSDV 法检验结果与此一致。采用 LM 检验比较随机效应模型和混合模型，显示 X^2 对应的 P 值为 0.00，拒绝不存在个体效应的原假设，选择随机效应模型。采用 Hausman 检验比较固定效应模型和随机效应模型，P 值为 0.17，拒绝原假设"H_0：μ_i 与 x_{it}，z_i"不相关，随机效应模型更好。根据检验结果，本节最终采用随机效应模型，个体固定效应模型的回归结果作为参考，探究农业保险在农民收入中的作用。

表 1-8　主要模型回归结果

	混合模型	个体固定效应模型	个体随机效应模型
常数项	7.379 5***	10.034 6***	7.408 5***
农业保险保费收入	0.017 7	0.014 9	0.016 3**
农业保险赔付率	0.066 7***	0.083 2***	0.088 9***
主要农作物播种面积	−0.220 2***	−0.727 5**	−0.455 3**
农业化肥施用量	0.294 9***	0.261 2	0.321 0
农业机械总动力	0.473 6***	0.846 3*	0.737 1***
乡村人口数	−0.494 5***	−0.654 0	−0.546 5**
成灾面积	−0.018 6	−0.026 1	−0.025 8*
样本量	279	279	279
R^2	0.542 5	0.787 6	0.784 7
F/Wald	23.42	84.96	581.62
Prob>F/Wald	0.000 0	0.000 0	0.000 0

注：*、**、*** 分别代表在统计上通过 10%、5%、1%的显著性检验

随机效应模型回归结果显示，农业保险保费收入、农业保险赔付率对农村居民家庭人均经营性纯收入的影响均为正向，但作用力度较小。农业保险保费收入的影响较大。具体而言，农业保险保费收入每提高 1%，农村居民家庭人均经营性纯收入将提高 1.63%。而农业保险赔付率每提高 1%，农村居民家庭人均经营性纯收入将提高 8.89%。固定效应结果和随机效应结果类似，农业保险保费收入、农业保险赔付率的作用皆为正向，弹性系数也基本一致。具体来说，农业保险保费收入弹性系数为 0.014 9，农业保险赔付率变量系数为 0.083 2。

四、结论与建议

理论分析表明，农业保险在灾前对农民收入会产生正向和负向的潜在影响，而在灾后主要为正向促进作用。进一步的实证分析结果显示，农业保险发展对农民收入有微弱的促进作用，具体表现在农业保险保费收入、农业保险赔付率对农村居民家庭人均经营性纯收入的影响均为正向。可能的原因是，农业保险分散了农民面临的风险，使农民愿意提高生产技术、扩大经营规模、

调整产业结构，进而提高农业产出，农业保险公司的防灾减损措施也不可忽略。农民收入对农业保险的敏感度偏低，可能是农业保险的技术性难题（如保费设置、灾后定损以及理赔款的确定）、农业保险的准公共产品性质以及农业保险市场主体参与度偏低等导致。另外，农业保险的定位更多为保障农民收入而不是促进农民收入。因此，在我国目前的保险发展水平条件下，农业保险微观方面的主要作用可能是提高风险规避型农民的效用、保障风险、稳定生产与收入，宏观方面主要作用是保障农业稳定与社会安定，此外，农业保险对收入的积极作用也不可忽略。

金融抑制与金融深化理论认为金融发展与经济增长之间存在相互影响、互为因果的辩证关系。但金融市场的特殊性使其存在着信息不对称与金融风险，由信息不对称引发的逆向选择和道德风险显著，客观实际的市场并不存在完全竞争和完全信息，完全将政府排除在外的金融自由化并不能适应发展中国家的实际。因此，发展中国家在推进金融深化的过程中，应如何定位政府功能就成为亟待解决的问题。政府需要继续推进农业保险的推广普及，同时探索价格保障型农业保险的转化。针对不同地区农业保险发展程度采取不同的措施，对农业保险发展较弱地区加强补贴，使其成功度过市场开发阶段，对农业保险发展较好的地区偏向引导，使其对农业经济发挥更好的防灾功能与积极的引导作用。另外，政府和保险公司可因地制宜制定农业保险险种，引导和鼓励农民调整农业生产结构，顺应市场需求将农民需求大、经济效益好的农产品纳入农业保险范围，针对某些大型农业种养项目则单独设计保险，如针对农业经济结构改善推出“农业经济结构调整专项保险”等。

第七节　普惠金融激活农村发展新动能

——以高密市为例[①]

党的十八届三中全会《中共中央关于全面深化改革若干重大问题的决定》

① 本节内容系杨雨欣毕业论文改写而成，指导老师李晓峰，作者为杨雨欣（中国农业大学经济管理学院）。

首次指出“大力发展普惠金融，鼓励金融创新，丰富金融市场层次”。2016年1月，国务院专门印发了作为“普惠金融”国家宣言的《推进普惠金融发展规划（2016—2020年）》，将“普惠金融”上升为国家战略。在2016年G20峰会上，习近平总书记再次强调“发展普惠金融，使各国人民共享世界经济增长成果”，加之互联网技术的不断创新，农村普惠金融发展已经呈现全面提速的态势，激发了农村金融的活力。

普惠金融是使那些还没有享受到和没有充分享受到金融服务的群体在需要的时候也能够有机会以合理的成本有尊严地获得金融服务，推广农村普惠金融服务，即解决如何以合理的价格可持续地满足农村弱势群体金融服务的问题①。

从金融服务的需求端，农村金融需求从主体上可以分为农户、农村企业以及政府的金融需求。从金融产品看，主要有信贷、保险、投融资渠道的需求。从供给端，中国农村金融服务包括正式金融组织和非正式金融组织向农村提供的金融产品和服务。随着20世纪90年代以来农村金融体系一系列改革的进行，我国正逐步形成一个政策性功能、商业性功能和合作性功能合理搭配的农村金融组织框架。与此同时，市场的内在需求、农户资金需求的特点决定了民间借贷、合会等非正式金融的迅速发展。

虽然中国农村普惠金融发展迅速、前景广阔，但是由于不同农村地区的自然和社会条件千差万别，农户金融需求差异性强，农村金融体系完善程度不同。加上地方对农村金融机构监管不力、扶贫项目难以落实，农村金融服务往往难以满足农户需求。

2018年7月2日至7日，金融系调研团队到山东省高密市进行了为期5天的农村普惠金融调查。本调研按照不同村的经济发展及生活状况，采用分层随机抽样的方法，从高密市选取了发展状况有所差异的三个乡镇：夏庄镇、东北乡和柴沟镇，每个乡镇选取2～3个村，最终在7个村开展随机入户走访调研。在正式调查过程中，小队成员通过入户问卷调查的方式，获得了农户家庭人口、资产、负债、工作、收入、消费、金融需求及各类金融产品使用

---

① 何广文．浙江农信普惠金融工程的经验与启示[N]．金融时报，2017-01-19(9)

情况等全方位的微观数据，并在调研后期，对所有的调查问卷进行了录入及数据整理，通过对所有调查数据的全面分析，详尽地刻画山东省高密市农户的家庭经济金融情况，并通过对249个有效样本数据的分析，深入探究农户的金融需求。

一、高密市普惠金融发展现状分析

普惠金融的最基本矛盾是金融供给与金融需求的矛盾，受城乡二元经济结构影响，区域发展存在不平衡，农村地区金融服务是普惠金融的重点。我国现有农村金融体系难以向农户提供充足有效的金融服务，农村地区空间障碍带来的信用信息采集困难以及相对高昂的业务成本，也是现阶段传统金融服务发展的障碍。

评估金融的普惠程度，通常会用金融普惠指标来衡量，主要从可获得性和使用情况两个指标维度来进行评测。通过对本次调研样本数据和案例的分析，我们选取衡量普惠金融发展情况的4类11个指标，综合分析高密农村普惠金融的发展情况。

1. 农户存款现状

在农户存款需求方面，我们主要考察农户存款人数、存款开户银行的分布、存款目的的差异性。农户存款人数，反映农户整体的存款需求情况；存款开户银行的分布，反映农户存款机构的偏好、对金融机构的信任度以及由地理因素带来的鞋底成本问题。

(1) 存款人数占比：根据调研结果，农户有银行存款的户数为160，占样本总数的64.26%，无存款的户数为89户，占总数的35.74%。由此可见，银行存款业务在农村金融体系中占据主要地位，业务较为完善。正规金融机构的银行存款业务也与政策性金融扶贫资金密切相关，与农户，尤其是贫困户息息相关。

(2) 农户存款银行的分布：根据对农户银行存款账户情况的统计，在所有涉及的正规金融机构中，高密当地农商银行的农户数最多，其次是与农业有关的中国农业银行。农户选择存款的银行，往往与银行涉农业务及地理距离远近有关（表1-9）。

表 1-9　农户存款银行的分布

银行名称	高密农商行	中国农业银行	中国银行	邮政储蓄银行	中国工商银行	中国建设银行
户数	93	52	2	10	4	1

（3）存款目的：农户存款的目的主要集中在资产的安全性方面，有 82 户因为“存在银行比较保险”而选择将闲置资金存在银行，此外，子女、养老和利息收入也是农户存款的主要目的。由前述数据分析，农户多为风险规避者，闲置资金更倾向于存在银行，同时利息收益也是农户部分收入的来源。部分富裕的农户会选择存款来满足生产经营资金周转的需求，如种养大户、个体工商户等。

2. 农户贷款现状

为便于进行定量评价，我们主要通过以下三个比例来考察农村普惠金融贷款的发展现状：首先是在农户有贷款需求的前提下，贷款成功的比例，用于考量农村普惠金融的实施程度；其次是贷款用途结构，如教育、买房、医疗等各个用途的所占比例，明确农村普惠金融的需求；最后是在正规金融机构贷款的金额占贷款总额的比例，由于提供金融服务的供给主体不仅包括正规金融机构，如中国银行、农村商业银行，还有私人放贷者、非政府组织等各种非正规金融机构，因此通过实际调研数据分析正规金融机构的贷款需求占比。

（1）贷款成功的比例：根据问卷调研结果，农户中无贷款需求的共 185 户，占总数的 74%，有贷款需求的共 64 户，只占总数的 26%；其中申请贷款成功的有 62 户，申请贷款失败的有 2 户，原因均为无抵押或缺乏担保。在有贷款需求的前提下，贷款成功与贷款失败的比例为 25∶1。

从调研结果中可以看到，农户的贷款需求还是偏低的，因为当地农民的整体收入偏低，并且存在较为严重的贫富差距问题，家庭年收入从 2 万～20 万元不等，低收入家庭的农业生产经营规模小，务农的收入几乎只能和成本持平，没有更高层次的消费需求，贷款需求的可能性也较小。农民挣多少花多少的消费观念，使得他们只会在务农亏本时节衣缩食，基本不会选择向银行贷款。

调研对象大部分是村中年长的农民们，年轻人多数选择了外出务工，他们对于风险的偏好普遍都是规避的，他们普遍金融意识淡薄，对于银行贷款的了解少，觉得贷款是存在风险的。并且因为年龄较大，对于互联网或者电子产品都不甚了解，也很少有银行存款和银行账户，没有买房、看病等特殊情况，农户一般很少会有贷款需求。

另外，在有贷款需求的条件下，贷款失败的频率是3%左右，主要是因为无抵押或担保。高密农商行有贷款资本运作的想法，即农商行直接贷款给企业，贷款利息有一定的财政补贴，而且政府为农商行提供风险补偿。企业通过流转农户的土地，利用土地扩大生产经营规模，让农户到企业打工，使农户获得土地租金收入和工资收入，起到间接扶贫的作用，也能一定程度上解决贷款失败的问题。

（2）贷款用途结构：根据问卷调研结果，农户贷款买房的比例最大，有25户，占40%；用于农业生产经营的有10户，占16%；用于工商业生产经营的有3户，占5%；用于教育的有2户，占3%；购买汽车的有1户，占2%；用于其他用途的有21户，占总数的34%。

对于普通农户来说，只有买房、看病这种大事才会选择贷款，他们的农业生产普遍没有形成规模，农业生产局限于各家各户。少部分经营工厂的农户会定期贷款用于生产经营。如今教育问题也被农户们看重，孩子的教育支出也是家中的一笔重要支出，也有部分农户选择教育贷款。

在调研中我们也遇到一些农村的传统技艺如木刻版画和柳编技艺等，这些传统文化产业也应成为农村金融的关注点之一，传承经典文化不仅是技艺的继承，更是带动农村经济发展的潜在机遇，独特的文化传承有助于带动村庄经济，有助于普惠金融市场的开拓。

（3）正规与非正规金融机构：根据问卷调研结果，农户在正规金融机构借贷的41户，占总数的76%；在非正规金融机构借贷的13户，占总数的24%，详见表1-10。

表 1-10　农户贷款金融机构的选择情况及贷款额

金融机构	数量（份）	贷款金额（万元）	金额比例（%）
农村商业银行	24	348.50	45
中国农业银行	9	124.70	16
中国工商银行	3	100.00	13
中国建设银行	2	60.00	8
中国银行	2	56.00	7
中国交通银行	1	34.00	4
非正规金融机构	13	56.05	7
总计	54	779.25	100

在贷款金额方面，农户在正规金融机构的贷款金额为 723.2 万元，其中农村商业银行的贷款金额为 348.5 万元，占总贷款金额的 45%；中国农业银行的贷款金额为 124.7 万元，占 16%；中国工商银行的贷款金额为 100 万元，占 13%；中国建设银行的贷款金额为 60 万元，占 8%；中国银行的贷款金额为 56 万元，占 7%；中国交通银行的贷款金额为 34 万元，占 4%；农户在非正规金融机构贷款的金额共为 56.05 万元。从贷款金额上来看，正规金融机构的贷款需求有绝对优势，占总数的 93%，非正规金融机构仅占 7%。

普惠金融的供给主体包括普惠金融提供服务的结构，分别为正规与非正规金融机构两大部分：第一，提供普惠金融供给的正规金融机构，就当前国有商业银行供给普惠金融的现状来看，商业金融机构为了追求经济效益最大化，规避风险，持续撤并西部区域网点，向东转移，从而导致西部地区经济欠发达地区大量资金流出，加深了二元金融的格局；第二，提供普惠金融的非正规金融机构，主要包括个人之间以及个人与企业之间所存在的直接融资与非正规金融机构的间接融资。从整体来看，民间金融与区域经济差异之间存在显著关系，在经济水平较差的区域以及经济水平中等的区域，民间金融的主要表现形式为自由借贷与民间集资，主要目的在于满足日常生活所需①。

① 王亚超．中国普惠金融现状分析[J]．品牌(下半月)，2015，(12)：154

3. 贷款风险保障方式——联保贷款与抵押贷款

(1) 联保贷款：在山东省高密市曹疃村，禚远友先生通过联保贷款集结了几户村民，他们平均每人贷款 20 余万，实际通过这笔贷款购买长途货车，随后通过跑长途货运的形式赚取利润偿还贷款。通过禚远友先生，我们了解到其所贷的联保贷款的形式为连环式担保贷款，也就是贷款人乙为贷款人甲作担保，贷款人丙则为贷款人乙作担保，依此类推，形成环式担保，一旦一人未能还上贷款，则担保人连带还款，以致牵动整个联保贷款小组。

但是从我们的整体调查情况来看，联保贷款在山东省高密市的覆盖率并不高。在 7 个村庄收集到的 249 份有效问卷中，贷款农户有 62 户，而选择贷款风险担保的农户占 35 户，联保贷款覆盖 11 户，其余均为抵押贷款（城镇房地产或农村宅基地）。

(2) 抵押贷款：对于大多数农户而言，抵押贷款实施性不高。抵押贷款首先需要抵押物进行抵押，而农户本身经济实力相对较弱，房产及车辆的价值较低，绝大多数农户很难通过抵押贷款的形式从贷款机构贷出相应的钱。调研来看，抵押贷款总数为 19 户，绝大多数是购房贷款。也就是说，买房的农户用所购的房产作为抵押物，与银行签订抵押合同工，以不转移所有权的方式作为按期向银行归还贷款的保证。在款项及相应的利息还清之后，银行才会归还农户相应的抵押品，即房屋所有权证。而买房者在还清贷款之前，并不真正拥有所购房屋的所有权。而这种购房贷款本身也需要相对富裕的农户才能负担得起，并且我们了解到在这些选择抵押贷款购房的农户中大多数购房是为了儿女，而非自身需求。

农户抵押物有限，购房贷款的需求相对又低，农户对抵押贷款的使用率自然极低。但是抵押贷款低并不代表农户没有相对的贷款需求，那么如何才能更好地解决农户贷款难问题，让更多有需求的农户贷上款是亟待研究解决的问题。

为了解决农户抵押品不足的问题，各地也在不断地进行改革尝试，将最具有价值但又无法抵押的农地经营权进行抵押，客观上促使农地金融改革不断深入。2013 年党的十八届三中全会提出“赋予农民对承包地占有、使用、收益、流转及承包经营权抵押、担保权能，允许农民以承包经营权入股发展农业产业化经营。”2014年中央一号文件提出“稳定农户承包权、放活土地经营权，允许承包土地的经营权向金融机构抵押融资”，在这个文件中首次提到了“两权分离”转变为“三权分离”，即农村土地的所有权、承包权和经营权的分离。2016年3月中国人民银行会同中国银监会、中国保监会、财政部、农业部联合印发《农村承包土地的经营权抵押贷款试点暂行办法》，明确指出了方向性的实施办法。

农村承包土地的经营权抵押贷款，是指以承包土地的经营权作抵押、由银行金融机构向符合条件的承包农户或农业经营主体发放的、在约定期限内还本付息的贷款。借贷的款项可用于农户的农业生产经营。借贷双方可采取委托第三方评估机构评估、贷款人自评估或者借贷双方协商等方式，公平、公正、客观、合理地确定农村土地经营权价值。贷款人应当统筹考虑借款人信用状况、借款需求与偿还能力、承包土地经营权价值以及流转方式等因素，合理自主确定。这种抵押贷款已在全国232个试点县试行，我们调研的山东省高密市未在试行范围内。

4. 其他金融需求情况

通过对调研数据和问卷信息的分析，我们对农户其他金融需求情况有了具体了解。主要得出以下结论：

（1）农业保险参保率高，但缺乏实际效用。2017年，被调查农户有161户（64.66%）参加了农业保险，主要是乡镇干部强制购买（54户）和跟风买（42户），险种主要是农作物保险。由于农业保险购买价格低，农户对农业保险的实际理赔效用并没有很高的预期。也有农户反映自家玉米大面积倒伏却没有得到保险公司理赔的情况。

（2）民间借款对象主要为近亲，无还款期限限制。统计数据显示，有12户农户参与民间借贷，有9户资金来源是近亲，剩下3户来自朋友。借钱的用途主要是买房建房，且均无还款期限的限制。另外，仅有1例有风险保障（来自担保公司）。

（3）新型金融工具普及率低，互联网投融资需求低迷。农户在股票、基金、债券等金融产品上鲜有投资，仅有4例根据单位要求投了商业保险。信用卡也仅有1户在使用，目的是缓解资金紧张、方便日常生活、透支利息便宜。没有农户参与互联网投融资。

二、高密市普惠金融发展问题分析

1. 农村金融需求普遍偏低，存在金融排斥

调查发现，高密当地农民收入整体上偏低，同时存在农户间收入差距悬殊、两极分化的现象。大多数低收入农户，农业生产经营规模较小，没有闲钱存款，更不用说借款、贷款的需求。而对于收入相对高、工商业或种植规模大的农户，他们已有资金足以投资农业生产和资金周转，鲜有贷款需求。由于农民外出务工日益普遍，留在农村继续从事农业的多为高龄农民和种养大户，农村的空心化引致的社会收入阶层特点，加上高龄农民的风险规避特性，使得农村金融需求低迷。只有少数有特殊需求、文化程度高的农户，如曹疃社区的山药种植大户、东北乡急需资金周转的电器销售农户、需要贷款买商品房的农户等，才会选择银行贷款等渠道获取生产经营、生活所需资金。

在互联网时代，高密农村手机、电脑等上网工具并未大范围普及，而银行贷款高利率、贷款周期较短不符合农业生产周期长、抵押贷款条件严格等限制。加上农户收支紧平衡、自身风险规避、对银行信息不甚了解等的影响，农户金融排斥现象明显。

2. 农村资本竞争力低下造成城乡二元分化

城乡初始资本较为丰富，但是农村较为缺乏。农民资产欠缺，其土地是承包的，归集体所有，宅基地归集体所有，而且宅基地上改造的房子没有产权证。山东是教育大省，但是山东农村的儿童，早期所接受教育的质量与城市儿童相比差距同样巨大，而且这种差距在以后的学习生活中进一步扩大。而且农村居民的社会联系、人际往来比较少，社会资本同样较城市匮乏。缺乏社会资本，对农村居民来说，就是缺乏接触金融产品的途径，缺乏获得资本的来源。正因为农村没有这种初始资本，在我国金融机构市场发展中，难免会对其形成排斥。

3. 资金严重缺乏，导致农村购买力低下

农村资金的严重缺乏，是金融机构和传统农业体系特点造成的。作为农

村金融机构的农商行出于对自身财务可持续发展和盈利考虑，在经营中也有日益脱离传统的“三农模式”。而生产经营风险较大，农民的信贷能力低下，制约着农民接触和参与金融产品消费；农村购买金融产品的能力低下，形成信贷有门难入的局面。

4. 缺乏政府强力约束，农民间盲目借贷猖獗

自我排斥心理的形成，必将导致农民自我放逐在主流金融产品之外。文化程度的低下和金融知识的匮乏使得农民无法有效获得金融产品，变为盲目地向民间借贷倾斜。政府缺乏强有力的法律和规定对民间借贷予以有效管控，民间借贷的危害日益突显。

5. 农村普惠金融的信用体系不够完善

通过调研，我们了解到农村信用体系建设是保障农村普惠金融顺利开展和实施的重要保障。近年来不良贷款蔓延，依赖实体经济的联保贷款风险高，联保责任风险传递，高密农商行主要推广信用贷款和新型联保的模式。农商行认为运用互联网技术和思想可以为推进农村普惠金融开辟新的路径。在对农户的信用评级方面，利用创新的信息化工具，建立了快贷系统，在网上平台进行系统信用评级和授信工作，主要针对农户的收入情况、家庭信息以及有没有赌博等不良行为进行信用评级。目前，仍有不完善之处。

6. 普惠金融缺少创新服务与创新体系

近年来，第三方支付、互联网理财、网络 P2P 信贷、网络保险、移动支付等互联网金融业态快速发展，我国新兴普惠金融服务呈现网络化、移动化趋势，但是金融机构的创新能力依然有限。金融体系长期由大型机构主导，难以对新兴产业不断变化的金融服务需求及时做出有针对性的反应；金融服务的细分化、专业化程度不高，导致整个金融体系向新兴产业渗透的能力不足，已出现的先进金融产品和金融服务推广力度还不够，尤其在农村领域。

7. 农村金融业态发展不协调，协同效应发挥不充分

目前，农村缺乏把富余资金转化为信贷投入的机制，农民缺乏抵御农业生产自然风险和农产品市场风险的能力。农业保险深度和广度有待提升，涉农信贷风险尤其是因重大自然灾害形成的巨额信贷损失缺乏分散渠道和补偿

安排。农村征信体系不完善，覆盖面不足。担保体系建设滞后，缺乏专业化的资产评估、抵押登记和担保机构，银行抵押品处置渠道不畅。

8. 借贷行为多由社会关系维系，信任机制亟待建立

除了房贷，多数农户的借款和贷款行为依赖于传统的亲戚、朋友间的信任关系，往往不计利率。因此，农户对银行等金融机构的高利率、偿债风险、贷款条件等有排斥心理。此外，农商行与政府政策优惠挂钩，容易给农户一种“高高在上”的感觉，其地域和沟通方面的不便利也会影响农户对其信任的程度。虽然高密农商行创新地开发了“智易购”电商平台，鼓励农户发展线上销售渠道，但是该平台一定程度上被变相用作农商行内部人员亲属就业和借贷渠道，并没起到广泛为农户谋福利的目标。因此，金融机构与农户间的信任机制问题亟待解决。

三、政策建议

1. 明确“三农”市场定位

适应“三农”发展趋势，市场定位于通过服务新型农业经营主体间接服务于大农户，政府应重视支持现代农业、粮食产业、农业科技创新、农田水利建设、农业产业化发展、农村住房改造、创业惠农基地建设等重点环节的金融服务；农商行应利用接近农户、接近小微企业且信息相对对称的优势，扎根农村，发展“乡镇网点＋信贷员”的机制，切实服务农民发展农业生产经营需要。

2. 促进互联网金融与传统金融有机融合

在发展普惠金融进程中，应注重将互联网金融与传统金融有机融合。传统金融机构可以借鉴并应用互联网金融的技术手段和组织模式，实现自身发展的转型升级。互联网金融机构与传统金融机构亦可开展合作，例如对商业银行、非银行金融机构、支付企业、互联网企业数据的有效整合，为社会信用体系建设与财富管理模式创新奠定基础，助力于建立一个贴近农户需求、灵活多样的金融服务体系。

3. 创新普惠金融服务领域和服务方式

在推进普惠金融进程中，优化村镇网点布局，发展互联网平台，开展网络

银行、手机银行等服务；创新金融服务产品和服务模式，发展无抵押、无担保的小额信用贷款，降低农户等弱势群体享受信贷服务的门槛，提高农户信贷服务的可获得性；根据农村发展实际需求推出“光伏贷”等服务助推精准扶贫。

4. 完善社会信用体系，持续推进普惠金融服务

完善各级信用体系，整合农业信息资源，完善农户信用数据库，通过提高信息化水平，提高数据分析能力，完成系统信用评级和授信工作。同时推进金融知识普及、金融法制宣传教育，增强农户金融意识，为农村普惠金融服务的发展营造良好的舆论氛围。

5. 加快惠农平台建设，营造宽松政策环境

以政府扶持、多方参与、市场运作为指导思想，以政策性担保为主、互助性担保为辅、商业性担保参与，建立有效控制、分散和化解风险的担保体系。积极推进银行、社会企业等共同出资建立中小企业、农户担保基金，发展企业间互助性和民营商业性担保机构，建立健全农户贷款抵押担保机制。搭建土地流转平台，通过政策扶持、完善县乡两级土地流转服务中心，促进农户以自身资产办理的抵质押资产或权利作为贷款担保。

6. 政府引导金融机构，深化金融服务

政府相关部门发挥协调指导作用，把普惠金融纳入“三农”政策体系，给予政策支持。政府在协调指导农村金融机构的过程中，关注农村金融机构普惠金融服务的可持续性，鼓励构建全覆盖的农村数字化普惠金融体系，对农户和小微企业贷款给予税收优惠，对处于集中连片特困地区的农户和小微企业贷款给以一定比例的财政补贴。

本章小结

本章既有三产融合发展与农民增收关系的理论分析，也有特色产业（毛驴、奶牛、山羊）及其产品发展情况的比较，还有农业保险与普惠金融等重要支持产业的研究。

第二章

人才振兴：带动乡村发展之要

引言：人才振兴是乡村振兴的关键。近年来“386199部队”已经成为农业劳动者的代名词。代表农业生产力发展水平的农业新兴技术装备的采用，新型农业经营主体的培育发展与功能发挥，从农业生产到农村生活，从农业服务到乡村社会治理，都迫切呼唤各类农业人才和新型职业农民。

第一节 劳动力外出务工的技术溢出效应①

一、引言

中国农业发展长期依靠资源消耗的方式，农业生产投入品和废弃物的不合理使用与处置，造成了农业资源过度开发、生态超载、环境破坏等一系列问题，不仅阻滞农业生产力的稳定提高，阻碍农民增收致富，而且贻误生态环境改善，危害资源永续利用，威胁农业可持续发展，不利于实现农产品的绿色安全生产。为了应对严峻的资源环境问题，中国政府提倡转变农业发展方式，推进农业绿色高质量发展，并于 2013 年和 2016 年两次提出构建循环型农业产业体系②。发展农业循环经济的落脚点在于技术应用，这就需要普及可持续农业技术。然而，目前由于缺乏统一的规程和标准，以及农民的文化、科技、经营管理素质尚未适应农业可持续发展的需要，中国可持续农业技术的推广应用仍面临一定的困难。

改革开放以来，中国工业化、城镇化和市场化进程不断加快，农业发展的环境发生了深刻变化，影响了可持续农业技术的推广与应用。这些深刻变化中突出的一点就是，大量农村劳动力不断流向城市，从事非农工作。2017 年，全国离开户籍所在乡镇的外出农民工总量达 1.72 亿人③，外出务工已经成为农村家庭的主要收入来源。有研究表明，外出务工经历会促进农村劳动

① 本节内容原文发表于《中国农村经济》2018 年 08 期，原题为"'同途殊归'：劳动力外出务工对农户采用可持续农业技术的影响"，后于 2018 年 12 月被中国人民大学复印资料《农业经济》收录，作者为邹杰玲、董政祎、王玉斌（中国农业大学经济管理学院），略有修改。

② 参见《循环经济发展战略及近期行动计划》，http://www.gov.cn/zwgk/2013-02/05/content_2327562.htm;《关于加快发展农业循环经济的指导意见》，http://www.ndrc.gov.cn/zcfb/zcfbtz/201602/t20160204_774444.html

③ 数据来源：国家统计局．2017 年农民工监测调查报告[N]．中国信息报，2018 年 4 月 28 日

力的能力发展，从而提高其获取新技术的能力①②。但同时，外出务工意味着农村优质劳动力逐步脱离农业，会引起农户从业重心的改变，不利于农业生产方式向资源节约型和环境友好型转变③。那么，农村劳动力外出务工，到底是会使农户积累能力以适应农业可持续发展的需要，从而促进其采用可持续农业技术，还是会改变农户的从业重心，使其减少农业生产投入，从而限制其采用可持续农业技术？

尽管可持续农业技术具有多重优势，且众多国家和国际组织一直在努力推广，但农户对可持续农业技术的采用率仍然很低④⑤。针对此种情况，研究者多致力于分析影响农户采用可持续农业技术的因素，试图探究造成可持续农业技术采用率低的原因。现有研究认为，影响农户采用可持续农业技术的因素主要包括生物物理因素、家庭人口特征、家庭经济资源条件、市场准入与推广服务、社会资本等⑥⑦⑧⑨，此外，非农就业行为也逐渐被视为重要因素一并纳入考虑。关于非农就业影响农户采用可持续农业技术的研究主要从外出务工和兼业行为两个角度展开。对于仍从事农业的农村家庭，外出务工

---

① Mesnard A. Temporary migration and capital market imperfections[J]. Oxford Economic Papers，2004，56(2)：242-262

② 石智雷，杨云彦．外出务工对农村劳动力能力发展的影响及政策含义[J]. 管理世界，2011(12)：40-54

③ 潘丹，应瑞瑶．中国“两型农业”发展评价及其影响因素分析[J]. 中国人口·资源与环境，2013，23(6)：37-44

④ Jansen H G P，Pender J，Damon A，et al. Policies for sustainable development in the hillside areas of Honduras：a quantitative livelihoods approach[J]. Agricultural Economics，2006，34(2)：141-153

⑤ Wollni M，Lee D R，Thies J E. Conservation agriculture，organic marketing，and collective action in the Honduran hillsides[J]. Agricultural Economics，2010，41(3-4)：373-384

⑥ Feder G，Just R E，Zilberman D. Adoption of Agricultural Innovations in Developing Countries：A Survey[J]. Economic Development & Cultural Change，1985，33(2)：255-298

⑦ Lee D R. Agricultural Sustainability and Technology Adoption：Issues and Policies for Developing Countries[J]. American Journal of Agricultural Economics，2005，87(5)：1325-1334

⑧ 储成兵，李平．农户病虫害综合防治技术采纳意愿实证分析——以安徽省 402 个农户的调查数据为例[J]. 财贸研究，2014(3)：57-65

⑨ Kassie M，Teklewold H，Jaleta M，et al. Understanding the adoption of a portfolio of sustainable intensification practices in eastern and southern Africa[J]. Land Use Policy，2015，42：400-411

是兼业行为发生在非本地的一种情况，这两者影响农户采用可持续农业技术的方式是一致的，主要包括两方面的作用：一是为农户积累可以用于获取和采用可持续农业技术的能力（简称“积累能力”）。一些研究表明，外出务工和兼业行为可能通过拓宽信息获取渠道、提高技术认知水平、增强对技术的支付能力和抗风险能力来提高农户对良种及配套栽培技术、病虫害综合防治技术和测土配方施肥技术等可持续农业技术的采用率①②③④。二是改变农户的从业重心。较多学者认为，外出务工和兼业行为会引发农户从业重心向非农转移，减少农业劳动时间及其他农业生产投入，不利于其采用可持续农业技术⑤⑥⑦。显然，这些研究结果反映出非农就业对农户采用可持续农业技术具有截然不同的影响。值得思考的是，在劳动力外出务工的背景下，农户们走上了相同的劳动力外出务工之途，却为何在可持续农业技术的采用结果上走向了不同的终点？

回答这一“同途殊归”问题的关键，在于综合考虑积累能力和改变从业重心两方面的作用。尽管现有研究揭示了外出务工和兼业行为对农户采用可持续农业技术的影响，但它们只是基于积累能力或改变从业重心两者中的单一方面对影响结果进行解释，导致出现了“公婆之争”，因此，需要全面考虑这两方面的作用。不过，由于这两方面作用的现实路径相同，都是通过改变农户农业生产投入进而影响其采用可持续农业技术，它们的影响效果难以得

---

① 张蕾，陈超，展进涛．农户农业技术信息的获取渠道与需求状况分析——基于13个粮食主产省份411个县的抽样调查[J]．农业经济问题，2009，31(11)：78-84

② 喻永红，张巨勇．农户采用水稻IPM技术的意愿及其影响因素——基于湖北省的调查数据[J]．中国农村经济，2009(11)：77-86

③ 赵连阁，蔡书凯．农户IPM技术采纳行为影响因素分析——基于安徽省芜湖市的实证[J]．农业经济问题，2012(3)：50-57

④ 张复宏，宋晓丽，霍明．果农对过量施肥的认知与测土配方施肥技术采纳行为的影响因素分析——基于山东省9个县(区、市)苹果种植户的调查[J]．中国农村观察，2017(3)：117-130

⑤ 褚彩虹，冯淑怡，张蔚文．农户采用环境友好型农业技术行为的实证分析——以有机肥与测土配方施肥技术为例[J]．中国农村经济，2012(3)：68-77

⑥ 刘战平，匡远配．农民采用“两型农业”技术意愿的影响因素分析——以“两型社会”实验区为例[J]．农业技术经济，2012(6)：57-62

⑦ 储成兵．农户病虫害综合防治技术的采纳决策和采纳密度研究——基于Double-Hurdle模型的实证分析[J]．农业技术经济，2015(9)：117-127

到有效区分。对此，本节试图从侧面印证积累能力和改变从业重心两方面的影响同时存在，并用兼业程度衡量农户的从业重心，以探究在农户对农业重视程度不同的情况下外出务工影响其可持续农业技术采用的差异①。这样做不仅能够解释现有文献的结论分歧，还能为外出务工对可持续农业技术采用的影响提供新的经验证据，从而为可持续农业技术的推广与普及提供参考。在方法上，拟进行以下探索性创新：第一，在可持续农业技术采用研究中外出务工的内生性问题的解决上，运用工具变量的条件混合过程（conditional mixed process，CMP）估计法，避免了使用两阶段最小二乘法或三阶段最小二乘法拟合模型时第一阶段估计可能出现的偏差；第二，以兄弟姐妹数量作为外出务工的工具变量，另外通过截取样本进行稳健性检验，排除模型中潜在的内生性问题，使研究结论更有说服力。

二、理论分析、模型设定、数据与变量

1. 理论分析

正如前文所述，劳动力外出务工对农户采用可持续农业技术的影响包含积累能力和改变从业重心两个方面。在时间禀赋恒定的情况下，农户在农业生产和非农工作之间进行劳动力配置，非农工作的选择在一定程度上改变了农户的从业重心。外出务工等非农化行为的发生为农户积累了经济资本、人力资本和社会资本。这些资本的积累，一方面提高了劳动力在非农就业市场上的工资水平，这使农户在进行劳动力配置时的最优决策点更偏向外出务工，造成农户从业重心的进一步改变；另一方面，这些资本的积累，改变了农户禀赋，尽管这些禀赋未必全部用于农业生产，但一旦用于农业生产的禀赋有所提高，禀赋点向远离原点的方向移动，就会带来农户技术采用决策的预算线外移，进而可能改变农户的可持续农业技术采用决策。也就是说，无论是积累能力还是改变从业重心，归根结底，劳动力外出务工都会通过作用于农户禀赋，改变农户的农业生产投入，进而影响其技术采用决策。因此，笔者

① 本研究之所以从外出务工的角度出发，是因为相比于一般化的兼业，外出务工可能使农户获得更明显的能力积累。

将致力于分析一个考虑了农户禀赋的农业技术采用决策模型。

在经济理论框架下，农户对新技术的采用行为是以期望效用或预期利润最大化为目标的决策结果。早期，Feder 和 Slade①、Caswell 和 Zilberman②等学者认为，农户以利润最大化为目标来决定是否采用灌溉技术；后来，Atanu 等③在分析奶牛养殖户的牛生长激素技术采用决策时，以财富预期效用最大化为目标构建技术采用模型，并得出“如果采用新技术的边际收益大于边际成本，则采用技术就是一种最优选择”的结论。国内学者孔祥智等④针对 Atanu 等的研究提出了不同看法，认为即使采用新技术的预期边际净收益大于 0，即预期的边际收益大于边际成本，采用新技术也不一定是生产者的最优决策；只有当采用新技术的预期净收益大于采用现有技术的净收益时，生产者才会选择采用新技术。本节借鉴孔祥智等学者修正后的农业技术采用理论模型，并将可持续农业技术看作一组混合技术，把农户采用可持续农业技术的条件设定为：

$$pg(m)^{0}\tilde{e}(z)-(w+r)m\geqslant p_{0}f(m)-rm \tag{1}$$

式 (1) 中，p 为采用可持续农业技术生产的农产品价格，$g(m)$表示采用可持续农业技术的生产函数，p_0 为采用传统技术生产的农产品价格，$f(m)$表示采用传统技术的生产函数，m 为种植规模，r 代表传统技术下的单位生产成本，w 为采用可持续农业技术后增加的单位生产成本，z 表示农户禀赋等影响技术采用决策的因素，$\tilde{e}(z)$表示由 z 决定的主观风险函数，且 $\tilde{e}(z)\in[0,1]$。由于价格、生产函数、成本等由外界客观因素决定，所以，从农户角度展开技术采用问题的研究，本质上是探讨由农户禀赋等因素决定的主观风险函数 $\tilde{e}(z)$。将 (1) 式进行简单转换，得到农户采用可持续农业技术的条件表达式：

---

① Feder, G., R. Slade. The Acquisition of Information and the Adoption of New Technology. American Journal of Agricultural Economics, 1984, 66(3): 312-320

② Caswell, M. F., D. Zilberman. The Effects of Well Depth and Land Quality on the Choice of Irrigation Technology. American Journal of Agricultural Economics, 1986, 68(4): 798-811

③ Atanu, S., H. A. Love, R. Schwart. Adoption of Emerging Technologies under Output Uncertainty. American Journal of Agricultural Economics, 1994, 76(4): 836-846

④ 孔祥智，方松海，庞晓鹏，等. 西部地区农户禀赋对农业技术采纳的影响分析[J]. 经济研究，2004(12): 85-95

$$\tilde{e}(z) \geqslant \frac{p_0 f(m) + wm}{pg(m)} \tag{2}$$

(2) 式中，$p>0, g(m)>0$。不等式右边的各指标由客观因素决定，因此，可以将其设为未知常数 K_0，即农户可持续农业技术采用决策的主观风险函数的临界值，则式（2）转换为 $\tilde{e}(z) \geqslant K_0$。设 y 为可持续农业技术采用决策变量。若 $\tilde{e}(z) \geqslant K_0$，则令 $y=1$，表示农户采用可持续农业技术；否则，$y=0$，表示农户不采用可持续农业技术。

2. 模型设定

(1) 基准回归模型：本节假定 z 的形式为线性函数，即：

$$z = \alpha_0 + \sum_i \alpha_i x_i + u \tag{3}$$

式（3）中，x_i 为农户的第 i 种禀赋，α_i 为影响系数，α_0 为常数项，u 为随机误差项。

可持续农业技术采用模型可用线性概率模型（linear probability model，LPM）来描述①：

$$y = \beta_0 + \sum_{i=1}^{n} \beta_i x_i + \varepsilon \tag{4}$$

式（4）中，β_i 和 β_0 为待估参数，ε 为随机误差项。假定农户面对的是一组混合的可持续农业技术。若未采用任何一种可持续农业技术，则 y 取值设为 0；否则，不管采用可持续农业技术的数量是多少，y 取值均设为 1。模型中的核心解释变量是家庭的农业生产经营决策者（简称“农业经营决策者”）中是否有人外出务工。在上述模型设定下，外出务工变量可能存在内生性问题：某些无法观测到的家庭特征，可能既会影响可持续农业技术的采用决策，又会影响家庭外出务工决策，从而产生遗漏变量问题。为了排除因遗漏变量导致的内生性问题，本节在基准模型的基础上，使用工具变量法和多种稳健性检验方法进行处理。

(2) 工具变量：兄弟姐妹数量。目前，关于劳动力迁移或国际移民影响农户技术采用或农业生产行为的研究多以家庭有迁移经历的人数、家庭成员

---

① 为了保证模型估计结果的准确性，本文将用二元 Logit 回归模型做进一步验证。

受教育程度的最大值、社区或村级迁移网络为工具变量来解决内生性问题①②③④。笔者认为，前两个工具变量与可持续农业技术采用存在相关关系，而本节又缺乏社区或村级迁移网络数据，所以，本节自行选取新的变量作为工具变量。本节选取被访者的兄弟姐妹数量作为外出务工的工具变量。《2016年农民工监测调查报告》⑤ 显示，1980年及以后出生的新生代农民工逐渐成为农民工的主体，外出务工者的年龄结构趋于年轻化。同时，随着社会经济的发展和生活水平的提高，中国居民的生育率呈长期下降趋势，特别是20世纪80年代初期开始实施的计划生育政策，进一步推动了农村家庭子女数量的减少。由此看来，被访者的兄弟姐妹数量与农户外出务工状况具有较强的相关性⑥，满足工具变量的相关性要求。而直观来看，兄弟姐妹数量不会影响农户采用可持续农业技术的决策。因此，兄弟姐妹数量这一变量符合工具变量的外生性和相关性两个条件。考虑到外出务工这一内生性变量是二值变量而非连续型变量，本节采用工具变量的CMP估计法。这种方法基于似不相关回归，通过构造递归方程组实现多阶段模型的极大似然估计，适用于包含受限变量的模型，可以避免两阶段最小二乘法或三阶段最小二乘法对包含离散型内生性变量的模型进行估计时可能出现的偏误。

（3）稳健性检验：除了使用工具变量法，本节还通过稳健性检验来处理潜在的内生性问题。有无劳动力外出务工的两类农户的农业经营决策者可能具有不同的特征，例如性别、年龄和受教育程度在均值上可能存在明显的差异。为排除外出务工对农户采用可持续农业技术的影响可能源于两类农户的

---

① Mendola M. Migration and technological change in rural households: Complements or substitutes? [J]. Journal of Development Economics, 2008, 85(1): 150-175

② Quinn M A. Estimating the impact of migration and remittances on agricultural technology[J]. Journal of Developing Areas, 2009, 43(1): 199-216

③ Williams D A. Remittance and Migration: Impact on Technology Adoption[R], Natural Resource Conservation, and Household Welfare. LSU Master's Theses, 3119, 2014

④ 钟甫宁，陆五一，徐志刚．农村劳动力外出务工不利于粮食生产吗？——对农户要素替代与种植结构调整行为及约束条件的解析[J]．中国农村经济，2016(7)：36-47

⑤ 国家统计局．2016年农民工监测调查报告[N]．中国信息报，2017年5月2日

⑥ 由于数据限制，本节的兄弟姐妹数量是针对被访者而言，而非文中外出务工所对应的农业经营决策者，但由于样本中96.00%的被访者是农业经营决策者本人或与其出生年代接近的配偶，保证了相关性。

农业经营决策者个人特征的不同，本节通过截取样本对模型重新进行估计，使两类农户的农业经营决策者在性别、年龄和受教育程度的均值上均没有显著的差异。通过分析外出务工变量的系数的变化，本节可以判断外出务工对农户采用可持续农业技术的影响是否是由农业经营决策者的不同特征造成的，从而验证外出务工影响结果的稳健性。

3. 数据、变量与描述性分析

（1）数据来源与样本选择：本节使用的数据来源于 2016 年 7 月中国农业大学调研团队对山东、河南两省农户开展的“农村劳动力流动调查”。调查主要采取分层随机抽样方法，抽样过程是：首先，以省为初级抽样单位，根据各省农业生产情况和人口流动情况，选择河南和山东这两个农业大省、人口流动大省①；其次，在样本省内根据经济发展水平将各地（市）分成高、中、低 3 层，在每层中选取在农业生产方面最具代表性的 1 个市；最后，在每个样本市随机抽取 2 个县，在每个样本县随机抽取 2 个村，在每个样本村随机抽取从事农业生产的约 14 户农户为调查对象。此次调查最终在河南省周口市、南阳市、郑州市和山东省济宁市、临沂市、潍坊市共发放问卷 328 份，回收有效问卷 324 份，其中，河南省 158 份，山东省 166 份。

（2）变量选择说明：本节对照 Lee② 的可持续农业技术列表，结合中国农业小规模经营的特点以及河南、山东两省的农业生产现状，选择以下 5 种代表性强、适宜在当地推广、采用可能性高的可持续农业技术作为该技术集合的元素：土地整理和低产田改造技术、节水灌溉技术和旱作农业技术、测土配方施肥技术、有害生物综合治理技术、秸秆加工利用技术。若农户没有采

---

① 在农业生产方面，2015 年，山东省和河南省农业总产值分别占全国的 8.55% 和 8.00%，位居第一位、第二位；谷物总产值分别占全国的 7.01% 和 9.14%，位居第四位、第二位；蔬菜总产值分别占全国的 8.52% 和 7.58%，位居第一位、第四位（数据来源：中华人民共和国农业部，2017：《中国农业年鉴 2016》，北京：中国农业出版社）。在人口和人口流动方面，2015 年，山东省和河南省农村常住人口数量分别位居全国第三位和第一位（数据来源：中华人民共和国国家统计局，2017：《中国统计年鉴 2016》，北京：中国统计出版社），两省流出的流动人口数量分别位居全国第五位和第二位，分别占 5.37% 和 7.93%（数据来源于国家卫生和计划生育委员会公布的 2015 年全国流动人口动态监测调查数据，结果由作者计算得出）。

② Lee D R. Agricultural Sustainability and Technology Adoption: Issues and Policies for Developing Countries[J]. American Journal of Agricultural Economics, 2005, 87(5): 1325-1334

用其中任何一种技术，则认为该农户没有采用可持续农业技术；反之，若农户采用其中的一种或多种，则认为该农户采用了可持续农业技术。

本节中，外出务工指农村劳动力在户籍所在乡镇地域之外从业。由于外出务工是家庭决策行为，本节用2015年家庭的农业经营决策者中是否有人在本乡镇地域外的地方务工来衡量其外出务工状况。这样界定主要是基于以下两点考虑：第一，限定外出务工的劳动力必须是家庭的农业经营决策者之一，保证了外出务工所积累的能力可供农业经营决策所利用，并使得分析外出务工的异质性影响时区分农户以务农收入或非农收入为主具有现实意义；第二，限定劳动力外出的地域范围，使其非农从业行为在能力积累和劳动时间损失方面都比本地兼业农户更为明显，从而弱化其他因素的干扰，更便于分析出劳动力流动因素的影响及其机制。

可持续农业技术采用模型中引入的控制变量包括个人特征、家庭特征、居住地与市场的距离以及村庄虚拟变量① 4类。①个人特征。个人特征为家庭的农业经营决策者的个人特征，这些特征变量主要包含年龄、性别、受教育程度。年龄会影响农业经营决策者的思想保守程度，年龄越大，接受新事物的意识越弱，风险规避意识越强，因而采用可持续农业技术的可能性越小。女性对风险的厌恶程度通常比男性高②，因而农业经营决策者是男性的农户采用可持续农业技术的可能性更大。农业经营决策者受教育程度越高，代表其搜寻、获得和掌握技术知识的能力越强，越能够进行科学、合理地生产决策，但当受教育程度提高到一定水平时，农业经营决策者能获得更多非农就业机会，从而对可持续农业技术乃至农业生产的投入将减少③，因此，本节认为，农业经营决策者的受教育程度与农户采用可持续农业技术的可能性呈“倒U形”曲线关系，故将受教育程度、受教育程度平方两个变量引入模型。②家

① 参考褚彩虹等，Kassieetal.，Teklewoldetal. 对变量的选择，本研究原本还控制了地块的权属特征和农业生产经营类型等变量，结果发现，这些控制变量的影响不显著，模型的拟合优度也没有得到改善，且外出务工变量的系数没有明显变化，所以，以上2个控制变量最终没被引入模型。

② 高鹤，李旻文，高峰．基金经理风险偏好、投资风格与基金业绩——基于性别个人特征的视角[J]．投资研究，2014(5)：82-96

③ 罗小娟，冯淑怡，石晓平，等．太湖流域农户环境友好型技术采纳行为及其环境和经济效应评价——以测土配方施肥技术为例[J]．自然资源学报，2013(11)：1891-1902

庭特征主要包括家庭规模、家庭财富水平和家庭社会资本。家庭规模关乎劳动力的可获得性，对农户采用可持续农业技术的影响可能为正①。家庭财富水平能够综合反映农户对可持续农业技术的最高需求程度、投入能力以及风险承担能力，本节用耕地面积、家庭资产和家庭收入水平作为家庭财富水平的代理变量。一般认为，农户拥有的财富对其采用可持续农业技术具有促进作用，家庭财富水平越高，农户采用可持续农业技术的可能性越大②。但是，也有学者提出土地规模的影响无法确定③④。因此，本节预期，家庭资产和家庭收入水平影响系数的符号为正，而耕地面积的影响方向不确定。本节用当地社会网络来衡量农户的社会资本，社会网络能促进农户在农业技术方面的信息交流和学习，克服信贷限制，从而利于其采用可持续农业技术⑤⑥。③居住地与市场的距离。居住地与市场的距离能体现农户获得市场信息和信贷资金的便利性，以及获得技术的交易成本，居住地与市场距离越短，农户采用可持续农业技术的可能性越大。④村庄虚拟变量。坡度、高度等地块特征，降水量、病虫害流行等情况，以及可持续农业技术推广的相关激励政策，均会影响农户的可持续农业技术采用决策。考虑到同一村庄内地块特征类似，农业生产的相关政策、自然环境、基础设施条件等相同，本节引入村庄虚拟变量来控制村庄固定效应，从而控制地块特征、降雨指数、病虫害流行等情况和制度特征对农户采用可持续农业技术的影响。

---

① Kassie M, Jaleta M, Shiferaw B, et al. Adoption of interrelated sustainable agricultural practices in smallholder systems: Evidence from rural Tanzania[J]. Technological Forecasting & Social Change, 2013, 80(3): 525-540

② Teklewold H, Kassie M, Shiferaw B. Adoption of Multiple Sustainable Agricultural Practices in Rural Ethiopia[J]. Journal of Agricultural Economics, 2013, 64(3): 597-623

③ Kassie M, Jaleta M, Shiferaw B, et al. Adoption of interrelated sustainable agricultural practices in smallholder systems: Evidence from rural Tanzania[J]. Technological Forecasting & Social Change, 2013, 80(3): 525-540

④ 刘乐，张娇，张崇尚，等．经营规模的扩大有助于农户采取环境友好型生产行为吗——以秸秆还田为例[J]. 农业技术经济，2017(5)：17-26

⑤ 王格玲，陆迁．社会网络影响农户技术采用倒U形关系的检验——以甘肃省民勤县节水灌溉技术采用为例[J]. 农业技术经济，2015(10)：92-106

⑥ 乔丹，陆迁，徐涛．社会网络、推广服务与农户节水灌溉技术采用——以甘肃省民勤县为例[J]. 资源科学，2017，39(3)：441-450

（3）描述性分析：本节对变量的定义和描述性统计分析结果如下页表 2-1 所示。由表 2-1 可以看出，有劳动力外出务工与无劳动力外出务工的农户之间采用可持续农业技术的比例没有显著差别。那么，在中国，劳动力外出务工对农户的可持续农业技术采用难道真的没有影响吗？这需要做进一步分析。

相比于无劳动力外出务工的农户，有劳动力外出务工的农户，其农业经营决策者的平均年龄更低，男性农业经营决策者的比例更高，平均受教育程度更高。然而，在家庭规模、社会资本、家庭收入水平、家庭资产、居住地与市场的距离、耕地面积等方面，两类农户间并没有明显的差别。

另外，不论是有劳动力外出务工的农户，还是无劳动力外出务工的农户，其收入都多以非农收入为主，尽管前者以非农收入为主的农户比例明显大于后者。在进一步区分劳动力本地务工和外出务工后，以非农收入为主的农户比例高这一特点并非外出务工样本所独有，在本地兼业样本中，以非农收入为主的农户占 88.8%，和外出务工样本的这一比例（88.0%）大体一致。不过，在无劳动力外出务工的样本中，这一比例为 69.7%。

三、实证结果与分析

1. 基准模型估计结果

后页表 2-2 反映了基准模型的估计结果，其中，回归 1、回归 2 是使用 LPM 模型估计得到的结果，回归 3、回归 4 列出的是使用 Logit 模型估计得到的平均边际效应，回归 2、回归 4 分别在回归 1、回归 3 的基础上加入了村庄虚拟变量。通过结果对比，可以看出，在控制了村庄虚拟变量之后，外出务工变量的系数没有发生明显变化，这从侧面验证了估计结果的稳健性。然而，在控制了村庄虚拟变量后，模型的拟合优度明显提高，表明引入村庄虚拟变量可以提高模型的解释力。LPM 模型估计结果显示，与无劳动力外出务工的农户相比，有劳动力外出务工的农户采用可持续农业技术的概率低 0.161。Logit 模型估计结果中外出务工变量的平均边际效应为－0.153，同样说明劳动力外出务工不利于农户采用可持续农业技术，这与 LPM 模型的估计结果相似。

表 2-1　变量定义与描述性统计分析结果

变量名称	定义	总样本		无劳动力外出务工		有劳动力外出务工		两类样本差异
		均值	标准差	均值	标准差	均值	标准差	
是否采用可持续农业技术	是否采用任意一种可持续农业技术(是=1,否=0)	0.422	0.495	0.433	0.496	0.360	0.485	0.073
年龄	农业经营决策者的年龄(岁)	52.547	10.061	53.455	9.997	47.520	8.949	5.935***
性别	农业经营决策者的性别(男=1,女=0)	0.817	0.388	0.794	0.405	0.940	0.240	−0.146**
受教育程度	农业经营决策者的受教育年限(年)	7.222	3.343	7.056	3.518	8.140	1.895	−1.084**
社会资本	在本地关系密切、能得到支持和帮助的朋友或熟人数(个)	3.257	1.206	3.224	1.216	3.440	1.146	−0.216
家庭规模	家庭人口数量(人)	4.682	1.720	4.708	1.795	4.540	1.232	0.168
家庭收入水平	家庭年总收入(元)的对数值	10.853	1.118	10.821	1.155	11.032	0.877	−0.211
家庭资产	电脑、汽车和生产性固定资产的拥有情况[a]	−0.298E−09	0.729	0.002	0.774	−0.011	0.399	0.012
居住地与市场的距离	日常交通方式下,您家到最近集镇或县城所需时间(分钟)	25.009	23.298	25.197	23.844	23.980	20.224	1.217
耕地面积	家庭经营耕地面积(亩)的对数值	1.699	1.080	1.719	1.104	1.588	0.939	0.132
兄弟姐妹数量	被访者兄弟姐妹数量(独生子女=0)	3.816	1.758	3.906	1.725	3.320	1.867	0.586**
是否以务农收入为主	家庭务农收入比重是否超过 50%(是=1,否=0)	0.275	0.447	0.303	0.460	0.120	0.328	0.183***

注:表中各变量反映的是农户的农业经营决策者 2015 年的情况;***、** 和 * 分别表示两类农户的均值在 1%、5% 和 10% 的统计水平上具有显著差异;[a] 家庭资产用家庭中电脑数量(台)、是否拥有汽车(是=1,否=0)和农林牧渔业机械、运输机械、生产用房等生产性固定资产原值(元)的主成分得分值来衡量。

表 2-2 外出务工对农户采用可持续农业技术的影响:基准模型估计结果

变量名称	回归 1(LPM)		回归 2(LPM)		回归 3(Logit)		回归 4(Logit)	
	系数	稳健标准误	系数	稳健标准误	平均边际效应	稳健标准误	平均边际效应	稳健标准误
外出务工	−0.153**	0.077	−0.161**	0.074	−0.147**	0.073	−0.153**	0.069
年龄	−0.001	0.003	−0.001	0.003	−0.001	0.003	−0.001	0.003
性别	0.194***	0.069	0.238***	0.073	0.204***	0.071	0.232***	0.070
受教育程度	0.036#	0.023	0.034	0.024	0.040#	0.025	0.039#	0.025
受教育程度平方	−0.003#	0.002	−0.003#	0.002	−0.003*	0.002	−0.003*	0.002
社会资本	0.104***	0.023	0.093***	0.023	0.091***	0.021	0.084***	0.019
家庭规模	0.001	0.015	0.011	0.017	0.001	0.015	0.011	0.015
家庭收入水平	0.032	0.027	0.020	0.026	0.021	0.027	0.012	0.028
家庭资产	0.063	0.046	0.052#	0.034	0.175**	0.069	0.099#	0.067
居住地与市场的距离	−0.002#	0.001	−0.002	0.002	−0.003	0.002	−0.004	0.003
耕地面积	0.019	0.027	0.039	0.028	0.019	0.028	0.052#	0.032
截距项	−0.410	0.337	−0.162	0.403	—	—	—	—
村庄虚拟变量	不引入		引入		不引入		引入	
观测值	324		324		320		320	
伪 R^2	0.176		0.293		0.153		0.249	

注：***、**、* 和 # 分别表示在 1%、5%、10%和 15%的统计水平上显著。

控制变量对农户采用可持续农业技术的影响方向与预期基本一致。值得一提的是，农业经营决策者受教育程度对农户采用可持续农业技术的影响呈倒U形曲线关系，曲线的对称轴在受教育年限为5.92年处，即当农业经营决策者的受教育年限小于5.92年时，受教育程度增加会促进农户采用可持续农业技术，但若受教育年限超过5.92年，则受教育程度增加不利于农户采用可持续农业技术。这可能是因为，当农业经营决策者的受教育程度较低时，农户更可能被囿于农业生产，在这种情况下，随着农业经营决策者受教育程度的增加，农户采用可持续农业技术的可能性更大；而在完成小学阶段教育后，农业经营决策者更容易在外获得非农工作机会，这使得其更倾向于从事非农工作，在这种情况下，其受教育程度的增加不利于农户采用可持续农业技术。

2. 内生性问题的解决

（1）工具变量的CMP估计结果：下页表2-3是使用工具变量的CMP估计结果，第一阶段模型以家庭是否有劳动力外出务工为被解释变量，第二阶段模型以是否采用可持续农业技术为被解释变量，回归6与回归5的区别在于是否包含村庄虚拟变量。从第一阶段模型的估计结果可以看出，兄弟姐妹数量和家庭是否有劳动力外出务工这一内生变量高度相关，且第一阶段模型估计的LR检验拒绝了零假设，基本排除了弱工具变量的可能性。第二阶段模型的估计结果表明，有劳动力外出务工会显著降低农户采用可持续农业技术的概率，这和回归2、回归4的估计结果一致。外出务工的平均边际效应计算结果显示，有劳动力外出务工会使农户采用可持续农业技术的概率降低0.381。使用工具变量的CMP估计法解决内生性问题后，外出务工变量系数的绝对值显著增大。这说明，若不考虑内生性问题，劳动力外出务工对农户采用可持续农业技术的影响会被低估。

（2）稳健性检验：内生性问题的解决。表2-2中的估计结果说明，农业经营决策者为男性的农户采用可持续农业技术的可能性更大。而描述性统计结果显示，有劳动力外出务工的农户样本中，农业经营决策者为男性的农户比例更高。这意味着，样本的性别比例差异不是导致外出务工负向影响农户采用可持续农业技术的原因。尽管有无劳动力外出务工的两类农户之间农业经营决策者的平均年龄有显著差异，但基准模型的估计结果显示，年龄变量的影响不显著，并且，根据样本年龄的概率密度图①可观测到，两类农户的农业经营决策者的年龄分布形态相似，因此，农业经营决策者的年龄差异也不是造成外出务工负向影响农户采用可持续农业技术的原因。

表 2-3　外出务工对农户采用可持续农业技术的影响：工具变量的 CMP 估计法

变量名称	回归 5		回归 6	
	第一阶段模型的被解释变量：家庭是否有劳动力外出务工			
	系数	稳健标准误	系数	稳健标准误
兄弟姐妹数量	−0.135**	0.054	−0.152**	0.063
其他控制变量	引入		引入	
村庄虚拟变量	不引入		引入	
变量名称	第二阶段模型的被解释变量：是否采用可持续农业技术			
	系数	稳健标准误	系数	稳健标准误
外出务工	−1.768***	0.391	−1.332*	0.744
其他控制变量	引入		引入	
村庄虚拟变量	不引入		引入	
外出务工的边际效应	−0.538***		−0.381*	
观测值	324		324	

注：***、** 和 * 分别表示在 1%、5%和 10%的统计水平上显著。

无劳动力外出务工农户的农业经营决策者的平均受教育年限为 7.06 年，有劳动力外出务工农户的这一平均值为 8.14 年。由于受教育程度影响可持续农业技术采用的极值点出现在 5.92 年处，因此有理由怀疑，外出务工对农户采用可持续农业技术的负向影响可能是由农业经营决策者的受教育程度导致的，即由于有劳动力外出务工农户的农业经营决策者的受教育年限更多地大于 5.92 年。为了检验这种猜想，本节按照农业经营决策者的受教育程度分布情况截取样本，使有无劳动力外出务工的两类农户间农业经营决策者的受教育程度差异最小，再分析外出务工变量对农户采用可持续农业技术的影响。经逐步截取样本发现，当剔除受教育程度小于 4 年的样本后，两类样本间受教育程度均值差异最小。基于截取样本的估计结果见下页表 2-4。结果表明，

① 因篇幅原因，本文未列出有关图形。

在避免了受教育程度差异可能导致的伪回归后，劳动力外出务工仍对农户采用可持续农业技术存在显著的负向影响。

表 2-4 外出务工对农户采用可持续农业技术的影响：稳健性检验

变量名称	回归 7		回归 8	
	均值	稳健标准误	均值	稳健标准误
外出务工	−0.155*	0.080	−0.152**	0.076
其他控制变量	引入		引入	
村庄虚拟变量	不引入		引入	
观测值	275		275	
R^2	0.154		0.316	

注：回归 7、回归 8 采用 LPM 模型估计；** 和 * 分别表示在 5%和 10%的统计水平上显著。

四、劳动力务工对农户采用可持续农业技术的异质性影响

1. 区分农户是否以务农收入为主

考虑到不同兼业程度下劳动力外出务工对农户采用可持续农业技术的影响存在差异，本节首先用是否以务农收入为主来衡量农户的兼业程度，并将是否以务农收入为主以及其与外出务工变量的交叉项加入基准模型，以此来分析外出务工的影响在以务农收入为主的农户和以非农收入为主的农户之间是否存在差异。

从模型估计结果（表 2-5 中回归 9、回归 10）可以看出，农户是否以务农收入为主对其采用可持续农业技术影响不显著，说明兼业程度不会直接而显著地影响农户采用可持续农业技术，这与朱萌等①、李卫等②的研究结果一致。但是，对于不以务农收入为主的农户，劳动力外出务工会使农户采用可持续农业技术的概率显著降低 0.200；而对于以务农收入为主的农户，劳动力外出务工则会使农户采用可持续农业技术的概率显著提高 0.187。外出务

① 朱萌，齐振宏，邬兰娅，等．新型农业经营主体农业技术需求影响因素的实证分析——以江苏省南部 395 户种稻大户为例[J]．中国农村观察，2015(1)：30-38

② 李卫，薛彩霞，姚顺波，等．农户保护性耕作技术采用行为及其影响因素：基于黄土高原 476 户农户的分析[J]．中国农村经济，2017(1)：44-57

表 2-5 劳动力务工对农户采用可持续农业技术的异质性影响

变量名称	回归 9	回归 10	回归 11	回归 12	回归 13	回归 14	回归 15	回归 16
	全样本		以未务工样本为对照组，只保留一组处理组和对照组样本					
	处理组：跨乡外出务工		处理组：本乡务工		处理组：跨乡不跨县外出务工		处理组：跨县外出务工	
务工	−0.184**	−0.200**	0.092	0.065	−0.114	−0.161*	−0.189**	−0.261***
	(0.083)	(0.079)	(0.065)	(0.075)	(0.087)	(0.093)	(0.093)	(0.096)
是否以务农收入为主	0.053	0.068	—	0.028	—	0.061	—	0.055
	(0.070)	(0.073)	—	(0.084)	—	(0.087)	—	(0.089)
务工×是否以务农收入为主	0.362*	0.387*	—	0.259**	—	0.419**	—	0.540***
	(0.203)	(0.196)	—	(0.124)	—	(0.212)	—	(0.167)
其他控制变量	引入	引入	引入	引入	引入	引入	引入	引入
村庄虚拟变量	不引入	引入	引入	引入	引入	引入	引入	引入
观测值	324	324	274	274	238	238	217	217
R^2	0.188	0.306	0.323	0.332	0.313	0.332	0.353	0.373

注：回归 9 至回归 16 采用 LPM 模型估计。***、** 和 * 分别表示在 1%、5% 和 10% 的统计水平上显著，括号内结果为稳健标准误。

工对以务农收入为主的农户采用可持续农业技术的积极作用和对以非农收入为主的农户采用可持续农业技术的消极作用，不仅说明了外出务工的影响存在异质性，而且从侧面证实了外出务工对农户采用可持续农业技术的影响存在积累能力和改变从业重心两个方面的作用。对于以务农收入为主的农户，他们对农业的重视程度更高，外出务工主要通过积累能力促进其采用可持续农业技术①；而对于不太重视农业的以非农收入为主的农户，外出务工主要通过改变其从业重心，减少其对农业生产的投入，降低了他们采用可持续农业技术的可能性。

2. 区分劳动力务工距离

考虑到劳动力的务工距离各不相同，返回家中起居劳作的便利性有所差异，笔者有理由认为，与跨乡外出务工的农业经营决策者相比，在本乡务工的农业经营决策者更加重视农业生产，跨县外出务工的农业经营决策者对农业生产的重视程度则更小。若劳动力外出务工使农户改变从业重心而不利于其采用可持续农业技术，那么，劳动力在本乡务工的农户采用可持续农业技术的概率会最高，跨乡外出务工的农户次之，而跨县外出务工的农户这一概率最小。为了验证这一猜测，本节以无劳动力务工的农户样本为对照组，分别以有劳动力在本乡务工、跨乡外出务工和跨县外出务工的农户样本为处理组，分析不同务工距离下劳动力务工对农户采用可持续农业技术的影响。具体而言，本节分别对无劳动力务工-本乡务工样本、无劳动力务工-跨乡外出务工样本、无劳动力务工-跨县外出务工样本进行模型估计，以获得不同务工距离下的估计结果。

估计结果如表 2-5 中回归 11 至回归 16 所示。从结果可以看出，除本乡务工变量不显著外，各变量的 3 组回归结果与回归 9、回归 10 的估计结果方向

① 贺梅英和庄丽娟发现，户主若专门从事农业生产，则其生产投入意愿更强，他们比兼业农户采用循环技术的可能性更大。以务农为主的农户对农业生产的投入意愿更强，对外出务工所积累的能力的利用程度更高，因而更可能采用可持续农业技术。引自：贺梅英，庄丽娟．市场需求对农户技术采用行为的诱导：来自荔枝主产区的证据[J]. 中国农村经济，2014(2)：33-41

一致。值得指出的是，随着务工距离的增大，务工地点由本乡扩展至跨乡、跨县，劳动力务工对农户采用可持续农业技术的影响由不显著逐渐变得显著，变量系数由 0.065 变为－0.161、－0.261。也就是说，对于以非农收入为主的农户，劳动力外出务工对其采用可持续农业技术的负向影响随务工距离的增加而增大。从具体机理来说，可能是劳动力在本乡务工仍可以兼顾农业生产，从业重心的改变程度较小，不会限制农户采用可持续农业技术；而跨县外出务工则可能较大程度地改变了农户的从业重心，不利于其采用可持续农业技术，而且，相比于跨乡外出务工，跨县外出务工情况下农户从业重心的改变程度更大。这个结果进一步印证了劳动力外出务工导致农户从业重心改变从而不利于其采用可持续农业技术。务工与农户是否以务农收入为主的交叉项系数显著为正，且系数随着劳动力务工距离的扩大而增大。这说明，对于以务农收入为主的农户，劳动力外出务工会促进其采用可持续农业技术。根据 Mesnard① 以及石智雷、杨云彦②等的研究结果以及前文的分析，这种促进作用应当来源于务工为农户带来的能力积累；并且，在能力积累的过程中，跨县外出务工的积累效应最大，其次是跨乡外出务工，本乡务工的积累效应最小。综合分析上述结果，可以发现，利用兼业程度对农户加以区分并基于此分析劳动力务工对农户采用可持续农业技术的异质性影响这一做法是合理且必要的，同时也进一步验证了外出务工对农户采用可持续农业技术存在两方面的作用。

五、结论与启示

在协调推进新型城镇化与农业现代化的进程中，实现农业可持续发展必然无法摆脱农村劳动力转移的影响。农业生产以家庭为单位进行，劳动力外

---

① Mesnard A. Temporary migration and capital market imperfections[J]. Oxford Economic Papers,2004,56(2):242-262

② 石智雷，杨云彦．外出务工对农村劳动力能力发展的影响及政策含义[J]．管理世界，2011(12):40-54

出务工的行为会给农户采用可持续农业技术带来什么影响？通常来说，这种影响包括积累能力和改变从业重心两个方面。本节借鉴修正的农业技术采用理论模型，利用2016年山东和河南两省“农村劳动力流动调查”数据，采用LPM模型和Logit模型分析了劳动力外出务工对农户采用农业可持续技术的影响，并通过对比是否以务农收入为主的农户之间劳动力外出务工的影响，以及对比不同务工距离下劳动力务工的影响，间接验证了劳动力外出务工对农户采用可持续农业技术的影响存在这两个方面的作用。分析结果表明：第一，总体来看，劳动力外出务工会使农户采用可持续农业技术的概率降低0.161。第二，使用工具变量的CMP估计法和稳健性检验处理外出务工变量的内生性问题后，劳动力外出务工对农户采用可持续农业技术的负向影响仍然显著。第三，劳动力外出务工对农户采用可持续农业技术的影响存在强烈的异质性，不同兼业程度农户的采用行为不同，表现出“同途殊归”的效果：对于以务农收入为主的农户，劳动力外出务工确实会促进其采用可持续农业技术；而对于以非农收入为主的农户，劳动力外出务工不利于其采用可持续农业技术。并且，积累能力和改变从业重心这两个方面的作用会随劳动力务工距离的增加而增大。

尽管农村外出务工家庭多以非农收入为主，但上述结论对于可持续农业技术的推广仍具有重要启示：一方面，推广可持续农业技术要以重视农业生产的主体为重点对象，包括职业农民和以务农收入为主的兼业农户等。对于这些农业经营主体，应通过教育、专业培训、技术指导等方式提高其专业素质，并改善包括基础设施、融资、技术服务等在内的农业生产经营环境，以提高可持续农业技术的采用水平。另一方面，对于以非农收入为主的农户，应该顺应其非农化意愿，帮助具有留城愿望的农户在城镇落脚生根，以便释放农业生产要素的潜力；在尊重农民自身意愿的前提下，有序引导农地流转，使农地流转到重视农业生产的农业经营主体手中，例如家庭农场、专业大户、专业合作社等，在新的意义上实现“耕者有其田”。

第二节 大城市落户门槛阻碍农民工子女随迁[①]

一、引言

“宜尔家室，乐尔妻帑。”团聚自古便是每个家庭追求的天伦之乐，但这一美好愿望对于背井离乡的农民工群体来说却难以实现。随着工业化进程快速推进和经济发展水平不断提升，我国农民工总量不断增加，2017 年达到 2.87 亿人，但举家流动的比例仅有 18.8%[②]，绝大多数的农民工家庭仍处于分离状态。在传统文化伦理、土地制度和户籍管理制度的相互交织下，我国家庭化迁移多表现为少数家庭成员先行、其他成员追随先行者陆续迁移的模式[③④]，子女随迁作为家庭化迁移的核心[⑤]，通常发生在农民工迁移之后。这意味着，农民工的家庭分离问题以子女与父母的分离最为严重。农民工子女无法与父母团聚，会影响他们的身心健康发展，延误其人力资本积累，甚至带来严重的社会问题。2016 年，我国仍有 902 万留守儿童无法得到父母监护。

农民工流动的一大特点是流向大城市，而大城市的农民工子女随迁情况却不容乐观，更多地出现夫妻迁移而子女独自留守现象[⑥]，尤其是特大和超大

① 本节内容原文发表于《财经科学》2018 年 12 期，原题为“团聚的藩篱：大城市落户门槛如何阻碍农民工子女随迁”，作者为邹杰玲、王玉斌（中国农业大学经济管理学院），略有修改。

② 数据来源于国家卫计委发布的《中国流动人口发展报告 2017》。

③ 盛亦男．流动人口家庭化迁居水平与迁居行为决策的影响因素研究[J]．人口学刊，2014a，36(3)：71-84

④ 盛亦男．中国的家庭化迁居模式[J]．人口研究，2014b，38(3)：41-54

⑤ 宋月萍，谢卓树．城市公共资源对农村儿童随迁的影响[J]．人口研究，2017，41(5)：52-62

⑥ 魏东霞，谌新民．落户门槛、技能偏向与儿童留守——基于 2014 年全国流动人口监测数据的实证研究[J]．经济学(季刊)，2018，17(2)：549-578

城市，2015 年子女随迁率分别只有 31.43%和 26.32%[①]。由此可见，流入大城市（统称，包括大城市、特大城市和超大城市）的农民工家庭面临更严重的分离问题，他们也想要携带子女迁移但难以实现这一愿望，所以，想要促进农民工家庭团聚，增大大城市的农民工子女随迁率是一个重要抓手，这同时也是提高城市定居水平、加速人口城市化进程的一个突破口。

农民工携带子女迁移主要是为了家人团聚和让子女获得更好的教育、医疗卫生等公共服务[②③④]，但当前歧视性的城乡二元户籍制度却妨害了他们平等享受城市公共服务的权利，阻碍了子女随迁。在教育方面，尽管 2006 年新《义务教育法》以法律形式保障流动儿童在流入地平等接受义务教育的权利，但是农民工子女在大城市仍面临较高的就学升学门槛[⑤⑥]，相当部分流动儿童只能进入师资力量薄弱、教学设施落后的农民工子弟学校，即使有部分农民工子女可以与当地学生一同学习，他们也时常遭遇来自学校教师或学生的歧视[⑦⑧]。同样，在医疗卫生服务的获得上，进城务工人员也受到了户籍歧视[⑨⑩]。由此可见，随迁子女在教育、医疗等公共服务的获得上可能面临种种

① 邬志辉，李静美．农民工随迁子女在城市接受义务教育的现实困境与政策选择[J]. 教育研究，2016，37(9)：19-31

② 宋月萍，谢卓树．城市公共资源对农村儿童随迁的影响[J]. 人口研究，2017，41(5)：52-62

③ 檀学文．为什么多数农民工子女留守而不流动[J]. 农业技术经济，2014(7)：17-26

④ 熊景维，钟涨宝．农民工家庭化迁移中的社会理性[J]. 中国农村观察，2016(4)：40-55＋95-96

⑤ 黄颖．我国随迁和留守学生的教育问题分析[J]. 南方人口，2015，30(4)：12-25

⑥ 徐晓新，张秀兰．将家庭视角纳入公共政策——基于流动儿童义务教育政策演进的分析[J]. 中国社会科学，2016(6)：151-169＋207

⑦ Wei Jianwen, Hou Jiawei. The Household Registration System, Education System, and Inequalities in Education for Migrant Children[J]. Chinese Education and Society, 2010, 43(5): 77-89

⑧ Chen Y, Feng S. Quality of migrant schools in China: evidence from a longitudinal study in Shanghai[J]. Journal of Population Economics, 2017, 30(3): 1007-1034

⑨ 乔宝云，范剑勇，冯兴元．中国的财政分权与小学义务教育[J]. 中国社会科学，2005(6)：37-46

⑩ 夏怡然，陆铭．城市间的“孟母三迁”——公共服务影响劳动力流向的经验研究[J]. 管理世界，2015(10)：78-90

问题，而且这些问题多因户籍歧视造成，因此，破解大城市的落户门槛对于农民工子女随迁并均等享受城市教育、医疗卫生等公共服务尤为重要。

2014年国务院发布的《关于进一步推进户籍制度改革的意见》以“抓大放小”为方向，大城市的落户门槛不降反升。那么，在此背景下，大城市农民工家庭分离情况是否会更加严重？若希望促进农民工子女随迁从而减少家庭分离，降低大城市落户门槛是否是一种有效方式？在机理上，大城市落户门槛如何影响了农民工子女随迁？

近些年研究者对儿童迁移及其驱动因素的关注逐渐提升，这些因素主要涉及农民工个人特征、子女个人特征、家庭特征、迁移特征、工作特征、情感因素和制度因素等①②③④。其中，户籍制度是影响人口迁移的重要因素⑤⑥，发挥着保护城市劳动者优先获得就业机会和排斥迁移者均等享受城市社会福利待遇的功能性作用⑦，但现有文献对户籍制度因素重视仍然不足。宋锦和李实⑧、柯宓在讨论农民工子女随迁的影响因素时涉及了户籍制度⑨；檀学文利用城市劳动力市场完善程度对农民工子女随迁的影响结果反映出歧视性城乡二元户籍制度的负向作用⑩；而贺京同等针对进城家庭的教育支出决策

---

① 宋月萍，谢卓树．城市公共资源对农村儿童随迁的影响[J]．人口研究，2017，41(5)：52-62

② 熊景维，钟涨宝．农民工家庭化迁移中的社会理性[J]．中国农村观察，2016(4)：40-55＋95-96

③ 马瑞，徐志刚，仇焕广，等．农村进城就业人员的职业流动、城市变换和家属随同状况及影响因素分析[J]．中国农村观察，2011(1)：2-9＋19＋96

④ 宋锦，李实．农民工子女随迁决策的影响因素分析[J]．中国农村经济，2014(10)：48-61

⑤ 蔡昉，王德文．作为市场化的人口流动——第五次全国人口普查数据分析[J]．中国人口科学，2003(5)：15-23

⑥ 杨晓军．中国户籍制度改革对大城市人口迁入的影响——基于2000—2014年城市面板数据的实证分析[J]．人口研究，2017，41(1)：98-112

⑦ 蔡昉．户籍制度改革与城乡社会福利制度统筹[J]．经济学动态，2010(12)：4-10

⑧ 宋锦，李实．农民工子女随迁决策的影响因素分析[J]．中国农村经济，2014(10)：48-61

⑨ 柯宓．农民工子女随迁的选择性及其影响因素分析[J]．劳动经济研究，2016，4(1)：123-142

⑩ 檀学文．为什么多数农民工子女留守而不流动[J]．农业技术经济，2014(7)：17-26

进行研究，发现放松户籍管制可以提高进城家庭子女在城市就读的概率①。总的来说，以上对户籍制度因素的讨论仅是简单涉及或间接反映，不能直接回答户籍制度对农民工子女随迁的影响，缺乏对户籍制度作用路径的探讨。在流动人口子女留守的研究中，魏东霞和谌新民②虽然对户籍制度的作用路径进行了识别，但其处理方式只能描述影响路径的存在，对于路径如何发挥作用还无从得知。

本节从城市公共服务和农民工收入两条路径出发，运用调节效应和中介效应模型的方法，识别了落户门槛如何通过城市公共服务和农民工收入影响农民工子女随迁。本节内容是第一篇关于户籍制度如何阻碍农民工子女随迁的实证研究，明确并深入探讨了城市公共服务和农民工收入两条路径，这不仅为促进流动人口的家庭化迁移提供实证证据，而且有助于识别由城市落户门槛调整引发的农民工家庭对就业机会、城市教育和医疗服务的需求，为推倒户籍藩篱、改善农民工家庭分离状态提供研究参考，为农业转移人口市民化的有序推进和城市化进程中城市内部社会分割局面的改善助力。

二、理论分析与研究假说

我国户籍制度不仅是一种管理制度，其背后还附加了大量的福利制度，使户籍成为享受政府福利待遇的凭证，对没有流入地户籍的农民工形成歧视。户籍制度的歧视可分为“三歧视”，分别是就业歧视、社会保障歧视和公共服务歧视③，其中涉及子女随迁的主要是公共服务和就业歧视。公共服务歧视指户籍蕴含的公共服务资源分配差异，直接影响随迁子女对城市公共服务的获得④，导致没有获得务工所在地户籍的农民工及其随迁家庭成员无法均等地享

① 贺京同，廖直东，宗振利．户籍管制放松、就读地选择与进城家庭教育支出[J]．南方人口，2014，29(1)：47-58

② 魏东霞，谌新民．落户门槛、技能偏向与儿童留守——基于2014年全国流动人口监测数据的实证研究[J]．经济学(季刊)，2018，17(2)：549-578

③ 陆铭．玻璃幕墙下的劳动力流动——制度约束、社会互动与滞后的城市化[J]．南方经济，2011(6)：23-37

④ 高勇．教育获得、户籍差异与户籍的意蕴[J]．社会发展研究，2015，2(4)：43-63+239

受当地公共服务①；就业歧视体现在工作岗位和工资等差异上，造成劳动力市场就业机会配置和工资的不公平，影响农民工对子女随迁的支付能力，减少子女随迁需求。公共服务歧视和就业歧视共同影响农民工子女随迁决策。

1. 公共服务与农民工子女随迁

公共服务的内容和形式丰富多样，其中，教育和医疗公共服务会较大程度地影响农民工子女随迁。城市较高质量的教育和医疗公共服务对子女随迁形成了拉力作用。为避免歧义，本节定义公共服务仅指教育和医疗公共服务。

然而，户籍制度会制约大城市公共服务对农民工及其家庭成员的可及性，降低大城市公共服务对农民工子女随迁的拉力作用：户籍制度和与之相关的教育管理制度通过提高就读准入门槛等方式严重阻碍农民工子女平等地接受城市义务教育，医疗方面也是如此。宋月萍和谢卓树②通过比较不同规模的城市样本间差异，间接证实了这一降低效果。柯宓和朱钢③利用 2001 年和 2010 年公办中小学接受农民工子女就读准入门槛政策的调整，研究并发现降低公办中小学就读准入门槛能有效促进农民工子女随迁；李超等④发现城市出台随迁子女教育均衡政策会吸引农民工及其子女的流入，并且改革力度越大、随迁子女入学的门槛越低，对农民工及其子女的吸引力越大。据此，本节提出研究假说 1：大城市落户门槛负向调节城市教育和医疗公共服务与农民工子女随迁的关系，即落户门槛越高，城市教育和医疗公共服务对农民工子女随迁的拉力越小，反之亦然。

2. 农民工收入与子女随迁

就业歧视最终体现在收入上，不同于公共服务，农民工收入在户籍制度

---

① 夏怡然，陆铭．城市间的“孟母三迁”——公共服务影响劳动力流向的经验研究[J]．管理世界，2015(10)：78-90

② 宋月萍，谢卓树．城市公共资源对农村儿童随迁的影响[J]．人口研究，2017，41(5)：52-62

③ 柯宓，朱钢．城市公办学校就读门槛降低对农民工子女随迁的影响——基于样本城市自然实验的分析[J]．经济问题，2017(4)：50-56＋75

④ 李超，万海远，田志磊．为教育而流动——随迁子女教育政策改革对农民工流动的影响[J]．财贸经济，2018，39(1)：132-146

对子女随迁的影响中发挥中介作用。

第一步，考虑大城市落户门槛与农民工收入的关系。户籍歧视会使农民工无法在城市劳动力市场获得平等的就业机会和工资①②。在就业方面，户籍特征会妨碍劳动力进入高收入行业，这在东部地区尤为显著③；在工资方面，劳动力市场对不同户籍的劳动力给予不同的工资待遇，农民工和城镇职工的工资差异中有 36% 无法用禀赋差异解释④。Sicular 等⑤对城乡收入差距进行分解，也发现了类似的结论，认为户籍政策所引起的城乡分割造成了很大程度的城乡收入差距。因此，本节提出研究假说 2：大城市落户门槛越大，在大城市务工的农民工与城镇职工的收入差距越大。

第二步，考虑农民工收入与子女随迁的关系。收入水平高低代表农民工对城市日常生活成本、教育支出和医疗费用等的支付能力，直接决定农民工家庭能否承担子女在流入地的开销，从而影响子女随迁决策。许召元等⑥研究发现农民工月收入每增加 100 元，将子女带到城市上学的概率就会增加 4.5 个百分点。柯宓⑦也认为农民工收入是影响子女随迁的重要因素，只有在获得稳定收入之后，农民工才更有条件安排子女随迁。尽管也有一些研究的实证结果并不支持上述结论，如梁宏和任焰⑧没有发现农民工收入对子女流动的显

① 余向华，陈雪娟．中国劳动力市场的户籍分割效应及其变迁——工资差异与机会差异双重视角下的实证研究[J]．经济研究，2012，47(12)：97-110

② 翁杰，张锐．户籍制度影响要素收入分配的机制和效应[J]．中国人口科学，2017(1)：34-46+126

③ 陈钊，陆铭，佐藤宏．谁进入了高收入行业？——关系、户籍与生产率的作用[J]．经济研究，2009，44(10)：121-132

④ 章莉，李实，William A. Darity Jr.，Rhonda Vonshay Sharpe. 中国劳动力市场上工资收入的户籍歧视[J]．管理世界，2014(11)：35-46

⑤ Sicular T，Yue X，Gustafsson B，Shi L. The urban-rural income gap and inequality in China[J]. Review of Income and Wealth. 2007，53(1)：93-126

⑥ 许召元，高颖，任婧玲．农民工子女就学地点选择的影响因素分析[J]．中国农村观察，2008(6)：12-21+80

⑦ 柯宓．农民工子女随迁的选择性及其影响因素分析[J]．劳动经济研究，2016，4(1)：123-142

⑧ 梁宏，任焰．流动，还是留守？——农民工子女流动与否的决定因素分析[J]．人口研究，2010，34(2)：57-65

著影响，但他们认为这可能是农民工群体的收入水平很低且变异程度较小造成的，而经济状况仍有可能影响子女随迁。鉴于此，本节提出研究假说 3：农民工收入越高，其子女随迁的可能性越大。

梳理研究思路和假说，大城市落户门槛对农民工子女随迁的作用路径如图 2-1 所示：

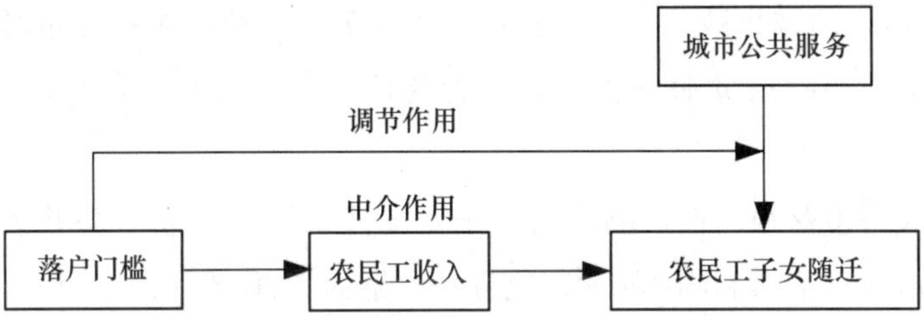

图 2-1　落户门槛对农民工子女随迁的作用路径

三、模型设定、变量与数据

1. 模型设定

（1）大城市落户门槛对农民工子女随迁的影响分析：现有关于家庭迁移的研究几乎选择了相同的理论基础——基于利他主义和收入转移的家庭效用最大化，并根据迁移的人力资本理论，建立一个以家庭效用最大化为目标的家庭迁移模型，这一理论基础通常被简化为家庭收入最大化①。Mincer② 明确指出家庭迁移是由迁移的家庭净收益决定，因此，作为家庭迁移的一部分，农民工子女随迁决策也由迁移的家庭净收益决定。若迁移后的家庭收益大于迁移前的家庭收益，即子女随迁的净收益大于 0，农民工会携带子女随迁；若子女随迁的净收益小于 0，农民工则不会携带子女随迁。参考吕利丹等③、宋

① 檀学文．家庭迁移理论综述[J]．中国劳动经济学，2010，6(1)：267-297

② Mincer J. Family Migration Decisions[J]. Journal of Political Economy，1978，86(5)：749-773

③ 吕利丹，王宗萍，段成荣．流动人口家庭化过程中子女随迁的阻碍因素分析——以重庆市为例[J]．人口与经济，2013(5)：33-40

锦和李实①的模型形式，本节使用二元Logit模型估计大城市落户门槛对子女随迁的影响。模型形式如下：

$$\ln\left(\frac{p_i}{1-p_i}\right)=\beta_1 Thre+\beta_2 pub+\lambda X+\varepsilon \tag{1}$$

式（1）中 p_i 表示农民工子女随迁概率，$\ln\left(\frac{p_i}{1-p_i}\right)$是概率比的对数，*Thre* 表示落户门槛指数，*pub* 表示城市公共服务供给，包括城市教育公共服务供给和城市医疗公共服务供给，X 为其他控制变量和常数项，ε 为未观测因素。

（2）大城市落户门槛影响农民工子女随迁的路径分析：公共服务路径分析。本节借鉴夏怡然和陆铭②的研究方法，通过在模型（1）中加入落户门槛与城市教育公共服务供给、城市医疗公共服务供给的交叉项，衡量落户门槛对城市教育公共服务和医疗公共服务影响农民工子女随迁的调节作用，构成大城市落户门槛对农民工子女随迁的公共服务作用路径：

$$\ln\left(\frac{p_i}{1-p_i}\right)=\beta_1 Thre+\beta_2 pub+\beta_3 Thre\cdot pub+\lambda X+\varepsilon \tag{2}$$

农民工收入路径分析。农民工收入作为中介连通了大城市落户门槛对子女随迁的另一条影响路径。按中介效应模型的处理方法，本节应先构建落户门槛影响农民工收入的模型，再构建落户门槛影响子女随迁的模型，并在后者中加入农民工收入作为中介变量。但对于前者，如果仅以农民工收入作为被解释变量，只能描述出户籍歧视下农民工之间的收入差异有多少可以被大城市落户门槛解释，而使用农民工收入与城市职工平均工资的差距作为被解释变量，则更能表现出农民工在大城市受到的户籍歧视，所以，本节利用落户门槛对收入差距的解释力描述大城市落户门槛对农民工收入的限制作用。基于上述考虑，在经典明瑟收入方程的基础上，以农民工与城市职工的收入差距作为被解释变量，并加入落户门槛和其他控制变量，模型的具体形式

① 宋锦，李实．农民工子女随迁决策的影响因素分析[J]．中国农村经济，2014(10)：48-61

② 夏怡然，陆铭．城市间的“孟母三迁”——公共服务影响劳动力流向的经验研究[J]．管理世界，2015(10)：78-90

如下：

$$Lgapinc = \alpha_1 Edu + \alpha_2 Exper + \alpha_3 Thre + \gamma X + \varepsilon \tag{3}$$

其中，*Lgapinc* 为农民工月收入的对数值与城市职工月均工资对数值的差值，*Edu* 为农民工受教育程度，*Exper* 为工作年限。

接着，在模型（1）的基础上加入农民工收入中介变量，模型的具体表现形式如下：

$$\ln\left(\frac{p_i}{1-p_i}\right) = \beta_1 Thre + \beta_2 pub + \beta_4 Lninc + \lambda X + \varepsilon \tag{4}$$

其中，*Lninc* 是农民工月收入的对数值。

综合的路径分析模型。综合收入路径分析和公共服务路径分析中的处理方法，大城市落户门槛影响农民工子女随迁的路径分析模型最终为：

$$\ln\left(\frac{p_i}{1-p_i}\right) = \beta_1 Thre + \beta_2 pub + \beta_3 Thre \cdot pub + \beta_4 Lninc + \lambda X + \varepsilon \tag{5}$$

2. 数据来源和样本选择

本节使用的数据主要来源于 2015 年“国家卫生健康委中国流动人口动态监测调查数据（CMDS）”和《中国城市统计年鉴 2015》[①]。对于落户门槛变量，采用刘金伟对全国 63 个城市的户籍开放程度评估得分来衡量[②]。再依照大城市的规模限定标准，剔除常住人口小于 100 万的城市，本节的样本城市最终为 53 个。另外，根据研究需要，还对农民工样本进行如下筛选：删除未婚、已婚但无子女、子女都已满 16 周岁[③]的样本户以及存在缺失值的样本。农民工子女随迁模型以农民工家庭为样本单位，最终的样本数量为 63 180 个。

---

① 对于《中国城市统计年鉴 2015》中的变量缺失值，本节优先运用《中国城市统计年鉴》2016 年和 2014 年的变量平均值代替，其次运用该市 2016 年或 2014 年在全省的比值与 2015 年全省数值的乘积代替。

② 刘金伟．我国城市户籍开放程度及其影响因素分析——基于全国 63 个样本城市的评估[J]. 国家行政学院学报，2016(5)：91-95＋143-144

③ 16 岁及以上的农民工子女可以进入劳动力市场，其迁移选择更具有独立性。

3. 变量选择说明

本节使用的落户门槛变量是刘金伟①通过查阅2015年不同城市入户标准和条件的政策性文件，从夫妻投靠、购房、投资、纳税和就业五个方面评估城市户籍开放程度而得。城市落户门槛指数越大，代表在该城市落户的难度越大。对于子女随迁变量，若农民工在迁入地没有与16岁以下的子女共同生活，则认为“没有子女随迁”，否则认为“有子女随迁”。城市教育服务供给和城市医疗服务供给的度量指标源自《中国城市统计年鉴2015》的教师数和学生数，借鉴汤玉刚等②、夏怡然和陆铭③的方法，对小学、普通中学、中等职业教育和普通高等学校的生均教师数进行主成分分析，用此主成分得分值代表城市教育服务供给，对医院和卫生院数、医院和卫生院床位数以及医生数分别与常住人口的比值进行主成分分析，用此主成分得分值代表城市医疗服务供给。农民工月收入用农民工个人上个月纯收入的对数值表示。

其他控制变量可分为五大类，分别为农民工个人特征、迁移特征、工作特征、家庭特征和子女个人特征，具体变量的描述性统计情况如下页表2-6所示。为了阐述方便，本节将只有1个16岁以下子女的家庭定义为“单子女家庭”，将有多于1个16岁以下子女的家庭定义为“多子女家庭”。对于“多子女家庭”，用最年长子女的个人特征代表子女的个人特征④。另外，城市落户门槛指数的最小值为0.025，最大值为0.927，大部分城市的落户门槛指数小于0.5，只有天津市、海口市、深圳市、广州市、上海市和北京市这6个样本城市的落户门槛指数大于0.5。

---

① 刘金伟．我国城市户籍开放程度及其影响因素分析——基于全国63个样本城市的评估[J]．国家行政学院学报，2016(5)：91-95＋143-144

② 夏怡然，陆铭．城市间的“孟母三迁”——公共服务影响劳动力流向的经验研究[J]．管理世界，2015(10)：78-90

③ 汤玉刚，陈强，满利苹．资本化、财政激励与地方公共服务提供——基于我国35个大中城市的实证分析[J]．经济学(季刊)，2016，15(1)：217-240

④ 这样做是为了避免只有子女特征存在差异而其他特征变量取值完全相同对模型估计带来干扰。

表 2-6 主要变量描述性统计特征

变量名		总样本		两样本 T 检验
		均值	标准差	未随迁与已随迁的差值
个人特征	农民工月收入	8.260	0.551	−0.082***
	父(母)性别	0.588	0.492	−0.029***
	父(母)年龄	34.287	6.240	−0.232***
	父(母)是否少数民族	0.059	0.236	−0.019***
	父(母)受教育程度(初中或高中)	0.131	0.337	−0.072***
	父(母)受教育程度(大专以上)	0.771	0.420	0.040***
	务工经验	9.818	6.156	−0.657***
	周务工时间	53.058	17.111	2.163***
迁移特征	配偶是否随迁	0.902	0.297	−0.247***
	是否跨省流动	0.549	0.498	0.132***
	是否省内跨市流动	0.320	0.467	−0.108***
	是否有长期居住意愿	0.648	0.478	−0.243***
工作特征	是否工作不稳定	0.013	0.111	0.000***
	是否自我经营	0.433	0.495	−0.097***
家庭特征	老家中是否有老人	0.002	0.050	0.002***
	是否“单子女家庭”	0.720	0.449	−0.070***
子女个人特征	子女性别	0.600	0.490	0.004***
	子女是否小学适龄	0.382	0.486	−0.013***
	子女是否初中适龄	0.149	0.356	0.068***

注：***、**、* 分别表示 1%、5%、10%显著性水平，括号内汇报的是标准误。

四、实证分析与讨论

1. 基准回归

(1) 落户门槛对农民工子女随迁的影响：表 2-7 报告了落户门槛对农民工子女随迁的平均边际效应。回归 1 主要考虑了落户门槛、城市教育服务供给和城市医疗服务供给对农民工子女随迁的影响，结果发现大城市落户门槛越高，流入地农民工的子女随迁概率越低：当落户门槛指数提高 1%，农民工子女随迁概率会降低2.1%。城市教育供给对农民工子女随迁的影响不显著，城市医疗供给的影响是负向的，不同于符号预判，这可能是因为模型中没有控制落户门槛对公共服务获得的影响，导致教育和医疗的影响中包含了户籍歧视的限制作用。

表2-7　大城市落户门槛影响农民工子女随迁的回归结果

变量名	(1)	(2)	(3)	(4)
落户门槛	−2.105***	−6.160***	−2.145***	−6.264***
	(0.156)	(0.283)	(0.156)	(0.286)
教育	−0.025	1.698***	−0.022	1.725***
	(0.028)	(0.175)	(0.028)	(0.175)
医疗	−0.215***	1.170***	−0.220***	1.186***
	(0.015)	(0.068)	(0.016)	(0.069)
落户门槛×教育		−9.516***		−9.647***
		(1.011)		(1.010)
落户门槛×医疗		−4.978***		−5.054***
		(0.279)		(0.281)
农民工月收入			0.054***	0.054***
			(0.004)	(0.004)
其他控制变量	已控制	已控制	已控制	已控制
Chi^2	8 944.72	8 944.72	8 993.01	8 993.01
Pseudo R^2	0.239 1	0.239 1	0.241	0.241
样本量	53 591	53 591	53 591	53 591

注：***、**、*分别表示1%、5%、10%显著性水平，括号内汇报的是标准误。

(2) 公共服务路径下落户门槛对农民工子女随迁的影响：表2-7中的回归2是公共服务路径的影响结果。可以看出，加入落户门槛与城市教育供给、城市医疗供给的交叉项后，城市教育供给影响农民工子女随迁的平均边际效应显著为1.487，城市医疗供给的平均边际效应显著为1.078，一方面证实城市教育和医疗公共服务对农民工子女随迁有拉力作用，另一方面说明不考虑落户门槛的调节作用会导致城市教育和医疗公共服务对农民工子女随迁的拉力作用被错误估计。落户门槛与城市教育供给、城市医疗供给的交叉项系数分别为－8.286、－4.627，说明城市教育和医疗公共服务对农民工子女随迁的拉力会随着落户门槛的增大而减小，即落户门槛起着负向调节作用，所以说公共服务路径下落户门槛对农民工子女随迁的作用是负向的。

(3) 农民工收入路径下落户门槛对农民工子女随迁的影响：农民工收入路径的影响分两个模型估计。表 2-7 中的回归 3 是农民工收入对子女随迁的影响结果。可以看到，农民工收入对子女随迁的平均边际效应为 0.054，说明农民工收入越高，子女随迁的概率越大。下页表 2-8 中的回归 5 是落户门槛对农民工与城市职工收入差距的影响结果，落户门槛对农民工月收入与城市职工平均工资的差距的影响系数为－0.354，说明落户门槛越大，农民工与城市职工的工资差距越大，即农民工所受的就业与工资歧视越大。总之，提高大城市落户门槛会导致农民工收入与城市职工收入差距扩大，农民工所受的就业与工资歧视变大，不利于其子女随迁。

(4) 落户门槛影响农民工子女随迁的路径分析：表 2-7 中的回归 4 是同时考虑了公共服务路径和农民工收入路径的模型回归结果。总体来看，各变量的平均边际效应与回归 1～3 相比变化较小，说明路径分析模型的估计结果具有一定的稳健性。综合考虑公共服务的直接作用和落户门槛的调节作用后，只有 18.87%的样本城市公共服务对子女随迁是拉力作用，这说明绝大部分样本城市由于户籍制度的影响，其教育公共服务对子女随迁的影响是负向的。城市医疗公共服务对子女随迁的综合作用也是如此，只有 41.51%的样本城市对子女随迁是拉力作用。

最后简单讨论控制变量的影响结果，限于篇幅未在表格中列出。农民工的年龄、受教育程度、务工经验以及是自我经营、配偶随迁、有长期居住意愿和“单子女家庭”对农民工子女随迁的影响效应是正向的，表明农民工阅历越丰富、可用来照顾小孩的时间和精力越多、定居意愿越强以及携带子女抉择的心理压力越小，越可能携带子女迁移。流动距离、老家中有老人、周务工时间、工作的不稳定、子女小学适龄和子女初中适龄对农民工子女随迁的影响效应显著为负，表明迁移成本大、老家中有人照料、自身照顾子女的精力不足、缺乏稳定的收入来源以及子女对城市的适应能力减弱，会不利于子女随迁。农民工是男性的影响为负，可能是因为男性不擅长照顾孩子，也可能与抽样有关，由于进城务工者以男性居多，被访者是女性的家庭更可能是举家迁移。少数民族农民工携带子女迁移的概率更大，可能是因为少数民族家庭更倾向举家迁移。子女的性别对其随迁选择没有显著影响，说明在农民工子女随迁决策中可能没有性别歧视。

表 2-8 大城市落户门槛影响农民工与城市职工的收入差距的回归结果

变量名	(5)	(6)	(7)	(8)
	所有农民工	落户门槛	第一代农民工	第二代农民工
落户门槛	−0.295***	−0.066***	−0.278***	−0.316***
	(0.009)	(0.003)	(0.015)	(0.011)
其他控制变量	已控制	已控制	已控制	已控制
F 值	987.29	805.18	403.40	615.41
Adj R-Squared	0.193	0.198	0.192	0.202
样本量	53 591	42 482	21 999	31 592

注：***、**、*分别表示1%、5%、10%显著性水平，括号内汇报的是标准误。该模型的其他控制变量与农民工子女随迁模型的其他控制变量不同，包括农民工的性别、年龄、是否少数民族、受教育程度、务工经验、是否自我经营、周务工时间、从事行业类型。

2. 稳健性检验

为验证农民工子女随迁模型估计结果的稳健性，本节从解释变量测量和样本变化两个方面，考察上述研究结论的稳健性。

第一，更换解释变量的测量。更换的变量包括落户门槛变量和城市教育公共服务变量。对于落户门槛变量，利用吴开亚和张力计算的落户门槛指数替换①。对于城市教育公共服务变量，在计算中剔除了普通高等学校因素，仅用小学、普通中学和中等职业教育的生均教师数主成分得分值来衡量，这使得对16岁以下的子女更有针对性，故可用来检验结果的稳健性。

第二，更换子女样本。对于“多子女家庭”，筛选出年幼子女作样本，并将其与全部“单子女家庭”一同构成总样本，考察前述结果是否具有稳健性。

稳健性检验估计得到的结果分别如下页表 2-9 中回归(9)～(11)所示，通过对比表 2-9 与表 2-7 的结果可以发现，无论是替换落户门槛变量，还是替换

① 吴开亚计算的落户门槛仅针对全国41个大城市，再剔除常住人口小于100万的城市，稳健性检验的样本城市为37个。引自：吴开亚，张力．发展主义政府与城市落户门槛：关于户籍制度改革的反思[J]. 社会学研究，2010，25(6)：58-85＋243

城市教育供给变量，抑或是将年长子女样本更换为年幼子女样本，稳健性检验模型的估计结果与之前路径分析结果大体一致，说明路径分析模型的估计结果具有较强的稳健性。

表 2-9 稳健性检验

变量名	(9) 落户门槛 _ 吴	(10) 城市教育 _ 中小学	(11) 年幼子女
落户门槛	−0.064	−3.670***	−6.232***
	(0.048)	(0.806)	(0.285)
教育	0.118***	2.389***	1.867***
	(0.033)	(0.263)	(0.175)
医疗	0.252***	0.608***	1.181***
	(0.024)	(0.139)	(0.068)
落户门槛×教育	−0.070***	−12.049***	−10.522***
	(0.013)	(1.384)	(1.009)
落户门槛×医疗	−0.163***	−1.585*	−4.983***
	(0.050)	(0.817)	(0.278)
农民工月收入	0.051***	0.045***	0.041***
	(0.004)	(0.004)	(0.004)
其他控制变量	已控制	已控制	已控制
Chi^2	6 895.57	8 993.01	8 889.14
Pseudo R^2	0.225	0.241	0.241
样本量	43 474	53 591	53 591

注：***、**、*分别表示1%、5%、10%显著性水平，括号内汇报的是标准误。

五、模型拓展：大城市落户门槛影响农民工子女随迁的异质性分析

上述模型的前提是假定所有农民工家庭对城市公共服务和收入等具有相同偏好，所以，计算的结果只是落户门槛、城市教育公共服务、城市医疗公共服务和农民工收入等变量影响子女随迁的平均效应。然而，不同人口特征的农民工及其家庭成员对城市教育和医疗服务以及收入可能具有不同需求，

因而对落户门槛的响应也不同。刘传江和徐建玲①、董延芳等②、宋月萍和谢卓树③发现农民工留城意愿和子女随迁行为在第一代和第二代农民工之间、不同年龄阶段的农民工子女之间存在显著差异。因此，考虑第一、第二代农民工对收入、城市教育和医疗服务的需求是否不同，落户门槛对其子女随迁的影响是否存在差异？落户门槛对不同年龄阶段的农民工子女随迁的影响是否也存在差异？

1. 分第一代和第二代农民工

本节首先考察第一代和第二代农民工的子女随迁受大城市落户门槛影响的差异④。结果如下页表 2-10 中回归（12）和回归（13）所示，各变量的影响方向与总样本一致，说明第一代农民工与第二代农民工的子女随迁受落户门槛的影响不存在根本上差异。但其中有三个特点值得指出：一是农民工子女随迁受城市教育公共服务的拉力作用在第二代农民工样本中更大，这可能是因为第一代农民工在落户门槛既定下的留城意愿更小，年龄大时会选择返乡劳动和生活，更可能通过汇款支持子女在家乡接受教育，对子女是否在该城市接受教育不在决策的优先考虑范围之内，而第二代农民工拥有不同的城市认同感和生活期望，对落户门槛的敏感度更低，对子女获得城市优质教育公共服务更优先考虑；二是农民工子女随迁受城市医疗公共服务的拉力作用在第一代农民工样本中更大，这可能是因为第一代农民工年龄较大，面临的健康风险也更大，所以对子女是否能获得城市优质的医疗公共服务更优先考虑；三是落户门槛对城市教育公共服务和城市医疗公共服务的拉力作用的限制，也表现为前者在第二代农民工样本中更大，后者在第一代农民工样本更大。表 2-8 的回归 7 和回归 8 是农民工收入差距方程的估计结果，结果表明落户门槛对第一代农

① 刘传江，徐建玲．第二代农民工及其市民化研究[J]．中国人口·资源与环境，2007(1)：6-10

② 董延芳，刘传江，胡铭．新生代农民工市民化与城镇化发展[J]．人口研究，2011，35(1)：65-73

③ 宋月萍，谢卓树．城市公共资源对农村儿童随迁的影响[J]．人口研究，2017，41(5)：52-62

④ 本文以 1980 年为界限划分第一代和第二代农民工，将样本分为年龄大于 35 岁和小于等于 35 岁两个样本。

民工和第二代农民工的月收入均存在负向作用，且两者所受的作用差异较小。结合回归 12 和回归 13 的结果发现，落户门槛在农民工收入路径上会降低第一代和第二代农民工子女随迁概率，这一结果也与总样本一致。

2. 分不同就学年龄阶段的子女

本节接下来考察不同年龄阶段农民工子女的随迁行为受大城市落户门槛影响的差异。结果如表 2-10 中回归（14）～（16）所示，各变量的影响方向与总样本一致，不同的是，随着子女年龄增大，城市医疗公共服务的影响效应、城市医疗公共服务与落户门槛交叉项的影响效应也在增大，说明子女随迁受城市医疗的拉力作用和落户门槛影响城市医疗获得的限制作用在不断增大。这可能是因为对于年龄较大的子女，其父母的年龄更大，对健康风险的认识度更高，因而对城市医疗的获得更重视。农民工家庭对城市教育公共服务的需求没有表现出与年龄增长一致的趋势，小学适龄阶段子女受城市教育的拉力作用最大，初中适龄阶段子女受城市教育的拉力作用最小，落户门槛对城市教育公共服务影响的限制作用也表现为同样的关系。这可能一方面是由于子女进入就学阶段，父母对子女在城市接受优质教育更为重视；另一方面是由于升学考试制度影响了农民工子女中学上学地点的选择。

表 2-10　大城市落户门槛影响农民工子女随迁的个体异质性

变量名	(12)	(13)	(14)	(15)	(16)
	第一代农民工	第二代农民工	未就学	小学适龄	初中适龄
落户门槛	−6.856***	−5.951***	−2.067	−4.700***	−5.145***
	(0.421)	(0.408)	(1.306)	(1.586)	(1.491)
教育	1.209***	2.098***	2.296***	2.729***	1.869***
	(0.272)	(0.234)	(0.452)	(0.401)	(0.554)
医疗	1.302***	1.088***	0.237	0.844***	0.909***
	(0.104)	(0.091)	(0.229)	(0.256)	(0.267)
落户门槛×教育	−6.788***	−11.654***	−11.655***	−13.602***	−9.434***
	(1.567)	(1.335)	(2.381)	(2.128)	(2.910)
落户门槛×医疗	−5.900***	−4.428***	0.148	−2.547*	−3.384**
	(0.428)	(0.369)	(1.362)	(1.484)	(1.588)

续表 2-10

变量名	(12) 第一代农民工	(13) 第二代农民工	(14) 未就学	(15) 小学适龄	(16) 初中适龄
农民工月收入	0.039***	0.048***	0.046***	0.041***	0.045***
	(0.006)	(0.005)	(0.006)	(0.006)	(0.008)
其他控制变量	已控制	已控制	已控制	已控制	已控制
Chi^2	3 858.16	5 186.10	2 907.48	3 956.04	2 240.69
Pseudo R^2	0.249	0.242	0.255	0.247	0.233
样本量	21 999	31 592	18 598	22 637	12 356

注：***、**、*分别表示1%、5%、10%显著性水平，括号内汇报的是标准误。

六、结论与启示

本节利用2015年“国家卫生健康委中国流动人口动态监测调查数据”与《中国城市统计年鉴2015》的城市教育供给、城市医疗供给和城市职工平均工资数据，以及刘金伟计算的落户门槛指数，研究并发现大城市落户门槛提高会降低农民工子女随迁的概率，这种限制作用通过城市公共服务和农民工收入两条路径来实现。由于户籍歧视，农民工与城市职工的收入差距拉大，削弱了农民工对子女随迁的支付能力，降低子女随迁可能。同时，户籍歧视也使绝大多数样本城市的教育公共服务和城市医疗公共服务对子女随迁的拉力作用变为推力作用，在医疗方面，这种推力作用随子女年龄增大而增大，而在教育方面，小学适龄阶段子女受到的推力最大，未就学年龄阶段子女次之，初中适龄阶段子女最小。这些结论一方面证实了户籍制度是家庭化迁移决策的重要影响因素，另一方面也意味着随着大城市落户标准和条件更加严格，农民工家庭分离情况也会更加严重。

大城市落户门槛抑制了农民工对城市公共服务的需求，并在第一、第二代农民工之间有所差别。在子女随迁决策中，第二代农民工与第一代农民工相比，更加优先考虑子女是否能够在城市获得教育公共服务，而对获得城市医疗公共服务考虑得较少。在改革开放四十年的今天，第一代农民工日渐老去，农民工家庭对城市医疗服务的需求逐渐加大，第二代农民工群体的壮大，农民工家庭对城市教育服务的需求也正在加大，随之而来的，大城市落户门槛通过影响城市教育和医疗服务的获得产生的限制作用会越来越大，农民工群体可能会面临更为严重的家庭分散、骨肉分离的问题。若要改善农民工家庭分离状态，户籍制度改革便是一道绕不过去的坎，而改革的根本在于缓解或消除由户籍制度带来的公共服务歧视和就业歧视。这就要求大城市必须提高有效公共服务供给水平，营造宽松的就业环境，适应城乡居民对大城市公共服务和就业的需求，也要求必须加快合理配置城乡基本公共服务资源的脚步，完善社会保障体系，并有针对性地填补农村公共服务供给缺口。

第三节　农村"空心化"与乡村产业发展[①]

一、乡村振兴与农村"空心化"

"三农"问题是事关国计民生的关键问题，如何解决好"三农"问题，是全党工作的重中之重。党的十九大报告提出了乡村振兴战略，要求坚持农业农村优先发展，按照"产业兴旺、生态宜居、乡风文明、治理有效、生活富裕"的总要求，加快推进农业农村现代化。乡村振兴不仅是建设美丽乡村、全面建设小康社会的重要基础，也是实现中华民族伟大复兴的重要组成部分。

改革开放以来，随着城市化、工业化进程的加快，城乡二元结构下一些农村先后出现了"空心化"问题，其带来的不利影响不仅导致农村精英人才的急剧减少、农村住房大量空置、农村公共服务有效需求意愿降低，更可能引起农村传统文化消失、乡村社会治理水平下降甚至自然村落衰败消亡等[②]，因此，如何破解农村"空心化"的发展困境是实现乡村振兴战略的重要环节。

关于农村"空心化"的内涵界定在学术界主要存在三种观点：一是从地理学或建筑学的角度研究聚落空间上的变化规律，农村"空心化"形成的原因是农户宅基地普遍"建新不拆旧"或进城等引发的"人走屋空"，农村空间

① 本节作者赵培芳(中国农业大学经济管理学院)

② 郭晓鸣．乡村振兴战略的若干维度观察[J]．改革，2018(3):54-61

布局“外扩内空”现象严重。二是从农村人口外流角度研究村庄的发展生态、认为农村“空心化”是农村青壮年劳动力大量外出务工，导致农村常住人口多是妇女、老人、儿童等弱势群体。三是农村发展动力的“空心化”。认为支撑乡村可持续发展和文明转型的资金、技术、知识、人才和需求等资源大量流失导致乡村治理手段严重缺乏，进而使乡村发展陷入困境①。陈家喜、刘王裔②认为农村空心化不能简单理解为农村人口减少的社会现象，而是在我国市场化、工业化与城市化的驱动下，农村人口外流所导致的农业生产、农村经济、社会管理、公共服务、基层民主乃至社会心理等方面出现的迟滞、弱化与退化现象。

关于如何应对农村“空心化”问题，有学者提出中国的大多数空心化村庄发生在乡镇企业缺乏的地区③，农村“空心化”的本质是农村经济机会的缺乏或是农村产业的缺失。因此，农村只有推动产业发展，实现产业兴旺，吸引人才集聚，村庄才会焕发活力④，也有学者认为实现农村劳动力从“候鸟式”迁徙转向家门口的“就业路”和“致富经”，能够从根本上避免农村的“空心化”⑤。

与已有研究不同的是，此次调研的S村，并没有发生大规模的本地村民跨县、跨省流动，因村内有发展相对完善的乡镇企业，本村劳动力可以实现家门口就业。然而S村仍不可避免地面临着持续的老龄化、“空心化”以及农村环境恶化等衰落凋敝的处境。对此，笔者尝试从多个角度探究引起S村“空心化”的深层次原因。笔者认为农村“空心化”问题不仅与城镇化的迅速推进相关，而且与农村基础设施落后、子女教育问题以及社会风俗等因素紧

---

① 徐勇．挣脱土地束缚之后的乡村困境及应对——农村人口流动与乡村治理的一项相关性分析[J]．华中师范大学学报(人文社会科学版)，2000，39(2)：5-11

② 陈家喜，刘王裔．我国农村空心化的生成形态与治理路径[J]．中州学刊，2012(5)：103-106

③ 刘永飞，徐孝昶，许佳君．断裂与重构：农村的“空心化”到“产业化”[J]．南京农业大学学报(社会科学版)，2014，14(3)：16-22

④ 赵毅，张飞，李瑞勤．快速城镇化地区乡村振兴路径探析——以江苏苏南地区为例[J]．城市规划学刊，2018(2)：98-105

⑤ 钟震颖．空心村问题的形成机制及其治理对策——基于农村劳动力转移的视角[J]．武汉理工大学学报(社会科学版)，2015，28(4)：696-699

密相关，推进乡村振兴不仅要推进乡村产业经济发展，更要注重乡村的全方位发展，才能留住人才，实现乡村振兴。

二、S村的产业发展

S村所隶属的D县在1999年被国家授予“中国锻造之乡”荣誉称号，是全国乃至亚洲最大的法兰产品生产基地之一。全县有锻压企业632家，从业人员近两万人，生产的法兰产品远销30多个国家和地区，年出口量7.6万吨，占全国出口总量的70%。S村位于D县东部，全村有农户479户共1 384人，耕地面积3 420亩，属半坡丘陵地，种植作物主要为玉米，一年一季，亩均收入1 000～1 500元，户均7亩，大多数家庭以非农收入为主。因S村村内有3家规模较大的锻压企业，村内劳动力一般不需要背井离乡就可获得相对可观的务工收入。据统计，全村60%的劳动力直接或间接从事与锻压业相关的工作，工资收入一般在3 000～7 000元/月，家庭中老人主要从事农业生产获得农业收入，这种典型的“以代际分工为基础的半工半耕”家计模式保证了家庭较高的经济收入水平。已有研究认为农村产业发展滞后和农村劳动力外出务工是造成农村“空心化”的原因，但S村虽然没有这两方面的困境，却依然面临着农村“空心化”以及农村凋敝等问题，对此，下面就引起S村“空心化”的其他原因进行分析。

三、农村“空心化”的原因分析

1. 子女教育——撤村并校的后遗症

S村初高中在“撤点并校”的政策影响下被裁撤合并到离S村6公里外的Z村，保留了小学（学龄期）教学点，无学前教育或幼儿园（学龄前期）教学点。考虑到子女的长远教育，只有家庭特别贫困的家庭才会选择在当地就读，目前在S村就读仅有5人左右。一般经济能力尚可的家庭通常会在孩子3岁半至4岁的时候送到离村较近、教育资源更丰富的D县私立幼儿园学习，到了6岁的时候直接选择在县城就读小学，初高中也不会选择再返回Z村，由于孩子年龄较小不可避免地面临自理能力差、生活需要照顾等问题，很多孩子的家长不得不跟随孩子到县城租房甚至买房陪读。“撤点并校”对村民子女的教育产生直接影响，在一定程度上影响了村落文化和村落的凝聚力，加速了村民向城市迁移以及农村“空心化”的过程。

2. 男婚女嫁——婚姻中的“丈母娘需求”

对于多数农村家庭来说，为儿娶媳是一个家庭上下两代人共同奋斗的重要目标。S村传统上存在生男偏好的习俗，长此以往造成了男女数量的不平衡，同时本村在外打工或受过教育的女性通常都会选择外嫁成婚而不会返回农村，在失衡的婚姻市场中女性占据绝对优势，从而取得了婚姻市场的要价权。具体表现为，女方在选择结婚对象时可以向男方及其父母提出过高的物质条件，这也导致S村彩礼近年来增长速度越来越快。据调查，男方的婚姻支付一般包括现金以及礼品，近十年间S村的彩礼金额不断飙升，从2008年4万元涨到2018年的16万元以上，同时还增加了对房屋、汽车等的附加条件，婚房由原先只要求在农村建新房逐渐变为男方至少在县城购买商品房，县城逐渐演变为农村年轻一代主要的生活居住地。

3. “去农文化”——潜移默化的影响

2018年3月，山西省忻州市五寨县一位乡长发表了《乡村振兴，该来一场思想大讨论了!》，提出农村“深入民族灵魂的‘去农文化’，让农民脱离农村的信念如宗教般虔诚”①。S村也存在类似的“去农文化”，农民通过多代的奋斗努力，不遗余力地将子女送到城市，子女进城就是家族的出人头地，“再也不用在农地上受苦”成为老一辈最大的愿望，潜移默化中农村子弟以进城为荣，认为“生活在农村是丢面子的事”。然而，农村子弟在城市立足买房面临巨大的经济压力，往往还得依靠农村父母的接济。父母一辈往往是前20年给自己奋斗住房，后20年为子女奋斗购房，几代人的积蓄投入高价的城市房产市场，降低了农村父母的生活质量。

4. 生活环境——农村基础设施的落后

农村人居环境的恶化也成为青壮年劳动力向城市转移的重要推力。在S

① 任盛宇，一个基层乡长对乡村振兴的深度思考和肺腑之言！[EB/OL]. http://www.sohu.com/a/299507851_159202，2019-03-16

村，乡村道路、环境卫生、用水安全等均面临着不同程度的困境。S 村硬化道路修建于 2007 年，经过十几年使用，村内道路已严重破损，崎岖不平，下雨泥泞难行；在用水方面，S 村曾经地下水质破坏严重，村民只能去邻村拉水，生活用水极不方便；在环境卫生方面，S 村并没有设置专门的环保点，生活垃圾、餐余垃圾、建筑垃圾、工厂垃圾等随处倒放无人清理，堆积如山的垃圾不仅引来苍蝇蚊虫，也恶化了人居环境，降低了村民的生活质量。

四、“空心化”后的村庄，何以可为？

本节调研的 S 村尽管有产业支撑，能够为当地居民提供一定的经济保障，但也不可避免地面临着农村“空心化”问题，S 村青壮年劳动力在一系列因素影响下形成了“工作在农村，生活在县城”的格局，他们被动或主动地享受着城市丰富的公共资源，并逐渐演变为家乡的“过客”。和其他空心村一样，S 村农村人口外流也引起了农村整体经济社会功能综合退化，劳动力参与农村基层政治事务不积极，乡村治理水平下降，村内传统文化逐渐消失，村内公共服务滞后，老年人封建迷信兴起等现象时有发生。不可否认的是，从世界各国历史发展趋势看，发达国家在经济发展过程中都先后遇到城市兴旺而农村衰落的现象，很大程度上我国经济转型发展也不可避免地需要经历这些阵痛，但合理的制度安排和政策设计，将有助于减少这种代价的付出。

依据 S 村案例调研，可以发现造成农村“空心化”不仅仅是农村产业的缺失和农业经济机会的缺乏，而是多种因素综合的结果，如农村子女教育、婚姻市场的购房条件、根深蒂固的“去农文化”以及农村基础设施的落后等因素均促成新一代劳动力的生活重心向城市转移。因此，实现乡村振兴，不仅需要注重农村经济建设，还需推进农村全方面多元化发展，补齐农村基础设施和公共服务存在的短板，改善农村人居环境，加强乡村文化建设，强化村民的归属感和返乡创业的荣誉感。

第四节　让人才成为筑梦新农村的源动力[①]

人才振兴是乡村振兴的关键所在，但是越来越多的农村人选择离开农村，去城市生活。只有留住了人，留住了人才，才能让乡村更好地发展。我们在发展农村事业的历程中，应该始终遵循以人为本的原则，关注农民的需求，把解决农民的问题放在第一位，为广大农村人口创造他们喜欢的生活、热爱的事业。

一、农村人口减少的原因

我国农村人口正在逐年减少，且老龄化日益严重。越来越多的年轻人选择外出打工，年长的人留在家中务农已经成为许多农村家庭的常态。这种情况的发生主要有以下几个原因。

（1）生活条件问题。农村的生活条件与城市相比有一定的差距。农村的住房以平房为主，没有下水道，也缺乏垃圾的分类和处理。随着经济的发展，许多农村家庭也安装了空调，但夏日蚊虫的叮咬、冬日传统的供暖都是亟待解决的问题。况且，农村缺乏娱乐设施，消费购物不便，对年轻人缺乏吸引力。

（2）事业发展问题。务农这份事业，无法给一个家庭带来足够的收入。据统计，一亩玉米的净收入约为400元，一亩水稻的净收入为800元左右，一亩小麦的净收入仅为300多元。若是有自然灾害，很可能一年的辛勤劳动化成泡影。因此，许多农村人都说，种地一年不如打工一月。依靠传统种植方式的农民的口袋很难真正鼓起来。外出打工虽然辛苦，但收入却相对稳定。

（3）医疗保障问题。广大农村医疗资源普遍短缺也是亟待解决的问题。农村人口看病难、看病贵的问题没有从根本上得到解决，农村医疗水平的落

① 本节作者刘文君（中国农业大学经济管理学院）。

后，就医观念的落后，使得农村群众的健康得不到保障，也成为年轻一代“背农”的一个重要原因。

(4) 教育子女问题。越来越多的人为“寒门难再出贵子”而感到担忧，现在的教育不仅仅看考试成绩，综合素质越来越重要，然而由于教育资源的不平衡，经济条件好的家庭往往更注重孩子的教育，而贫困的家庭只能解决孩子的温饱。许多农村孩子，别说兴趣班，甚至连课外书都很少读过。这样的差距，使得农村的孩子越来越难像城市里的孩子一样全面发展。他们要想读一个好的大学，往往要比城市里的孩子付出更多的努力。因此，为了孩子的教育，许多农村父母选择在城市中打拼，让孩子在城里上学。

二、让农村留住人的方式

要想建设农村，就要留住人。要想留住人，就必须从根本上改善农民的生活。

1. 改善农村的居住环境

要为农民创造更好的生活环境和配套设施。许多农村的老房子都已经年数过长，规划不合理，也存在安全隐患。重新规划住宅生活区和种植区，让农民住上更舒适的房子，可以增强农民的幸福感。垃圾的集中处理，厕所的改造，能使农村生活环境更加宜人。煤改电、煤改气和新能源的利用相对于传统的散煤和燃烧木柴更加安全和清洁。在有条件的情况下，可以规划布局设立大型超市、健身场所等。国家应当加大假冒伪劣食品的打击力度，重点整治农村和城乡接合部的假货，让农民吃得干净，吃得放心。

2. 提高农民的收入水平

习近平总书记强调，检验农村工作实效的一个重要尺度，就是看农民的钱袋子鼓起来没有。要想留住人，农民收入水平的提高就不能单纯依靠外出打工，而应当大力发展本地产业。发展农业农村经济要因地制宜：一是实现批量生产和统一管理。引导和鼓励农民成立农民合作社，使农业生产走向企业化，更好地提高生产力，提升农产品的附加值和销售量。二是拓宽思路和因地制宜。在城市的边缘地带，可以发展旅游农业。除了传统的农作物种植以外，可以尝试种植一些有机蔬菜、有机水果或进行生态养殖。三是加强培训促科学发展，用更先进的技术提高种植效率可以提高农民的收入。大多数农民需要培训，通过培训，可以让农民掌握更先进的种植方法和技术，提高种植效率和收入水平。另外，网络的发达可以增加农产品的销量，减少中间环节，增加农民收入。

3. 提高农村的医疗水平

习近平总书记指出，没有全民健康，就没有全面小康。以前，大多数农民都舍不得看病。因为他们深知赚钱的不易，小病不用治、大病没钱治是很多农民家庭的普遍情况。新型农村合作医疗改变了这一情况。应推动医疗卫生工作重心下移、医疗卫生资源下沉，推动城乡基本公共服务均等化，为群众提供更为安全有效方便廉价的公共卫生和基本医疗服务，加大面向农民的宣传和教育，报销等环节简化手续，将更多的药物纳入医保报销目录，真正减轻农民群众看病负担。

4. 提高农村的教育水平

只有让孩子能够在农村接受良好的教育，家长才能安心地在农村开展自己的事业。首先，老师是孩子教育的启蒙者。要鼓励年轻教师到农村任教。给予优厚的政策支持，让年轻教师留得住，给农村教育带来希望。其次，要建立好配套措施。城里有的，农村也不能少。宽敞明亮的教室，干净的校园，塑胶的操场，配套的硬件措施，电脑，多媒体教学，要让孩子在良好的氛围中学习。再次，要提高现有乡村教师的水平。通过对乡村教师的培训、交流，提高老师的眼界和教学能力，为农村孩子的教育打下更好的基础。

山美、水美、人美的生态新农村离不开勤劳智慧的广大农村人民的建设。只有为他们创造更好的条件，让他们心甘情愿地留下来，投身建设自己的家乡，才能真正将绿水青山变成金山银山。

第五节 “富人治村”引领乡村发展[①]

随着改革开放的深入和市场经济的深化，私营经济得以迅速发展壮大，从而涌现出一批具有商业头脑、精通管理知识并且具有超凡经营能力的“富人”。这些“富人”是改革开放中的先富人群。当“富人”参与到了农村基层治理体系中时，其往往能够凭借强大的经济基础和先进的治理观念脱颖而出，成为村民们拥戴的对象，顺利当选村干部或致富带头人。可以看到，“富人”正逐渐成为农村基层政治舞台上的重要力量，“富人治村”的村民自治格局在局部地区已经形成。“富人治村”成为引领乡村发展的新模式，带领乡村步入加速振兴的新篇章。笔者利用寒假返乡的机会，与家中老人进行了详细交流，初步了解了老家所在村庄基层权力机构的组成人员及其经济状况，对“富人治村”的概念有了初步的体会与感悟。

一、什么是“富人治村”

在现实农村生活中，我们通常使用的“富人”概念是“由主要使用自有的生产资料和家庭劳动力，从事某项专业劳动或自主经营小型工商业的村民所组成的社会群体”[②]。“他们是土生土长的农村人，但又基本脱离了传统农业的生产方式，属于新型农民群体，他们又被俗称为经济能人或‘先富能人’。”[③]

这些“富人”虽然生于农村，但却较少从事农业生产，转而设立工厂、开办企业。即使从事农业生产，也追求规模化生产与统一管理，与以往的一家一户的小农生产有较大区别。因此，有学者认为“从构成上看，经济能人主要由农村私营企业主、乡镇集体企业管理者、农业专业大户等几部分人组成”[④]。综

① 本节作者王伟达(中国农业大学经济管理学院)。

② 唐俊．能人富人治村现象研究[D]．苏州大学，2008

③ 樊平．“富人治村”两面观[J]．人民论坛，2009(2)：36-37

④ 岳春宇．农村基层党建视阈下的“经济能人治村”现象分析[J]．河北青年管理干部学院学报，2017，29(2)：24-27

合上述分析，本节中的“富人”可定义为出生于农村，但并未从事传统农业生产，而是凭借着自身超凡的头脑与敏锐的眼光，在改革开放的背景下与市场经济的洪流中，以自身能力为基础，以国家政策为保障，以社会资源为依托，敢闯敢干并取得较大成功的企业家或企业管理者。

二、为什么要“富人治村”

“富人治村”能够在农村发展中发挥积极作用，主要因为它具备多方面的基础，具体如下。

1. 群众基础

农村基层民主的关键在于村民自治。村民自治就是要让广大农村居民更多地参与到村庄治理工作中来，自觉自愿地追求自己的幸福生活。众所周知，村民自治的核心是“四民主”，即民主选举、民主决策、民主管理与民主监督。推行村民自治就是在推动“四民主”不断落到实处。可以说，“富人”在民主选举的过程中具有天然的优势。其一，政治优势。村民民主选举的内在逻辑很简单：哪个候选人能够为村民带来更大的利益，能够带领大家共同致富，就把票投给谁。在这种选举逻辑下，“富人”的强大经济基础为其治理村庄提供了天然的合法性来源。村民们会认为本身富裕的人必定是致富能力强的人，选“富人”当村干部自己更有可能获益。因此，“富人”的经济优势自然而然地转化为了政治优势。其二，道德优势。村干部虽然游离于国家行政干部体制之外，但其权力仍然不可小觑。权力极易导致腐败，绝对的权力导致绝对的腐败。因此，权力需要监督。然而在当下，村干部的权力往往难以得到有效的监督与制约。笔者于2018年暑假在安徽省巢湖市中埠镇就农业生产托管状况进行了调研。在调研过程中，部分村民认为村干部权力过大，且缺乏有效制约。在农村干群矛盾由来已久的情况下，“富人”的财富无疑为其提供了独特的权力约束机制。村民们普遍更愿意相信“富人”干部是廉洁的干部，是素质高的干部，因为他们拥有足够的财产与身家，没有必要侵占村庄拨款与公共资源。同时，“富人”干部本身也会囿于“富人”的身份而规范自身的一言一行。这样一来，“富人”的经济优势在无形之间就转化成了道德优势。在这些优势的相互作用下，“富人”赢得了广泛的群众基础。

2. 政策基础

随着改革开放在农村的不断深化，党中央提出了“双培双带”工程。其主要内容是把党员培养成致富带头人，把致富带头人中的先进分子培养成党员。目的就是要把农村的党建工作与经济建设工作结合起来，协同推进。从这个角度来看，农村需要的带头人可以理解为“先进富人”。这些“先进富人”既具有致富本领，政治理论水平又十分过硬，在思想上能够自觉向党中央靠拢，追求上进。由于其能力超群，因此在落实上级指示的过程中不马虎、不含糊。由于其实力雄厚，因此在遇到硬骨头时不退缩、不推诿。在实践过程中，“富人治村”模式正逐渐被广大干部群众所接受。

三、“富人治村”的积极意义

1. 带领村民致富

乡村振兴战略的五个具体路径分别是：推动乡村产业振兴、乡村人才振兴、乡村文化振兴、乡村生态振兴和乡村组织振兴。推动乡村产业振兴的首要任务是发挥龙头企业的引领作用，而这些龙头企业的管理者和负责人在很大程度上可以看作“富人”。当这其中的一小部分人参与村庄治理时，其所带动的产业资源优势是相当可观的。他们不仅可以将手下的企业引入村庄，更可以利用手中的人脉资源，在招商引资中为村庄争取到更多的项目与资金，促进三产融合，推动产业振兴，从而带领村民共同致富。

2. 优化资源配置

“富人”在管理企业的过程中形成了许多科学的管理理论，具有较为成熟的管理经验。在商界的历练使得他们眼界开阔且心思缜密，在选人用人、调配资源方面积累了许多经验，这无疑为其主政村庄奠定了坚实基础。在以往，村干部做决定爱“拍脑门”。“脑袋一热”“眼睛一红”，不管三七二十一就猛干一番，缺乏全局观念和大局意识，到头来往往造成浪费公共资源、浪费群众感情、浪费村民信任的“三浪费”局面。而“富人治村”，村干部在配置资源时，会自然而然地从资源配置最优化角度出发思考问题，从全局出发解决问题。由此，村庄的资源配置结构在村干部一次又一次的缜密安排下，会逐渐趋于合理。

3. 维护农村稳定

“富人”是村民的熟人，在村民中普遍拥有较高的威望。这种威望不是淫威，而是一种基于对才能与财富的羡慕而认为其地位较高的合理化判断。类似于以德服人，“富人”是以“能力”服人。一方面，“富人”作为村民的熟人，在开展工作时具有得天独厚的优势。上级领导若直接对村民安排任务，其阻力可想而知。但经过熟人的判断和“传声”，事情就会顺利很多，群众的意见也会小很多。另一方面，“富人”依靠其天然的权威，在村民中具有较高的话语权，在遇到突发情况时能够迅速掌控局面，平息事态。日常工作讲方法，特殊情况讲手段，“富人治村”在维护农村稳定与健康发展方面起到了重要作用。

四、“富人治村”的消极影响

1. 民主形式化

“富人”自身是被村民通过民主选举的方式选拔上来的，但一旦“富人”真正掌权，又有可能忘记初心。如上文所述，村民自治的核心是民主选举、民主管理、民主决策和民主监督。面对选举，“富人”很可能会谋求连任。在拉票时，难免会用金钱左右村民们的意志，形成“贿选”局面。在管理村庄时，“富人”很少会去耐着性子和村民们讨论。在他们眼里，有可能认为村民与他们素质不同、层次不同，认为“夏虫不可以语冰”，讨论是没有意义的。做决策时，“一言堂”的现象比较突出。“富人”大多来自各企业的管理层，在企业里位高权重。他们自然而然地将这种职场地位引申成了社会地位，最终导致做决策时独断专行、刚愎自用。此外，权力监督机制依旧缺乏。虽然财富在某种程度上可以对权力起到约束作用，但仍然无法称作真正的监督，因为其主客体相同。“富人”拥有财富，财富反作用于“富人”，用财富对“富人”进行道德约束看似存在合理性，实则存在诸多困难。因此，要警惕“富人治村”可能带来的农村基层民主危机。

2. 公共性消解

公共性是人的一种社会属性，是利己性与利他性的有机统一，体现了人与人之间相互依存、相互联系的基本关系。村庄具有天然的公共性。在农村，大家对彼此非常熟悉。无论大事小情，大家都可以共同商议、共同解决，每个人都能体会到切实的参与感与获得感。而当“富人”治村后，由于其地位高、话语权强，因此自然而然地成了村庄的主心骨，村民们会如众星拱月般环绕在“富人”周围。村民们治理村庄的热情会随着“富人”光环的增强而逐渐消退，村庄治理逐渐沦为村干部的私人物品。当村民们意识到自己的话语权被大大削弱后，便会减少发言次数甚至不再发言，开始当“甩手掌柜”。一方面，这是村民在意识到自己远离村庄权力核心后的无奈之举；另一方面，这也可以看作是村民对“富人”村干部能力的认可与信任。但无论处于何种动机，“富人”当政后，村民们逐渐远离村庄治理在所难免。

3. 人治的缺陷

“富人治村”的本质是人治，“富人治村”的缺陷本质上是人治的缺陷，这种缺陷大致可归纳为三点。其一，权力扩张。从权威类型来看，德国政治学家马克斯·韦伯(Max Weber) 基于权威的三种获取路径将其分为了三种类型：传统型权威、卡里斯玛型权威与法理型权威。其中，卡里斯玛型权威是指基于个人魅力所获得的权威，卡里斯玛型领导者只凭借人格魅力就足以获得选民的青睐。依托于个人权威的能人富人治理具有卡理斯玛型支配的特质①。当“富人”成了卡里斯玛型领导者后，村民会对村干部充满敬畏，听之任之，甚至会将其本人奉若神明，将其话语奉为圭臬。而这种情况必然意味着村干部实际权力扩大化、权力行使随意化的风险大大提高。其二，根基不牢。以“富人”村干部的个人魅力为基础所构建的治理能力评判体系必然是不合理的，而基于这种评判体系所形成的“富人治村”的格局也是不稳定的。当村干部成功完成任务时，村民们便会爱屋及乌，将全部功劳归功于他，对其全盘肯定。但当村干部偶尔失败时，人们则会“恨屋及乌”，将全部责任归咎于他，对其全盘否定。这种“对人不对事”的模式不仅不能对村干部的治理能力形成科学合理的评价，更有损于村干部与村民之间关系的良性发展，从而导致治理僵局的出现。其三，青黄不接。“富人”毕竟是少数，能人毕竟

① 唐俊．能人富人治村现象[D]．苏州大学，2008

也有限。“富人”能力再强，也不可能永远在村干部的位子上坐下去。因此，如何选取接班人成了“富人治村”的后遗症。可以说，“富人”提高了村干部的门槛，提升了村民们对村干部的期待，同时也拉升了群众的满足阈值。权威既然由人而生，也会随人而去。后继者与接班人往往难以满足群众期待，村干部青黄不接的现象比较突出。

五、完善“富人治村”的思路与对策

1. 建立健全相关法律法规

任何改革都需要顶层设计，农村基层民主改革也是如此。国家有关立法部门应根据农村基层民主实际情况和在实践过程中出现的问题，围绕民主选举、民主管理、民主决策、民主监督四方面，尽快出台更完善、更贴合农村实际、更符合农民利益的法律法规。这不仅是时代要求，更是农民心声。只有将权力关进制度的笼子，才能确保权力行使的正当性，才有希望真正让权力取之于民、用之于民。

2. 提高村民政治参与度

基层实践同样必不可少。毫无疑问，农村属于熟人社会。而彼此熟悉的环境会自然而然地激发出村民们表达自我的欲望。许多大事小情在群众拉家常般的你一言我一语中就得到了解决与平息。出身平凡的村干部在很大概率上会和群众打成一片，而“位高权重”的村干部则无疑会为原本一片祥和的乡村环境平添几分紧张的气息。在村干部的权威笼罩之下，村民们会逐渐变得谨小慎微、沉默寡言，“两耳不闻窗外事，一心只管打工去”的现象越发显著。在村庄逐渐由“分权”走向“集权”的情况下，提高村民的政治参与度成了当务之急。一方面，应加强对村民的政治思想理论教育。受地区、环境等因素所限，村民理论水平相对有限，政治意识比较淡薄。村党支部应在宣传党的理论政策方面下力气、花功夫，着力构建参与型政治文化氛围，让村民们学起来、做起来、“活”起来。另一方面，应继续大力实施乡村振兴战略。经济基础决定上层建筑，村民们的物质生活水平越高，对精神生活的追求就越强。经济生活和政治生活都是社会生活的重要组成部分，二者相辅相成，缺一不可。因此，提高政治理论水平的核心在于提高物质生活水平，提高物质生活水平的核心在于落实乡村振兴战略。要内外结合、双管齐下，让村民敢于议政、乐于议政、善于议政，全面提高民众政治参与度。

3. 逐步实现依法治村

马克斯·韦伯认为法理型权威是最为稳定的权威形式。在法理型权威中，统治者的权力源于制度和法律而非自身，被统治者也只服从于制度和法律而非统治者。法律具有天然的权威性和稳定性，依法治村的首要任务就是制定出符合村民根本利益和农村社会发展规律的法律制度。在有法可依的基础上，要进一步发挥基层党组织和各村民自治组织的作用，科学选人、合理用人，为广大农村输送素质高、视野广、立场坚定、思想过硬的领导人才，逐步增强全体村干部的法治观念，增强其法律意识，为全面实现依法治村奠定坚实基础。

六、小结

乡村振兴对于我国既是机遇也是挑战，而生活在乡土上的人们是振兴这片土地的基石。只有乡里乡亲们在物质条件和精神层次上都富足充实了，农村才能实现真正的小康社会。“富人治村”是一个开始，就像改革开放时期提出的“先富带动后富，最终实现共同富裕”一样，这些“先富能人”利用自身优势，结合乡村实情，开拓进取、勇攀高峰，才能多点开花、由点及面，将小康的春风吹进农村大地的每一个角落，才能克服挑战、把握机遇，携村民共建社会主义新农村。

第六节　农民工能否在城市“住有所居”[①]

一、农民工城市居住的困境

居住问题是关系民生的基本问题，近年来我国政府不断出台相关住房政

① 本节作者李珊珊（中国农业大学经济管理学院）、赵勇（北京城市学院）、李晓峰（中国农业大学经济管理学院）。

策稳定房地产市场，保证全部居民“住有所居”，农民工在城市的居住问题也一直备受关注。2016 年我国农民工的数量达到 2.8 亿人，成为城市人口的重要来源之一，他们为城市的产业发展尤其是二、三产业发展提供了源源不断的低成本劳动力，填补了建筑、餐饮、家政服务、物流、环卫等劳动密集型产业的岗位空缺。农民工人口占我国总人口的 1/5，是我国人口的重要组成部分，解决其居住问题不但有利于完善我国居住保障制度，而且也有利于提升农民工的社会融合度，加快其市民化的速度，提高其市民化的质量。

随着农民工数量增多，其在城市中的居住问题也日益凸显。目前农民工在城市居住的分布状况主要有以下三种：一是城市中以地缘为纽带的外来人口聚居区；二是城市扩张时期外来人口聚集的“城中村”；三是单位提供的宿舍或者建筑工棚①②。在农民工居住支出的影响因素研究方面，学者们认为收入水平③、年龄④、性别⑤、教育程度、家庭食品消费⑥、代际生活⑦等均会影响农民工居住支出。总体上来看，已有研究还存在如下不足：一是缺乏使用可信度较高的数据对农民工城市居住方式进行较为详细的分析；二是没有将农民工的个人和家庭居住支出分开，高估了有家属随迁的农民工月人均居住支出；三是以往文献均没有考虑农民工家属随迁以及迁移距离对农民工居住选择的影响。为进一步回答“农民工在城市居住状况怎么样？”“影响农民工居住选择的原因有哪些？”“影响农民工居住选择的因素对于当前经济形势下有哪些政策启示和参考？”等问题，本研究利用农民工居住专题调研数据，分析农民工城市居住选择现状，并通过建立计量模型分析农民工居住支出的影

① 魏立华，阎小培．中国经济发达地区城市非正式移民聚居区——“城中村”的形成与演进——以珠江三角洲诸城市为例[J]. 管理世界，2005(8)：48-57

② 任焰，梁宏．资本主导与社会主导——“珠三角”农民工居住状况分析[J]. 人口研究，2009，33(2)：92-101

③ 沈真．农民工的居住选择及其影响因素研究[D]. 上海：华东理工大学，2014

④ 孙聪，宋志达，郑思齐．农民工住房需求特征与城市住房保障体系优化——基于北京市“城中村”调研的研究[J]. 农业技术经济，2017(4)：16-27

⑤ 张智．北京市农民工住房选择行为及其影响因素分析[J].《建筑经济》，2010(3)：5-8

⑥ 龙翠红，陈鹏．新生代农民工住房选择影响因素分析：基于 CGSS 数据的实证检验[J]. 华东师范大学学报(哲学社会科学版)，2016，48(4)：46-54＋168-169

⑦ 杨肖丽，韩洪云，王秋兵．代际视角下农民工居住环境影响因素研究——基于辽宁省的抽样调查[J]. 中南财经政法大学学报，2015(4)：22-29

响因素，结合近期城市房地产市场调控政策的变化提出解决农民工城市居住问题的相关建议。

二、数据来源及描述性分析

1. 数据来源

为了准确把握农民工的居住支出状况，中国农业大学国家农业农村发展研究院课题组在2014年7月对我国农民工的城市居住状况进行了专题调研。调查的主要内容包括农民工个人和家庭的基本特征、家庭资源和环境状况、农民工打工地的月消费情况、城市居住方式及居住满意度等。本次调研共获得有效样本3 576份，除特殊标明外，本研究所使用调研数据，均来自本次调研。

调研中具体省市和行业的选择主要基于国家统计局《2013年全国农民工监测调查报告》公布的农民工地区和行业分布结构，本次调研共选取广东、浙江、山东、四川4省。考虑到不同区域的生产、生活和消费特点，在每个省（市）选取两个市（县），一个位于省会城市，另一个是农民工分布比较多的地级市或县级市。我国农民工主要集中在6大行业，2013年各行业农民工所占比例是：制造业（31.4%）、建筑业（22.2%）、批发零售业（11.3%）、居民服务修理和其他服务业（10.6%）、交通运输和仓储邮政业（6.3%）和住宿餐饮业（5.9%）。在每个市（县）按照各地的农民工行业所占比例分配样本数量。

2. 数据描述

根据调研结果，农民工主要居住方式包括：打工当地租房居住、打工单位提供宿舍、在打工当地自购房居住、住自己家里或亲友家等。在调研有效样本中，以上四种居住方式的问卷分别占42.81%、35.35%、9.60%和1.92%。为了较好地反映农民工居住情况以及方便进行深层次分析，调查问卷设计了农民工在打工地租房价格、打工单位提供宿舍、购房支出和住自己家里或亲友家同等居住条件状况折算租房价格等问题，但在打工当地自购房居住的被访问者不愿透露具体购房价格，住自己家或亲友家的被访问者折算对应的租房费与实际情况相差较大且可使用信息非常不全，本节不讨论这两种居住方式。

居住支出从总体来看，农民工月人均居住支出为344.74元①，占月人均消费的22.90%，是仅次于食品消费（32.06%）的第二大消费项目。从家属随迁情况看，单独打工农民工（含没有随迁家属的已婚者和绝大部分未婚者）月人均居住支出为454.06元，占月人均消费的22.77%；有家属随迁打工并一起生活的农民工月人均居住支出为236.53元，占月人均消费的23.1%，其居住支出明显低于单独打工农民工支出，从户均居住支出来看则显著高于单独打工者。从流动范围看，省内流动农民工人均居住支出为376.86元，占人均消费的24.01%；而省外流动农民工人均居住支出为302.34元，占人均消费的29.37%，省外流动农民工月人均居住支出略低于省内流动群体。

单看租房居住农民工的居住支出状况：租房居住农民工月人均居住支出为359.67元，占月人均消费的20.55%，是农民工第二大消费项目。从家属随迁情况看，单独打工农民工月人均居住支出为405.16元；有家属随迁打工的农民工月人均居住支出为205.28元，户均支出同样略高。从流动范围看，省内流动农民工人均居住支出409.70元，高于省外流动农民工支出309.64元。单看打工地提供宿舍农民工的居住方式：打工单位提供宿舍居住的农民工月人均居住折算支出为328.07元，占月人均消费的22.39%，同样是农民工的第二大消费项目，但由于是打工单位提供的宿舍，简易宿舍数量较多，质量相对较差。

三、居住支出影响因素分析

1. 模型分析

为分析影响农民工居住支出的因素，建立如下多元回归模型：

$$\ln rent = \alpha + \beta X + e \quad (1)$$

其中，*rent* 表示农民工月人均居住支出，由于有的农民工是单独一人居住，

① 由于在打工当地自购房的农民工居住信息缺失，住自己家或亲友家的被访问者折算对应的租房费与实际情况相差较大且信息大量缺失，此处计算的居住支出不包括这两种情况。同时，由于这两种情况所占比重较低（合计11.52%），且也不是农民工进城务工主要的居住形式，因此，计算不包括这两种情况下的农民工每月人均居住支出也基本能说明农民工居住状况。

有的是和家属一起居住，在考虑居住支出时根据人均月居住支出分析是合理准确的。为降低和消除异方差的影响，使分析更准确，采用居住支出对数的形式。X 是农民工社会经济属性向量，根据李秉勤等提出的“四个优先考虑”原则，综合问卷中所获得的信息，借鉴已有关于农民工居住选择行为影响因素的研究，选取的变量（包括农民工个人特征、家庭特征、职业状况和经济状况等方面的变量）、预期对居住支出的影响方向等见表 2-11。

以往学者研究经验表明教育程度与收入之间可能存在内生性，因此在分析之前先对这两个变量之间的内生性进行检验，结果表明教育程度与收入并没有出现内生性问题，这也验证了 Dickens 和 Lang 的结论，在次要劳动力市场，受教育年限和收入没有显著相关关系。

表 2-11 主要变量及描述性统计结果

变量名	定义	预期影响
月人均居住支出	农民工月居住支出取对数形式	
个人特征		
性别	0＝女；1＝男	－
年龄	周岁	＋
教育程度	不识字为 0 年，小学为 6 年，初中为 9 年，高中和中专均为 12 年，大专为 15 年，本科及以上为 16 年	＋
婚姻状况	0＝未婚；1＝已婚	＋
家庭特征		
家属随迁	0＝无家属随迁；1＝家属随迁	－
流动范围	0＝省内；1＝省外	?
职业状况		
流动范围	流动范围：以广东为参照，包括山东、四川、浙江	?
从事行业	行业：以制造业为参照组，包括建筑、批发零售、交运仓储和邮政、住宿餐饮、社会服务	?
经济状况		
月均收入	月均收入（元/月）取对数形式	＋
月均消费	月均消费（元/月）取对数形式	＋

注：表中数据为对调研问卷数据整理所得，其中“－”代表负向影响、“＋”代表正向影响、“?”代表影响方向不确定。

利用OLS回归方法（模型1）和分位数回归方法（模型2）识别居住支出影响因素的差异，结果如表2-12所示。

表2-12 农民工居住支回归结果

变量	模型1	模型2		
	lnrent	*lnrent* q25	*lnrent* q50	*lnrent* q75
性别	−0.030 6	−0.028 1	−0.047 0*	−0.020 8
	(0.023)	(0.032)	(0.024)	(0.029)
年龄	0.002 8**	0.001 6	0.003 7***	0.004 7***
	(0.001)	(0.001)	(0.001)	(0.001)
教育程度	0.010 8***	0.009 8**	0.009 7***	0.009 7**
	(0.003)	(0.004)	(0.003)	(0.004)
婚姻状况	−0.080 0***	−0.061 5*	−0.101 8***	−0.071 4*
	(0.033)	(0.037)	(0.036)	(0.036)
家属随迁	−0.641 3***	−0.693 2***	0.622 4***	−0.638 2***
	(0.025)	(0.029)	(0.025)	(0.027)
流动范围	−0.048 5**	−0.096 9***	−0.038 3*	−0.024 9
	(0.024)	(0.028)	(0.025)	(0.025)
打工地				
山东	0.366 2***	0.391 9***	0.452 8***	0.438 4***
	(0.032)	(0.041)	(0.027)	(0.028)
四川	0.041 6	−0.105 9***	0.009 3	0.145 5***
	(0.034)	(0.035)	(0.039)	(0.044)
浙江	−0.041 3	−0.077 3**	0.019 7	−0.004 3
	(0.028)	(0.035)	(0.030)	(0.031)
行业				
建筑业	−0.030 2	0.085 2**	−0.061 5**	−0.090 5***
	(0.029)	(0.040)	(0.026)	(0.032)
批发零售	0.313 0***	0.322 8***	0.334 6***	0.278 9***
	(0.040)	(0.053)	(0.045)	(0.050)
交运、仓储和邮政	0.151 3**	0.216 6***	0.083 0	0.060 0
	(0.095)	(0.064)	(0.063)	(0.059)
住宿餐饮	0.153 7***	0.172 8***	0.147 8***	0.056 0
	(0.037)	(0.045)	(0.045)	(0.047)

续表 2-12

变量	模型 1	模型 2		
	lnrent	*lnrent* q25	*lnrent* q50	*lnrent* q75
社会服务	0.303 8***	0.308 6***	0.277 7***	0.268 4***
	(0.044)	(0.060)	(0.060)	(0.059)
月均收入取对数	0.073 9***	0.062 8*	0.049 8**	0.011 3
	(0.026)	(0.030)	(0.021)	(0.033)
月均消费取对数	0.556 9***	0.378 3***	0.408 6***	0.641 6***
	(0.034)	(0.034)	(0.035)	(0.032)
常数	0.926 3***	2.161 4***	2.211 1***	0.987 0**
	(0.293)	(0.339)	(0.333)	(0.323)
R-squared	0.482 2	0.300 2	0.296 4	0.325 5

注：①表中标注*、**、***分别表示通过10%、5%、1%的显著性检验；括号内数字为标准误差；②表中模型2为分位数回归，被解释变量分别是月收入的25%、50%、75%分位数。

根据模型回归结果，总体上看，回归方程的拟合效果比较好。本节选择的包括农民工个人特征、家庭特征、职业状况和经济状况等方面的解释变量绝大部分都通过模型系数的显著性检验，说明这些因素对农民工月居住支出具有显著影响。同时，也可以看到模型1和模型2同一解释变量的系数方向基本一致。

2. 模型1　估计结果分析

（1）年龄和婚姻状况等个人特征对农民工居住支出具有显著影响：第一，性别虚拟变量系数没有通过显著性检验，可能的原因是由于农民工中有35.35%是打工单位提供宿舍，而一般来说单位为农民工提供宿舍并不会分性别区别对待，男女居住条件一样，这使得农民工在居住支出中没有反映出较明显的性别差异。第二，年龄对农民工居住支出的影响系数显著为正，农民工年龄越大居住支出越多，主要是因为年龄越大，他们对居住条件的要求提高或者由于年龄越大越有可能积累更多的财富从而分配更多的收入用于居住支出。第三，教育程度系数显著为正，符合预期，说明农民工教育程度越高，居住支出越多。主要是因为教育程度较高的农民工，预期收入高，同时受交往朋友圈等影响对生活质量要求高，因此更有可能追求较好的居住条件，居住支出因此较高。

（2）家属随迁、流动范围等家庭特征对农民工居住支出具有显著影响：第一，家属随迁变量系数显著为负，即有家属随迁农民工的人均居住支出较少。因为家属随迁时家庭成员可以共用公共空间，资源共享，最大化空间使用效率，相比于单人居住，家属随迁时人均居住支出更低。第二，流动范围变量系数显著为负，即相比在省内工作的农民工，在省外工作的农民工居住支出少。宁光杰等①指出对于流入同一地区的农民工而言，省内流动的农民工市民化意愿高于跨省流动的农民工，即省内流动的农民工更有意愿长期留在打工地城市居住。基于这个原因，也就更有动机在居住上投入更多费用，在城市里建立一个自己的家。

（3）打工地和工作行业等职业状况对农民工居住支出具有显著影响：第一，打工地虚拟变量中，与广东相比，打工地山东系数显著为正，说明山东打工的农民工人均居住支出显著高于在广东打工的农民工；四川和浙江的系数则不显著，说明两省与广东省均无显著差异。第二，行业虚拟变量中，与制造业相比，除建筑业外其他各行业系数均显著为正，说明在这些行业打工的农民工居住支出显著高于在制造业打工的农民工，这主要是因为在制造业打工的农民工一般是企业统一安排宿舍居住，为了控制成本，企业提供的住宿条件较差，限制了农民工的居住选择，影响了居住支出。

（4）月均收入和消费等经济状况对农民工居住支出具有显著影响：第一，月均收入对数变量系数显著为正，符合预期，说明随着收入水平提高，农民工居住支出更多。当经济条件允许时，人们会追求生活品质，改善自己的居住环境。第二，月均消费对数变量系数显著为正，符合预期，说明月均消费金额越高的农民工，居住支出也会越高。另外，我们也看到，月均消费对数变量系数相对较大，也就是说，对于农民工来说，消费增加的份额中较大比例用于居住支出，可能的解释是农民工消费仍处于生存性消费资料为主的阶段，消费的增加主要用于食物和居住等生存性消费资料。

3. 模型 2　估计结果分析

农民工低水平居住支出的影响因素包括教育程度、婚姻状况、家属随迁、

① 宁光杰，李瑞．城乡一体化进程中农民工流动范围与市民化差异[J]．中国人口科学，2016(4)：37-47＋126-127

流动范围、打工地、行业、月均收入和消费取对数等，农民工高水平居住支出的影响因素包括年龄、教育程度、婚姻状况、家属随迁、打工地、行业、月均消费取对数等。即流动范围、月均收入对低水平支出有影响，但是对高水平支出无显著影响；而年龄对低水平支出没有影响，但是对高水平支出影响显著；性别对各支出水平均无影响。

这主要是因为低居住支出水平农民工住单位提供宿舍比例较高，主要以简易宿舍为主，因此性别、年龄等的影响不显著，这在建筑业上尤其明显。高居住支出水平农民工租房居住（77.07%）比例很高，主要以成套单元房、郊区普通平房和城镇普通平房为主，此时农民工追求居住条件的舒适，因此月收入对居住选择和居住支出的影响并不明显；而不管农民工是否有留城意愿，都追求居住条件舒适，从而流动范围对高居住支出水平影响不明显；年龄越大的农民工更有意愿追求好的居住条件，居住支出也越多，故年龄是高收入水平农民工居住支出的影响因素。

四、结论与建议

本节利用农民工居住需求调研数据，分析了农民工城市居住方式及居住支出的影响因素。研究发现：农民工在城市居住方式主要有租房居住、单位提供宿舍、自购房居住、住亲友家等；农民工居住支出水平总体偏低，大部分人仅是维持了基本的生存需要；本节所选个人特征、家庭特征、职业状况和经济状况等方面的因素对农民工月居住支出具有显著影响，且对不同居住支出水平农民工的影响存在差异。以上结论可以为改善农民工的居住环境、优化居住资源的合理配置、引导农民工逐步实现市民化等相关公共政策制定提供理论依据。

1. 将农民工纳入城市保障性住房政策范围，切实解决农民工居住问题

发展房屋租赁市场，完善“租售同权”模式，为租房者提供基本的居住保障，同时给予租房者一定的教育、医疗、社会保障等权利，保证其在城市的正常生活。将符合一定条件的农民工（比如有家属随迁、在本省内流动、月均收入和消费较高等有意愿长期在城市定居的农民工）纳入城市住房建设规划，划入保障性住房尤其是廉租房和公共租赁房等政策范围，制定切实可

行、有操作性的政策和措施并监督执行。建设符合农民工居住特点的公寓，考虑农民工居住需要和生活成本，由农民工直接承租或者由用工较多的单位承租后提供给农民工。例如，在农民工居住较集中的区域（主要是棚户区或城中村）改造过程中，借鉴重庆的“棒棒公寓”“阳光公寓”等模式试点建设；在用工企业较集中的区域（主要是各级工业园区），借鉴上海的“永盛民工公寓”模式试点建设。另外，制定农民工宿舍居住标准，对提供宿舍供农民工居住的用工单位进行标准化约束，鼓励用工单位在财力、物力允许的范围内为农民工提供条件和环境更好的居所。

2. 加强宣传和引导，让农民工知晓城市相关住房政策

在实地调研中，70.29%的农民工不清楚城市相关住房政策，导致他们无法利用相关优惠政策改善居住条件和环境。应通过多种方式加大向农民工宣传有关政策的力度，可利用农民工进城务工办理居住证等证件或手续时发放相关材料告知，也可以将相关政策专门通报给主要农民工用工单位，鼓励用工单位告知，解释并帮助农民工办理租赁或购买住房手续等。

3. 完善城市农民工住房公积金和住房补贴政策

可参考浙江“湖州模式”进一步完善城市农民工住房公积金政策并制定具体实施细则，要求用工单位为农民工建立公积金账户并实际缴纳，充分考虑公积金的转移使用问题，并加强监督落实，农民工可以根据缴存年限和已有金额考虑城市购房，真正实现住房公积金由“制度全覆盖”向“人群全覆盖”的转变。同时，政策上要引导农民工到中小城市定居，鼓励有条件的用工单位为农民工发放住房补贴。

4. 加强在城农民工住房消费等监测，完善相关信息统计

加强和完善城市农民工住房消费信息监测和统计，了解农民工居住消费特点及需求，为制定农民工城市居住相关政策提供数据支持。可考虑对工作单位较为稳定的农民工进行类似固定住户的调研监测，而对于流动性较大的农民工进行其所在行业或区域的定期抽样调研。

第七节　乡村人物看今朝[①]

——记安徽三市调研

2019 年 5 月 25 日至 27 日，王玉斌老师带队赴安徽省三市开展“三农”调研工作，主要调研内容为农业社会化服务情况考察、小岗村实地调研以及合作社博物馆参观等。

调研第一站主题为农业社会化服务。我们一行人来到了安徽省宿州市 S 县 X 村进行实地考察和座谈交流。在 S 县某农业社会化服务有限公司工作人员的带领下，我们参观了麦田、大棚和稻虾共生田。机械化作业下的麦田中，成熟了的小麦金黄遍野，矮秆同高；大棚中各色瓜果蔬菜绿色有机，长势喜人；稻虾共生田里龙虾生机勃勃，稻田休养生息，准备下一季进行耕种。在与公司工作人员交流过程中，我们了解到公司总经理 Q 一路以来的创业经历。Q 在宿州市农学院毕业后一直在本市农贸市场做农资生意。在做农资生意过程中，他还热心地帮助农民客户解决生活上和生产上的一些需要。从 2015 年起，他获得灵感，既然已经开始服务农民，那为什么不办公司通过专业的组织来服务农民呢。所以，他就创办了农业社会化服务公司，并且从单一的农资业务扩展到多种服务，从种子到化肥，再到农机，并且提供托管和半托管服务，最终形成了产业闭环。后来，公司服务范围又从土地托管拓展升级到了土地入股，逐渐形成了区域规模效应。之所以能够将公司发展壮大，不仅是因为 Q 经理通过以往的从商经历积累到了客户资源，更因为他在开办公司前期采用了“垫子儿”的策略，通过保产保收的方式得到了抱有怀疑的农民的信任。现在，该公司在 X 村可以说取得了阶段性的成功：一是开展农业生产全程托管服务试点，提供耕、种、管、收全程的生产性服务，通过一段时间的试验，该村全程托管面积扩大到 1 600 亩，亩均纯收益达到了 850 元，带动了村里 14 户 48 名贫困户稳定脱贫；二是建设了村全程农事服务中心，获

---

① 本节作者姜昊辰(中国农业大学经济管理学院)。

得省农委投入财政补贴资金300万元，建设2 000米^{2}机库和仓储设施，购置价值150万元的农业机械，形成了辐射3万亩的社会化服务能力，采用保底加分红的收益方式，每年可以为村集体增加经济收入18万元以上；三是开展蔬菜大棚示范基地建设，获得省农委投入资金80万元，建设50亩双层钢架拱棚，通过公开发包，每年为村集体增收88 000元，经营主体入驻以后，开展西瓜、葡萄、圣女果、金丝绞瓜等有机农产品种植，亩均纯收益5 000～6 000元，吸纳了十余个贫困户务工，日工资达到80元；四是开展稻虾综合种养示范基地建设，建成了占地40亩的示范基地，采取虾稻轮作、复合种养的生产方式，小龙虾和稻米品质优良，供不应求，取得良好的经济效益和生态效益，亩均收益达到6 000元以上，基地的建成还为两户贫困户每年创收万余元；五是开展核桃基地建设，建成了103亩的山核桃基地，三年挂果后，每年可为村集体增加20余万元的收入。在宿州市，该公司服务范围从去年的7个乡镇，扩大到了今年的9个乡镇，预计可以在两年内覆盖全县15个乡镇；在W乡镇，该公司业务覆盖率极高，除了个别专业务农农民外几乎全部农民将土地托管给了该公司，或者以土地入股该公司，其他乡镇的情况也大同小异。此外，该公司还积极与村集体合作，协助推进农村集体产权制度改革和"三变"改革，将价值20余万元的拖拉机等经营性资产和40万元的财政资金通过异地、就地入股分红的方式参与公司经营，增加了村集体经济收入5.1万元。通过村级产业的发展，X村集体经济收入大幅度增加，2018年村集体经济收入达到40多万元。

在S县的调研过程中，一个问题一直萦绕在我的脑海："全程农业社会化服务"到底该如何助力和壮大农村集体经济？如何通过兴办农业社会化服务有限公司来振兴乡村？如何将成功的农业社会化服务例子推广出去？近年来，国家积极推动农村集体经济产权制度改革试点试验，资金支持源源不断，各种农村集体经济或者新型经营主体成功的案例也层出不穷。但是这种成功大多只是多点开花，并未成为可以复制、可以推广的示范典型。这种成功多数依赖于存在一个或者几个高瞻远瞩、敢干善干、吃苦耐劳的领头人，他们通过自己的努力和头脑带动整个新型经营主体走向成功。他们不光有在基层与农民打交道的经验，也有从商的头脑，能够在市场经济的背景下创建企业、合作社或其他经济组织，并且持续盈利经营下去。我想，想要振兴乡村，想要政策可以落地，想要成功的典范可以推广，不能由坐在办公室里的人空想，需要一线人员的实践，在实践中找到符合当地现实情况的经验模式。此外，一线人员的实践有可能成功，更可能失败，在现阶段我们不能害怕失败，要在失败中积累经验，在成功中寻找规律。或许这样，像农业社会化服务公司或者其他类似的新型经营主体才能在基层大获成功，才能在神州大地的每一个角落普创佳绩，才能真正地振兴乡村。

调研的第二程我们来到了小岗村，参观了“大包干”博物馆、沈浩同志先进事迹陈列馆，走访了小岗村当年农户，并且分别与凤阳小岗村创新发展有限公司总经理周广林和小岗村 1978 年“红手印托孤”开创“大包干”时的生产队大队长严俊昌老人进行交流。参观“大包干”纪念馆时，我们跟随历史的脚步了解了小岗村从贫困落后走向繁荣富强的过程。小岗村改革开放前贫困潦倒，可以算得上是全国最贫困的地方之一。小岗村人穷则思变，在政策法规还未通畅之时就打破了思想上的桎梏，以“大包干”为代表的农村家庭联产承包责任制，把土地的所有权和使用权分开，突破了高度集中的生产管理体制，赋予了农民生产经营的自主权，调动了农民的生产积极性，彻底地解放和发展了农村生产力，短短一年内就解决了小岗村自身的温饱问题，两三年的时间小岗村就发生了翻天覆地的变化。时任安徽省委第一书记万里在了解到具体情况后，以超凡脱俗的政治胆识大力支持小岗村的做法，并且将小岗村“包产到户”“包干到户”的做法和成绩向全省乃至全国积极倡导和推广，为改革开放点燃了星星之火，而这也成了 20 世纪 80 年代中国改变现状的转折点，为开创中国历史新的时代奠定了基础。从此，以小岗村为典范的新农村告别了穷困潦倒，解放了生产力，迅速解决了温饱问题，并且为我国的工业化和现代化打下了坚实的基础，取得了显著的成绩。

走访中，我们有幸与小岗村过去和现在的代表人物之一进行了深入地交流。小岗村“大包干”时期的生产队大队长严俊昌老人虽然一头银发，但仍身体健康，精神矍铄。严俊昌老人亲切地和我们聊起了家常，也回忆了那段在黎明前追寻光明的岁月，同时抒发了对时下小岗村的肯定以及对未来小岗村的憧憬。随后，在与小岗村创新发展有限公司总经理周广林交谈过程中，我们了解到了小岗村发展的现状以及对未来的规划。小岗村立足于现行区位优势和政策优势，大力开展特色种养业、旅游业、服务业等产业，倡导绿色有机农业，致力于现代化建设建成新的小岗村，住宅区、社区、公共设施及其他配套设施、道路交通等向城市看齐，争取建成“城市化新农村”。

小岗村之行的最后一站，我们参观了沈浩同志先进事迹陈列馆。我们了解到了沈浩的生平事迹，了解到了沈浩作为一个“外派”的村书记，如何一步步地取得了村民的信赖，如何将仍固守传统农业、失去进步动力的小岗村带上了发展的快车道、走向小康，了解到沈浩的艰苦朴素、真抓实干、敢为人先、高瞻远瞩。农村走向富强，农民安居乐业，是每一个共产党人的愿望，是华夏儿女的期盼，也是中华民族伟大复兴不可或缺的重要一环。但随着时代的发展和社会的进步，越来越多的青年人通过学习走出农村，越来越多的成年人通过工作走进城市，农村人口老龄化严重，文化素养相对落后。农村亟须发展却失去了发展的动力。正是像沈浩这样的人，愿意从城市走进农村，将先进的文化带进乡村的田野，将更高的视野带进农民的心里，才让像小岗村这样的农村走向“城市农村”。有人的地方就有社会，人类建立起了现代社会。社会主义现代化道路的每一砖一瓦的铺成都需要发挥人的主观能动性。在“大跃进”年代，曾讲过“人有多大胆，地有多大产”，而这种过激的思想忽视了物质的现实属性，被历史和实践证明其不正确。现在，我们虽然否定了当时这种观念，但也不能忽视人的力量。谈论到党性和党员修养，我们可以上升到无限高的层次来表述，但落到实处，在我看来其实就是做好自己。做好自己，简单的四个字却有深邃的内涵，它既需要努力和坚持，又需要学习和进步，它要求我们永远不能安于现状，要求我们继往开来，开拓进取，勇于攀登人类历史上一个又一个高峰，永远不向困难低头。倘若无法发现问题，不能创造性地解决问题，否定了自己的潜力，就给自己的进步设置了上限，我们就难免墨守成规，故步自封，难以突破现实的枷锁，难以做出像沈浩同志带领小岗村再次腾飞这样的成绩。沈浩同志虽然已经长眠在小岗村的土地上，但他的精神和力量永存人心。

调研的最后一程，我们受中国合作社研究院副院长唐敏教授邀请，参观了坐落于安徽省蚌埠市安徽财经大学的中国合作经济博物馆。该馆尚未正式开放，但内部建设和资料已经几近完备。馆中收藏了从合作经济起源到现在的文件、照片、资料，并且还原了很多合作经济发展历程中的历史场景。泛黄的原版文件透露着沉厚的沧桑感，收集到的老物件更是向我们深刻地展示着合作经济源远流长。博物馆以我国合作经济的发展为主线，将1918年产生的北京大学消费公社作为开端，展示了漫漫历史长河中合作经济的思想潮流和组织制度，特别是新中国成立以来合作经济发展在党的领导下取得的成就。我们看到：早在从1922年起始，中国共产党就领导创立了安源路矿工人消费合作社、革命根据地合作社、延安南区合作社和抗日战争时期合作社；新中国成立后各种类型的合作社蓬勃发展，1954年中华全国合作社总社更名为中华全国供销合作总社，供销合作社在历史发展的不同阶段做出了重要的贡献；2013年以来，在以习近平同志为核心的党中央领导下，党和政府高度重视合作社发展。习近平总书记早在2006年主政浙江时就提出了要构建“生产合作、供销合作、信用合作‘三位一体’”的合作经济组织制度体系，2015年浙江省委省政府出台了“深化供销合作社和农业生产经营体制改革、构建三位一体农民合作组织体系”的文件，现已取得丰硕的成果。我们看到了合作经济古往今来一直在我国近现代经济史上扮演着重要的角色，合作社作为一种优秀的经济组织形式具有独一无二的优势，这两者都是我们应该继续坚持和发展的。马克思主义否定之否定原理和合作经济的历史告诉我们，事物的发展，从内容上看，是自己发展自己、自己完善自己的过程；从形式上看，是螺旋式上升或波浪式前进，方向是前进上升的，道路是迂回曲折的，是前进性与曲折性的统一。合作经济经历过低谷，陷入过困境，但终将从错误的方向回到正确的大路上。不能用后30年否认前30年，也不能用前30年否认后30年，更不能说计划经济下合作经济曾经步上歧途就否认了它在市场经济下可能发挥的良好作用。合作经济像是工具，像是利器，用不好它可能伤害己身，用得好它就能为我们披荆斩棘，指引我国农村经济走上一条康庄大道。古语道：成也萧何，败也萧何。合作经济的成败不在于它本身，而在于政府决策者对它的方略和政策是否符合我国实际国情、是否明智，在于每一个实践它的一线工作者是否能正确而合理地运用它、使它焕发充沛的动力和新的活力。合作经济七十载，我们见证了历史，也将创造新的历史。我相信，这崭新的一页，定是辉煌宏大、成绩斐然的新篇，其中每一个文字和句点，都是华夏大地上热血而执着的人们汗水和智慧的结晶。

三天的安徽之旅，我们沉醉于这片美丽的乡土，更折服于这土地上辛勤而热忱的人们。我们临山巅之上或海滨之际，常被自然的伟大震撼，但这种震撼多来自我们每个个体相较自然的渺小。而在这里，我感受到了我们不是微小的蚂蚁，而是顶天立地的中国人。对于国家而言，我们只是巨大机器上小小的螺丝和齿轮，但国家的运转不正是因为我们每一个小组件的正常运转才能驱使着中国这头觉醒的雄狮屹立于世界的东方，向世人展示着炎黄子孙的血脉和力量吗。梁启超曾云：侠之小者，为友为邻；侠之大者，为国为民。“三农”问题的千里之行，始于我们足下，亦余心之所善兮，虽九死其犹未悔。无论我们是农民，是学生，是工作者，还是企业家，只要把为友为邻当作日常，把为国为民长记心间，社会主义农业大国终将跻身于世界农业强国之列，美丽、富强、文明、和谐的中国也终将迎来华夏民族伟大复兴的那天。相信那一天，不会太远！

第八节　“新农人”引领农业生产托管①

人才资源是第一资源，是农民合作社发展的重要战略资源，“致天下之治者在人才”，人才是引领发展的“源动力”。随着农业社会化服务的飞速发展以及农业技术的进步，人才已成为农业发展至关重要的一部分，合作社要走得快走得远，离不开带头人的科学示范与引领。

定州市是河北省直管的县级市，粮食产量居全省县级之首，是全国粮食生产先进县，农业生产托管走在全省县级前列。2018 年初，笔者赴定州市开展专题调查，走访了 3 个典型带动主体，调研了全市生产托管情况，并与部分农户进行了座谈。

一、三个典型主体及其带动发展情况

1. 信联农机专业合作社

该合作社是非农资本进入农业领域创办领办新型经营主体的典型，成立

① 本节内容原文发表于《中国农民合作社》2018 年 10 期，原题为“河北省定州市农业生产托管蓬勃发展”，作者为王玉斌、王伟东、李乾（中国农业大学经济管理学院），略有修改。

于2011年11月，创办人王中见原从事建筑行业。合作社下设农机服务队2个、农化服务队3个、测土配肥室1个，有5 000吨粮库1座、大型拖拉机13台、大型喷灌机12台、喷雾器12台、喷药飞机2架、玉米播种机12台，联合收割机、秸秆还田机等230余台（套），机井275眼，吸纳种粮大户270户，带动农户1 150户，流转土地2 300亩、托管土地1 800亩，为周边5个乡镇5 000多农户提供全程社会化服务，年农机作业1.28万亩，先后被认定为省级和国家级示范社。

合作社以农业现代化、服务规模化、经营市场化为目标，采取“合作社＋基地＋经营主体”模式，开展“两为主、三不变、八统一”托管服务：“两为主”即以玉米、小麦为主，全托管服务为主；“三不变”即农民土地承包权、经营权、收益权不变；“八统一”即统一农资供应、耕种、施肥、喷药、收割、收购、储存、销售，提供粮食生产全程“保姆”式托管服务。服务项目主要包括机械服务、土地整理、灌溉，技术开发、转让、推广，储藏、农资供应、测土配肥、质量检测和信息技术等。

合作社通过托管，实现了“一降双保三增”：“一降”即降成本，全程降低成本10%～15%，“双保”即保障农民增收和粮食生产，“三增”即增产量、增效益、增收入。“一降双保三增”使农民每亩节本增收达550元以上。

2. 宏伟农机农民专业合作社

该合作社是典型的基于涉农企业行业优势、市场体系和非农资本进入农业发展的多维带动主体，成立于2012年8月，背靠中仓集团（集团下设化肥、物流、电商、农发、生物科技等公司及养猪场），先后被认定为河北省示范社、河北省托管示范社、河北省农村股份合作制示范经济组织等。

赵红卫作为中仓集团和合作社的创办人，早期从事化肥销售，后创办化肥厂（2017年销售额超2亿元），为建设化肥试验田，2012年流转土地100多亩创办合作社，随后扩大面积过程中遇到拒绝流转的“恋地户”，合作社与其反复沟通，摸索出了合作社以低于市场约50%的价格为成员提供土地耕、种、收、施肥、打药等服务，粮食收购价高于市场0.015元/公斤的发展模式，购置秸秆还田机20台、玉米收获机10台、无人机1台，较好地解决了土地成方连片的问题。

通过托管、半托管、土地流转等形式，合作社实现了机械化作业和科学化管理，全程托管每亩地（玉米＋小麦两茬）平均降低成本 400 元以上；小麦亩均增产 92.5 公斤，玉米亩均增产 115 公斤，年亩均增收 500 多元。2017 年，合作社托管土地 4 000 多亩，流转土地 1 200 亩，完成玉米秸秆还田社会化服务项目 3.75 万亩。2018 年，合作社托管面积有望突破 1.5 万亩。

3. 鑫久农业机械服务有限公司

该公司前身是县属农机企业，属于典型的从原来农机（技）服务体系“网破线断人散”发展转制而来的托管主体，2014 年 1 月成立，下设若干农机卖场、维修厂以及 1 个家庭农场。现拥有大中型拖拉机 5 台、小麦收割机 10 台、玉米收获机 5 台、青贮机 3 台、大型喷灌机 6 台、植保机 12 台（架）、土豆全程机械化设备 3 套、大蒜种收机械设备 3 套、花生种收设备 2 套、粮食烘干设备 1 套，全程覆盖作业能力 5 000 亩，跨区作业覆盖 1.5 万亩。

公司创办人司占欣，是原农机企业管理人员，与其他原农机企业人员共同或分别参股全市数家农机企业，借助新型农机销售与维保等便利，拓展农作物种、加、销一条龙业务，从事农机作业试验示范、新品种新技术示范、绿色植保试验示范业务，为农民合作社、家庭农场提供农机耕种收和病虫害统防服务，承担农技推广培训业务。截至 2017 年底，公司流转土地 1 500 亩、托管土地 2 963.7 亩。

2015 年，公司引进土豆种收成套设备试种土豆 100 亩，效果良好；承接小麦“一喷三防”服务 2 万亩，玉米蝗虫防治服务 5 000 亩。按照低于市场 10％的价格为村民直供直施化肥、农药，承诺亩均产小麦 400 公斤、玉米 500 公斤，超产部分农户、村集体和公司按 3∶3∶4分配，农户年亩均节本增收 500 元以上。2017 年，完成秸秆还田社会化服务试点 1.5 万亩、粮食仓储烘干 8 000 吨、统防统治 1.25 万亩。

二、定州市农业生产托管模式与成效

定州市地处华北平原，拥有耕地 115.5 万亩，2017 年全托管、半托管面积 82 万亩，占比 71％，培育托管主体 1 200 多家，服务 13.2 万户。探索出的主要托管模式有：①全程托管，企业或合作社为农户提供覆盖粮食生产耕、种、收、管、售等全程的系列化服务；②劳务托管，农户将全部劳务项目委托给管方承担，农户负责种子、化肥、农药、水电等农资投入；③关键环节托管，农户将生产关键环节委托给管方，管方按项目取酬。通过生产托管，定州市农业取得了明显成效：

一是促进了节本，实现了增产增效。通过统一农资采购、机械化作业和订单预约，全程降本10%～15%；通过改善生产条件、规模化连片种植、引进新品种和新技术，亩均增产200斤左右；通过增产降本，农民亩均增收400元左右；通过与粮食加工企业合作，粮价提高10%左右。生产托管有效地实现了保面积、优品种、增产量、提效益的目标。

二是稳定了农地关系，保障了粮食安全。粮价走低使土地转包、出租等传统流转模式遭遇瓶颈，而因效益降低使得农户种粮积极性下降，经营粗放，生产效率进一步降低，较多规模经营主体向蔬菜、药材等特色种养转型，长此以往势必影响粮食安全。生产托管应运而生，在稳定土地承包经营权关系、保障粮食安全和农业可持续发展等方面表现出了明显的优越性。

三是降低了压力风险，推动了规模化规范化。生产托管使新型农业经营主体成为管方，农户需先预付一部分服务费，管方只需筹措生产所需流动资金，压力明显降低。并且，规模经营主体原来在土地流转中承接了农业生产全部风险，而生产托管实现了经营风险由托方和管方共同承担。管方可以腾出更多资金、资源，带动更多农户走规模化和规范化经营发展之路。

三、定州市推进农业生产托管的经验

一是做好农地确权登记颁证工作。2013年，定州市开展第一个土地确权先行村试点，2017年底顺利完成全市确权登记颁证。这为土地托管顺利实施打下了坚实基础。

二是充分发挥体系优势和农机优势。定州市拥有1个市农技中心、527个村级农技站、1 379名农技人员，农机总动力96.7万千瓦，拖拉机2.72万台，配套机具5 310台，植保无人机6架，自走式打药机130台，机动喷雾机982台，小麦联合收割机2 546台，青贮机222台，日烘干能力200吨以上烘干塔11座，小麦机收和玉米机播率达100%，农机保有量居于全省县级前列。

三是重视新型农业经营主体培育。市财政每年安排 2 000 万元对新型农业经营主体在项目投资、贷款贴息、无害化处理、资质认证、挂牌上市、科技研发、商标品牌等方面进行扶持。全市有能力承担社会化服务的合作社、企业、村集体组织等新型农业经营主体 1 200 余家，其中国家级示范社 2 家、省级示范社 14 家、省级股份制经济组织 1 家、省级土地托管合作社 2 家。

四是确立粮食产业主导。定州市围绕供给侧结构性改革，立足资源地域优势，把粮食产业作为基础战略性主导产业，以粮食生产为基础，食品工业园为载体，依托高产创建、测土配方施肥等项目建设，实现品种优质化、生产标准化、灌溉节水化、耕种机械化、经营产业化、服务社会化，打造集生产、储备、加工、集散、转化为一体的完整粮食产业链。

五是集成创新保障生产托管发展。启动农业“政银保”“政银贷”“农保贷”，设立发展基金，对农业社会化服务组织注资 7 600 余万元；明确农户举家迁入小城镇落户并依法进行土地托管的，承包期内依法保护其土地收益；建立健全以协商、调解、仲裁、诉讼为主要内容的纠纷解决制度。

本章小结

本章既有农业劳动力外出务工对农业新兴技术采用影响的实证研究，也有农民工进城存在的问题、农民离乡产生的原因等的分析与忧思，还有村庄治理、农村引人留人的思考，更有能人带动发展的经验介绍。

第三章

生态振兴：建设美丽乡村之路

引言：生态振兴是乡村振兴的内在要求，良好的生态环境是乡村可持续发展的宝贵资源。生态振兴不仅包括跟农业生产和农村生活直接相关的大气、土壤与水资源的合理利用及有效保护，还包括深层次的畜禽粪污的处理与循环利用、乡村旅游与休闲观光、乡村基础设施建设与村容村貌。

第一节 从“茅粪章”到“凤凰城”[①]

——毛凤章村旧貌换新颜

笔者的家乡在内蒙古包头市，包头是内蒙古的制造业、工业中心，但同时包头也有广阔的农村地区，笔者所熟悉的毛凤章就是其中一个典型的城边村。过去的毛凤章是脏乱差的典型，而如今的毛凤章被称作“凤凰城”。“凤”字取自村名毛凤章，毛凤章的变化用涅槃重生来形容一点也不过分。

一、过去的毛凤章

毛凤章隶属于包头市东河区河东镇，一条铁道把它和市区分隔开。进出村子最方便的一条路就是铁道下的桥洞，否则就要绕很大一个圈，所以非常拥挤。不光拥挤，桥洞修得还很低，普通的面包车都是勉强通过，这在一定程度上也限制了毛凤章的发展，虽然村子就在市区隔壁，但是一从桥洞下面钻出来，就是落差很大的村中景象。

进村的路与铁路平行，左半边是水泥路，右半边是土路，可想而知修路时的条件有多差。沿着这条路走几百米拐弯，就是当时村里最繁华的地方。两排小平房相当于两排底商，村中各种各样小商店基本都集中在这。这里是进村的必经之路，也是村里人流量最大的地方，夜市菜摊就摆在小平房的门前，原本就不宽的道路更加狭窄，过两辆车都得小心翼翼。即使是这样，这已经是村里建设得比较好的区域了。

毛凤章最差的，相信也是让每一个去过毛凤章的人都记忆深刻的就是流经村子的污水河。露天垃圾堆的臭味、养奶牛的人家门前牛粪的臭味都不能和它相比。遇到空气不流通的天气，让人多说一会儿话的工夫都受不了。更不用说秋天河里的苍蝇爬满附近村民的窗户，冬天结冰的污水还会溢上路面。

---

① 本节作者周博雅(中国农业大学经济管理学院)。

但是，就是在这种环境中，住地离污水河近的村民也只能渐渐忍耐了。别人多停一会儿都受不了，他们却可以端着碗坐在路边吃饭。用污水种出的菜，村民自己不会吃，卖到市区里如果被知道是毛凤章的菜也不会有人买。

毛凤章成为脏乱差的代名词，长久以来村民的环保意识也非常淡薄，所以不得不让人怀疑“毛凤章”是不是“茅粪章”的谐音。而就是这样一个脏乱差的典型，这几年发生了翻天覆地的变化。

二、现在的毛凤章

今天，毛凤章铁路旁的土路完全变成了平整的柏油马路（图 3-1），有专门的清洁工维护。站在这里回忆当初这村里最繁华之处的样子，原来狭窄的道路被拓宽了，小平房变成了住宅楼和真正的底商。拐弯处修建了一座喷泉，金黄色的凤凰雕塑好像要清楚地告诉世人，“茅粪章”已经变成了“凤凰城”。

图 3-1　“茅粪章”变成了“凤凰城”

图片来源：作者实地拍摄

华丽转身源自毛凤章村走了一条自主拆迁、自我安置、滚动发展的道路。毛凤章村的整体改造共分三期实施：一期工程建成 4 栋、228 套、2.8 万米^2

的村民安置楼；二期工程建楼 8 栋，包括住宅楼、村委会办公楼、商铺和幼儿园等，人均一套新楼房的“凤凰村”梦想全面实现；三期项目占地 55 亩，建筑面积 4.5 万米^2，打造以凤凰城民俗文化中心为地标的百家餐饮一条街。

1. 招商引资，美食风情街做门面

图 3-2 是进村必经之路现在的样子，作为“凤凰城”的门面，也是毛凤章整体改造的点睛之笔。随着城市交通体系的建设，几个交通枢纽环绕着毛凤章村，机场高速横贯村子东西，渐渐形成一定的地理位置优势，南边还有包头市著名的南海湿地公园景区。通过招商引资，这里被建造成一条美食风情街，虽然现在商店还没有完全入驻，但是看得出毛凤章未来的规划定位将是沟通城市内外的窗口。

图 3-2　毛凤章村的美食风情街

图片来源：作者实地拍摄

2. 自主拆迁，村民搬进了新楼房

走进村里，最引人注目的就是村里的小区。十几栋六层楼房看起来很有规模，假山喷泉、凉亭画廊、配套设施一应俱全。以前平房是村里人的标配，楼房是城里人的标配，然而现在农村人住楼房早已不是什么新鲜事了。毛凤章人住上楼房的成本还要比在城里买房低得多，村民按指标可以享受 1 200～1 300 元每平方米的价格。搬进楼房，本就离市区不远的毛凤章人越来越享受到了城里人一样的生活条件。

(1) 治理河槽，老大难问题终于解决

再往村里走，就是从城里流进来的污水河了。河槽正在改造，污水要改走地下暗网，已经围起栅栏，开春就可以继续施工。污水河一直是毛凤章的一个符号，随着这次村里整体改造，这个老大难问题终于得以解决。比起建小区、建美食风情街，改造河槽显然容易得多，但是意义不远胜于其他建设项目，村民坐在臭气熏天的河槽边吃饭的心酸一幕再也不会发生了。

搬进了新楼房，污水河也被治理了，毛凤章人仿佛一下子逃离了那个垃圾堆，开始了新生活。

(2) 锦上添花，村里福利不间断

"凤凰村"改造项目完工后，不仅环境发生了质的变化，而且土地也升值了，为村集体经济的增收带来更大的空间。从 2013 年至今，村"两委"一直为 40 岁以上的村民发放养老生活补贴，每年还组织 60 岁以上村民外出旅游一次。村里新设三个"只要"待遇，只要村民住院，都有慰问金；只要村里孩子考上本科录取线，都有 3 000 元奖励；只要逢年过节，村里还有民生大礼包，村民拿着餐券就可以消费。

3. 产业规模化，探索致富新出路

村里环境变好了，福利增加了，村民自己的收入也要想办法提高。和一般种粮食的村子不一样，毛凤章村民的收入来源主要是种花、种草、种树，此外有搞养殖，做小买卖的，开各种货车、装载机的，到附近的塑料厂、面包厂打工的，收入条件本身比较好。但是相比城镇居民来说，村民收入还很有限，为了进一步提高村民收入，村"两委"每年对剩余劳动力情况进行摸底，结合用工单位需求，开展技能培训，提高村民就业能力。同时成立农民专业合作社，推动产业走集约化、规模化经营道路。2016 年，由 24 位头脑灵活、常年在外做买卖的生意人组成的鑫海盛农民专业合作社挂牌，24 位理事每人出资 2 万元，整合全村现有规模化养殖户，进行生猪、笨鸡养殖。

村里发生了这么多变化，最突出、最本质的变化还是人居环境的变化。

生态环境的优化为毛凤章人带来了更宜居的生活氛围、更积极的生活态度、更凝聚的生活干劲。

三、农村人居环境的普遍改善

毛凤章村人居环境的变革并不是特有的，周边许多村落近些年在美丽乡村建设、乡村振兴等行动的号召下，村内基础设施建设愈加完善、人居环境福利日益优化。

小召湾村没有拆迁，但是环境一点不比毛凤章逊色，最突出的特色就是村中所有道路都是硬化过的，让人难以置信。原来，小召湾村是内蒙古“十个全覆盖”工程的先进示范村，村里水泥路面无死角覆盖，每隔不远处还有路灯，以前想都不会想到农村会有这些设施。走进村里，一家一户都是平整的砖瓦房，朱红色的墙面整齐划一，环境的整洁程度甚至超过市区。更不用说全国文明村王大汉村，村里不仅有楼房广场，还发现了物流配送点这样的新鲜事物。从这些先进示范村，就能看到农村未来发展的方向。

内蒙古 2014 年提出的“十个全覆盖”工程是指利用三年时间，在全区农村牧区全面系统大规模投资基本公共服务设施，促进城乡公共服务均等化，加快城乡统筹发展的综合性民生工程。建设内容包括农村牧区危房改造、安全饮水、嘎查村街巷硬化、村村通电、村村通广播电视通信、校舍建设及安全改造、嘎查村标准化卫生室、嘎查村文化活动室、便民连锁超市、农村牧区常住人口养老医疗低保等社会保障十个方面，是新农村、新牧区的一次集中建设①。

“住上敞亮房，走上平坦路，喝上干净水，广电有节目，活动有场所，户户通上电，校舍保安全，购物家门前，小病不出村，老来有保险。”这就是村民对“十个全覆盖”带来改变的形容。这些在城里看起来是再平常不过的事，许多村子大部分也早已实现，但不得不说城乡之间有差距，村与村之间也有差距，补齐了短板只是开始。毋庸置疑的是，这些年农村人居环境已普遍得

---

① 姜淑兰，邓青南. 内蒙古“十个全覆盖”惠民工程的成效及影响[J]. 前沿，2016(1)：18-23

到了改善。对比第二次农业普查与第三次农业普查（图 3-3、图 3-4），竹草土坯、砖木结构房子的比例明显下降了，50％的村民住上了砖混的房子，十年间增长了 20％。村中主要道路的变化更为明显，砂石路面和其他路面 10 年间几乎都变成了水泥路面。可以说这两个人居环境最主要的方面都取得了巨大进步。

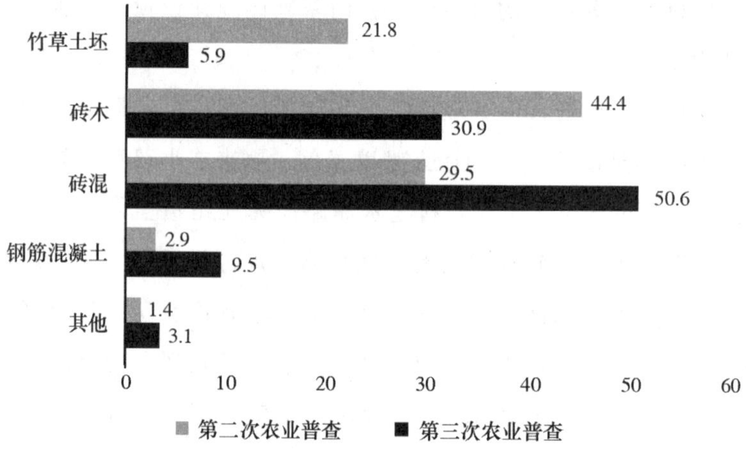

图 3-3　西部地区农村住宅结构变化（%）

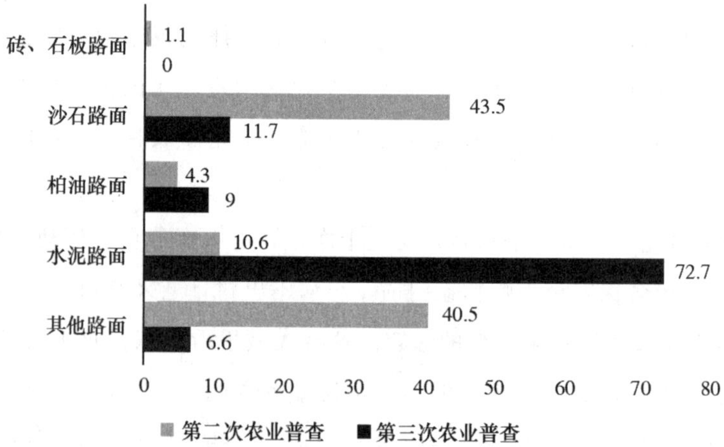

图 3-4　西部地区农村村内主要道路的变化（%）

四、关于农村人居环境建设的所见所思

以前城市与乡村最明显的区别就在环境，如果农村不是“晴天一身土，下雨两脚泥”，还真让人不习惯，让人怀疑这还是不是农村。所以这次回到农村，一个最突出的感受就是农村与城市的界限越来越模糊了。一方面，可以明显感受到城乡之间的差距缩小了。建起了楼，铺平了路，让毛凤章、小召湾、王大汉这样的村子更像是城市与农村的结合体。另一方面，随着基础设施的建设，缩短的还有城乡之间时间上的距离，从村子里坐公交车十几分钟就可以到达市区，可以说村民已经“住在了城里”。所以这次回到农村，有种很明显的城乡融合的体会。

农村建设得好了，进出村子更方便了，市民才更愿意到农家乐消费。这些年农家乐成了新风尚，以包头南海湿地公园周围的农家乐为例，夏天开车到这吃鱼、到采摘园采摘的市民络绎不绝。农村的资源有限，如果仅仅为了美而美，对于农村有限的资源来说不免是一种浪费。如果能像这样把农村人居环境的治理与经济建设联系起来，达到事半功倍的效果，就是最理想的状态了。在这方面获得联合国“地球卫士奖”的浙江省“千村示范万村整治”工程就是学习的榜样①。

生态名县安吉县曾经也把石矿当命根子，虽然收入可观，还是下定决心关停矿山，走绿色发展之路。在农村改厕、改路、改房、改水、改线和环境美化“五改一化”工程的基础上，探索生态文明建设和新农村建设的同步推进，开启全域景区化建设，大力发展椅业、竹木、白茶、生态旅游、农家乐等生态休闲产业。10多年来，安吉年财政收入从当初的6亿多元，猛增至60多亿元。农民的人均收入从2005年的7 000元提高到2017年的27 000元。

当然，成功经验可以借鉴，但不能简单移植，农村建设最基本的还是要因地制宜。如何在自然资源比较匮乏、比较落后的地区实现农村人居环境治理与经济建设结合还需要更多思考。比如说浙江的“花香猪舍”，就是把村里的猪集中在一起养，人畜分离，既改善了村民居住环境的卫生，又实现了规

① 本刊编辑部．浙江省“千村示范、万村整治”工程获联合国“地球卫士奖”[J]．绿色中国，2019(1)：14

模效应，收集起来的废弃物还可以通过沼气池循环再利用。这种模式看起来可以广泛推行，但在内蒙古也有很多农民养猪，却并没有见到这种模式。我想可能的原因就是建一套“花香猪舍”需要一定的成本，猪达到一定数量才能弥补成本，对于零星养殖的村子来说，并不具备这样的条件。

如何把环境治理与产业发展融合，包头本地也积累了一定的经验。对于靠近城市的城中村、城边村，通过改造让村民变市民，村庄变社区，直接融入城镇化，毛凤章就走了这条道路；对于平原地区，水土条件比较好的村子，缺什么补什么，小召湾就是走了这条道路。剩下条件不好的村子，采取生态转移、扶贫转移的模式，进行转移安置。土右旗依托美岱召景区、沿山林果带，在威俊、沙图沟等村发展旅游业、果林业和休闲采摘观光农业；九原、东河等地区立足城郊优势，打造沙尔沁、新河、打不素等一批假日休闲旅游、农家果蔬采摘、生态园林观光特色村镇；昆区、青山区的城中村、城边村，积极融入城区服务业体系，建设商业中心、批发市场、花卉市场等。

此外，提升农村人居环境的同时还应保留村庄自己的特色。毛凤章、小召湾为代表的村子在与城市缩小差距的同时，乡土气息都或多或少丧失了一部分。按城市化标准推进人居环境治理的一个美中不足就是一部分村庄本身的特色被掩盖了。所以，人居环境建设还要留得住乡愁，保护乡村自己的特色。

中国要强，农业必须强；中国要富，农民必须富；中国要美，农村必须美。乡村振兴是全面建成小康社会的必要之举，提升农村人居环境，就是农村共享经济发展成果的具体体现。亲眼见证毛凤章的污水河被治理了，一栋栋楼房在村里落地，还有乡间小集市变成了美食风情街，让人不得不感到由衷的欣慰。人居环境的改变带来的不仅仅是赏心悦目，是农民得到的实惠，更让人看到了农村精神面貌的昂扬，让人看到了农村更美好的明天。

建设恬淡静谧、优美宜人的美丽乡村，是实现乡村生态振兴的必然要求，也是农民群众的美好向往。农村人居环境建设还在继续，美丽乡村的画卷正在中华大地上徐徐展开。农村人居环境整治三年行动仍在继续，“扎实推进乡村建设，加快补齐农村人居环境和公共服务短板”仍是中央一号文件里农村工作的重要任务。中国还有 2.3 亿农户，超 40%的农村人口，这场惠及中国最大群体的建设一定会让广大农村成为中国实现“两个一百年”奋斗目标过程中最美的风景，最值得骄傲的成绩单！

第二节　畜禽养殖环境治理的政府之手①

一、问题的提出

畜禽养殖正从农户散养向规模化、集约化转变。2017 年，我国畜禽养殖规模化率达 58%左右，规模养殖成为畜禽养殖业发展的主要方向。畜禽养殖规模化发展在满足人们日益增长的畜禽产品需求的同时，也产生了大量粪便、废水等废弃物，对土壤、大气、水资源等造成一定的威胁，也给养殖区周边居民生活带来一定的负面影响。废弃物是放错位置的资源，一定条件下可以变废为宝，关键在于如何合理处置、科学利用。《国务院办公厅关于加快推进畜禽养殖废弃物资源化利用的意见》（国办发〔2017〕48 号）指出“抓好畜禽养殖废弃物资源化利用，关系畜产品有效供给，关系农村居民生产生活环境改善，是重大的民生工程”，畜禽养殖废弃物资源化利用是当前以及未来畜禽养殖废弃物处理的发展方向，也是破解畜禽养殖污染的重要途径。在资金、技术、种养脱离、收益预期等因素的约束下，畜禽养殖户自发进行养殖废弃物资源化利用的动力相对较弱，而且畜禽养殖废弃物资源化利用具有公共产品属性，其产生的正外部效应无法完全内部化，不能有效调动养殖户的参与积极性，进一步弱化了养殖户的亲环境行为动力。鉴于畜禽养殖废弃物的外部性特征，养殖废弃物处理或资源化利用需要政府的适当参与，既要对养殖户处理废弃物行为给予严格的规范和监管，又要对养殖户废弃物无害化及资源化处理行为给予扶持和鼓励②。

---

① 本节内容原文发表于《农村经济》2018 年第 9 期，原题为“畜禽养殖废弃物资源化利用中政府行为选择——激励抑或惩罚”，作者为李乾、王玉斌（中国农业大学经济管理学院），略有修改。

② 乔娟，舒畅．养殖场户病死猪处理的实证研究：无害化处理和方式选择[J]．中国农业大学学报，2017(3)：179-187

政府介入环境治理的政策工具包括税收、排污许可证、补贴、押金返还制度等。伴随着从计划经济向市场经济体制的转变，我国环境政策经历了从单一指令控制向采用行政、市场等手段综合治理的转变①。当前，无论是从养殖户角度还是政府角度考虑，仅依靠行政性强制手段，难以实现对畜牧业污染的有效监管与控制②，要重视经济激励型政策工具、创新命令与控制型政策工具、引入环境自愿型政策工具，其中环境自愿型政策工具是继命令控制型与经济激励型政策工具之后的新型环境政策工具③。因此，在环境自发治理存在市场失灵的情况下，政府介入尤为必要，但是政府介入的边界以及政策工具的选择直接关系到环境治理效果的好坏，不适宜的政策工具反而会导致政府失灵。

政府介入畜禽养殖废弃物资源化利用的行为已经得到学术界的广泛认同，也在现实中被广泛应用，但政府介入的关键在于边界要清晰、方式要合理。目前关于政府介入畜禽养殖废弃物资源化利用的相关研究，从具体研究范式来看，主要体现在如下两个方面：一是根据分析发现的问题以及得出的结论，从政府层面提出对策建议④⑤。该类研究目前较多，但对政府行为的研究不够深入，表现为“现状、问题、对策”的研究范式。二是围绕政府的职能角色等研究畜禽养殖废弃物资源化利用问题，有针对性地研究政府行为。目前这类研究相对较少，主要从既有政策实践、制度经济学角度着手分析政府行为⑥⑦⑧。

---

① 叶鸿蔚，高雅雯．我国环境政策演变的特点和发展趋势[J]．理论导刊，2013(4)：92-94

② 张永强，蒲晨曦，张晓飞，等．畜牧业面源污染防治政策分析[J]．生态经济，2018(2)：195-200

③ 贾秀飞，叶鸿蔚．秸秆焚烧污染治理的政策工具选择——基于公共政策学、经济学维度的分析[J]．干旱区域资源与环境，2016(1)：36-41

④ 罗春华．畜禽养殖污染成因分析及治理对策[J]．农村经济，2006(12)：99-102

⑤ 仇焕广，严健标，蔡亚庆，等．我国专业畜禽养殖的污染排放与治理对策分析——基于五省调查的实证研究[J]．农业技术经济，2012(5)：30-35

⑥ 李冉，沈贵银，金书秦．畜禽养殖污染防治的环境政策工具选择及运用[J]．农村经济，2015(6)：95-100

⑦ 姚文捷．畜禽养殖污染治理的绿色补贴政策研究——以浙江生猪养殖为例[D]．浙江工商大学博士论文，2016

⑧ 金书秦，韩冬梅，吴娜伟．中国畜禽养殖污染防治政策评估[J]．农业经济问题，2018(3)：119-125

综合来看，已有研究已经鲜明地提出两个政策取向：命令强制型政策和经济激励型政策。但是既有研究也存在如下不足：缺乏对两类政策工具的经济学分析；没有考虑两种类型政策工具同时运用的情形；很少将政府和养殖户纳入同一个分析框架之内进行研究。因此本节将从博弈论的视角，分析政府和养殖户在不同政策情景下的博弈结果，探讨不同政策工具实现最优化的约束条件，以期为畜禽养殖废弃物资源化利用中政府政策工具的合理运用提供有益思考。

二、政府介入畜禽养殖废弃物资源化利用的经济逻辑

环境作为一种产品具有公共物品属性，具有非排他性，而公共物品是造成市场失灵的一个潜在因素。当畜禽养殖户排放废弃物时，会对环境造成污染，环境污染是一种具有负外部性的公共物品；反之，当畜禽养殖户进行废弃物资源化利用时，废弃物转变为一种可利用的资源，畜禽养殖废弃物资源化利用行为规避的环境污染表现出正的外部性。畜禽养殖户排放废弃物或进行废弃物资源化利用面临边际私人收益（或边际私人成本）与边际社会收益（或边际社会成本）不完全对等的情形，仅依靠市场调控不能有效实现资源的最优化配置，需要政府通过对私人负外部性行为征税或者对私人正外部性行为补贴来矫正边际私人成本或边际私人收益，促使外部效应内部化，以实现帕累托最优①。

1. 畜禽养殖废弃物排放

畜禽养殖废弃物排放具有负外部效应。如图 3-5 所示，*MPC*、*MSC* 分别表示边际私人成本和边际社会成本，*MR* 表示边际收益，*MEC* 为边际环境成本，横轴 Q 可表示畜禽养殖废弃物产生量或环境承载力，因为畜禽养殖废弃物产生量取决于畜禽养殖数量，故横轴 Q 也可以表示为畜禽养殖量。养殖户出于个人利益最大化原则，确定最优养殖量或废弃物排放量为 Q_1，但由于存在边际环境成本 *MEC*，边际私人成本 *MPC* 小于边际社会成本 *MSC*（*MSC*=

---

① 舒畅．基于经济与生态耦合的畜禽养殖废弃物治理行为及机制研究[D]．中国农业大学博士论文，2017

MPC+MEC），社会最优决策均衡位于 E_2，最优养殖量或废弃物排放量为 Q_2。存在负外部效应的情形下，市场中产品供给量大于社会最优供给量（$Q_2 < Q_1$），此时表现为环境压力加剧。畜禽养殖废弃物排放的负外部效应可能会引致与周边居民的矛盾纠纷、被举报、受到政府惩罚等，也即边际环境成本被部分或全部内部化，MPC 曲线会受负外部效应引致的影响逐渐移至 MPC′，并向 MSC 靠拢，使市场均衡逐渐回归社会最优均衡。

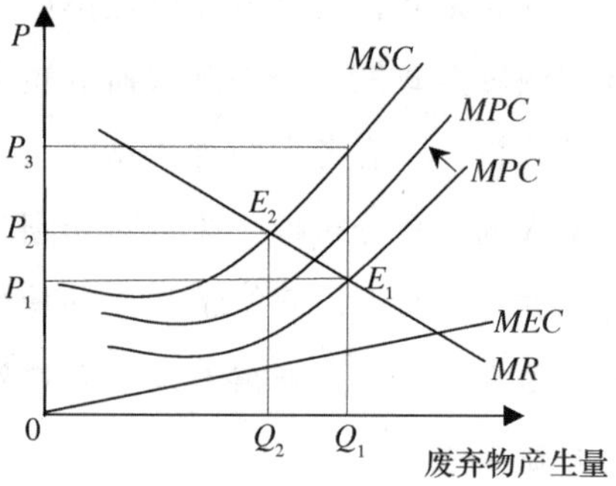

图 3-5　畜禽养殖废弃物排放的负外部效应

2. 畜禽养殖废弃物资源化利用

畜禽养殖废弃物资源化利用具有正外部效应。如图 3-6 所示，MPR、MSR 分别表示边际私人收益和边际社会收益，MC 表示边际成本，MER 表示边际环境收益，横轴 Q 表示畜禽养殖废弃物资源化利用量。同理，养殖户出于个人利益最大化原则，确定最优废弃物资源化利用量为 Q_3，但由于存在边际环境收益 MER，边际私人收益 MPR 小于边际社会收益 MSR（MSR＝MPR+MER），社会最优决策均衡位于 E_4，最优畜禽养殖废弃物资源化利用量为 Q_4。存在正外部效应的情形下，市场中产品供给量小于社会最优供给量（$Q_3 < Q_4$），此时表现为环境保护存在进一步改善空间。畜禽养殖废弃物资源化利用的正外部效应可能会得到政府补贴支持、增进邻里关系、提高个人声誉等，也即边际环境收益被部分或全部内部化，MPR 曲线会受正外部效应引致的影响逐渐移至 MPR′，并向 MSR 靠拢，同样使市场均衡逐渐回归社会最优均衡。

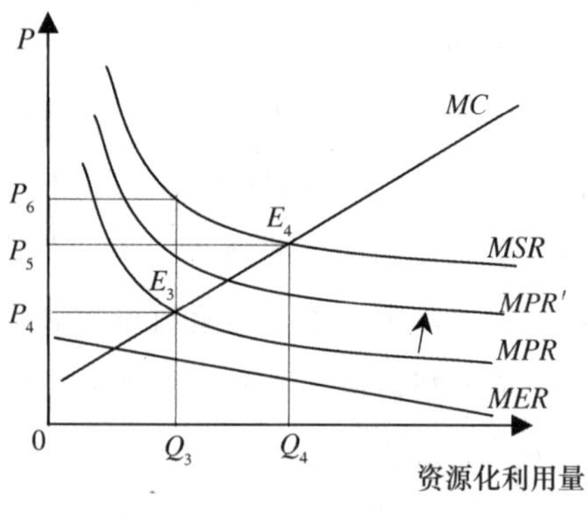

图 3-6　畜禽养殖废弃物资源化利用的正外部效应

三、政府行为选择的博弈分析

从具体实践来看，政府介入畜禽养殖废弃物资源化利用的行为方式主要包括罚款惩罚和补贴激励两种。本节将政府规制行为方式分为三类：命令强制型、经济激励型与混合型，分别构建三种政策情景下政府与养殖户的动态博弈分析框架。在具体博弈分析中，假设政府和养殖户对对方的策略行为以及收益函数均是完全了解的，也即博弈双方信息是完全的。

1. 命令强制型政策——惩罚

该政策情景下，政府对不进行养殖废弃物资源化利用的养殖户进行惩罚，也即政府规制表现为以罚款的命令强制型手段约束养殖户行为。假设政府监管的成本为 $C_1$①、罚款为 F；在政府监管过程中，一方面养殖户较为分散、监管机构能力相对薄弱，养殖污染信息不易及时有效获得；另一方面，部分地方政府出于经济绩效的考量，会忽视或袒护畜禽养殖污染行为，因此畜禽养殖污染行为被监管到以及被罚款均属于不确定性事件。借鉴孙若愚②的做法，假设养殖户不进行废弃物资源化利用被监管到且罚款的概率为 λ_1；政府若不对养殖户污染环境行为进行规制，养殖户畜禽养殖废弃物丢弃等行为会给周边居民生活带来严重影响，引致周边居民的不满，假设此时政府声誉损失为 R_1；对于养殖户而言，假设畜禽养殖废弃物资源化利用的成本为 C_2、收益为 S_1，不进行养殖废弃物资源化利用的声誉损失为 R_2、罚款为 F。

分析博弈双方的策略收益易知，该博弈不存在纯策略纳什均衡，故求解混合策略纳什均衡。假设政府采取惩罚措施（即规制）的概率为 q_1，不采取惩罚措施（即不规制）的概率为 $1-q_1$，养殖户进行废弃物资源化利用的概率为 p_1，不进行废弃物资源化利用的概率为 $1-p_1$，且 $q_1\in[0,1]$、$p_1\in[0,1]$。

---

① 本研究中所有参数设定均为正值。

② 孙若愚．生猪养殖户兽药使用行为研究——基于辽宁省调查数据的经济学分析[D]．沈阳农业大学博士论文，2016

表 3-1　命令强制型政策情景下养殖户和政府的博弈收益矩阵

分类		政府	
		惩罚（q_1）	不惩罚（$1-q_1$）
养殖户	资源化（P_1）	$-C_2+S_1$，$-C_1$	$-C_2+S_1$，0
	不资源化（$1-P_1$）	$-R_2-\lambda_1 F$，$\lambda_1 F-C_1$	$-R_2$，$-R_1$

根据如上假设条件，构建养殖户与政府的博弈收益矩阵。如表 3-1 所示，假设养殖户的期望效用为 U_{f1}，政府的期望效用为 U_{g1}，则 U_{f1} 和 U_{g1} 分别表示如下：

$$U_{f1}=p_1[q_1(-C_2+S_1)+(1-q_1)(-C_2+S_1)]+(1-p_1)[q_1(-R_2-\lambda_1 F)+(1-q_1)(-R_2)]$$

$$U_{g1}=q_1[p_1(-C_1)+(1-p_1)(\lambda_1 F-C_1)]+(1-q_1)[p_1\times 0+(1-p_1)(-R_1)]$$

养殖户期望效用 U_{f1} 和政府期望效用 U_{g1} 分别对资源化利用概率 p_1 和惩罚概率 q_1 求一阶偏导，并根据函数最大化条件分别令偏导数为 0，则得：

$$\frac{\partial U_{f1}}{\partial p_1}=S_1-C_2+R_2+q_1\lambda_1 F=0$$

$$\frac{\partial U_{g1}}{\partial q_1}=\lambda_1 F-C_1-p_1\lambda_1 F-p_1 R_1+R_1=0$$

$$q_1^*=\frac{C_2-S_1-R_2}{\lambda_1 F}$$

$$p_1^*=\frac{\lambda_1 F-C_1+R_1}{\lambda_1 F+R_1}$$

q_1^* 和 p_1^* 为政府和养殖户博弈的混合策略纳什均衡解。当政府采取惩罚措施的概率大于 q_1^* 时，养殖户会进行废弃物资源化利用，反之则不进行；当养殖户进行废弃物资源化利用的概率大于 p_1^*，政府会采取不惩罚措施，反之则采取惩罚措施。处在纳什均衡解上时，政府和养殖户采取任何一种策略的效果都一样。对于 q_1^* 来说，政府惩罚力度越大、养殖户进行废弃物资源化利用的物质收益和非物质收益越高，养殖户进行废弃物资源户利用的积极性就越强；对于 p_1^* 来说，政府罚款所得和声誉认知的综合效益越大、监管成本越小，政府采取惩罚措施的积极性就越强。

2. 经济激励型政策——补贴①

假设政府只采取单一的经济激励型手段，即对养殖户进行废弃物资源化利用行为予以财政补贴，补贴标准为 S_2。在项目资金有限以及申请条件的制约下，养殖户进行畜禽养殖废弃物资源化利用不一定必然获得补贴，获得补贴还与其养殖规模、废弃物资源化利用方式、个人申请的积极程度等有关，因此假设养殖户进行畜禽养殖废弃物资源化利用获得补贴的概率为 λ_2。在经济激励型政策工具和命令强制型政策工具实施背景下，利益主体间的参与主动性相反，因此经济激励型政策实施时的政府规制成本应低于命令强制型政策实施时，假定此时政府规制成本为 C_3（$C_1>C_3$），其他假设与命令强制型政策情景下一致，即政府不进行监管且养殖户不进行畜禽养殖废弃物资源化利用时的声誉损失为 R_1，养殖户进行畜禽养殖废弃物资源化利用的成本为 C_2、收益为 S_1，不进行养殖废弃物资源化利用时的声誉损失为 R_2。

同理，该博弈也不存在纯策略纳什均衡，故求解混合策略纳什均衡。假设政府采取补贴措施（即规制）的概率为 q_2，不采取补贴措施（即不规制）的概率为 $1-q_2$，养殖户进行废弃物资源化利用的概率为 p_2，不进行废弃物资源化利用的概率为 $1-p_2$，且 $q_2\in[0,1]$、$p_2\in[0,1]$。

表 3-2　经济激励型政策情景下养殖户和政府的博弈收益矩阵

分类		政府	
		补贴（q_2）	不补贴（$1-q_2$）
养殖户	资源化（P_2）	$-C_2+S_1+\lambda_2S_2$，$-C_3-\lambda_2S_2$	$-C_2+S_1$，0
	不资源化（$1-P_2$）	$-R_2$，$-C_3$	$-R_2$，$-R_1$

根据如上假设条件，构建养殖户和政府的博弈收益矩阵。如表 3-2 所示，假设养殖户的期望效用为 U_{f2}，政府的期望效用为 U_{g2}，则 U_{f2} 和 U_{g2} 分别表示如下：

$$U_{f2}=p_2[q_2(-C_2+S_1+\lambda_2S_2)+(1-q_2)(-C_2+S_1)]+(1-p_2)[q_2(-R_2)+(1-q_2)(-R_2)]$$

$$U_{g2}=q_2[p_2(-C_3-\lambda_2S_2)+(1-p_2)(-C_3)]+(1-q_2)[p_2\times 0$$

① 文中补贴指广义的补贴，包括税收优惠、项目支持等各种直接或间接性经济激励。

$+(1-p_2)(-R_1)]$

同理，养殖户期望效用 U_{f2} 和政府期望效用 U_{g2} 分别对资源化利用概率 p_2 和补贴概率 q_2 求一阶偏导，并根据函数最大化条件分别令偏导数为 0，则得：

$$\frac{\partial U_{f2}}{\partial p_2}=q_2\lambda_2 S_2-C_2+S_1+R_2=0$$

$$\frac{\partial U_{g2}}{\partial q_2}=-p_2\lambda_2 S_2-C_3-p_2R_1+R_1=0$$

$$p_2^*=\frac{R_1-C_3}{R_1+\lambda_2 S_2}$$

$$q_2^*=\frac{C_2-S_1-R_2}{\lambda_2 S_2}$$

q_2^* 和 p_2^* 为政府和养殖户在经济激励型政策情景下博弈的混合策略纳什均衡解。同理，当政府采取补贴措施的概率大于 q_2^*，养殖户会进行废弃物资源化利用，反之则不进行；当养殖户进行废弃物资源化利用的概率大于 p_2^*，政府会采取不补贴措施，反之则采取补贴措施，以提高养殖户进行废弃物资源化利用的积极性。处在纳什均衡解上时，政府和养殖户采取任何一种策略的效果都一样。对于 q_2^* 来说，政府补贴力度越大、养殖户进行废弃物资源化利用的物质收益和非物质收益越高，养殖户进行废弃物资源户利用的积极性就越强；对于 p_2^* 来说，政府补贴支出和声誉认知的综合成本越高、监管成本越高，政府采取补贴措施的积极性就越低。

3. 混合型政策——惩罚与补贴

政府有时会同时使用命令强制型政策工具和经济激励型政策工具，该情景下，假设政府的监管成本为 C_4，因为涉及惩罚和补贴两类政策，故 C_4 分别大于 C_1 与 C_3，其余假设条件与命令强制型和经济激励型政策情景下一致，在此不再赘述。

同理，该博弈也不存在纯策略纳什均衡，故求解混合策略纳什均衡。假设政府同时采取惩罚与补贴措施（即双规制）的概率为 q_3，不采取（双）规制措施①的概率为 $1-q_3$，养殖户进行废弃物资源化利用的概率为 p_3，不进行

① 在混合型政策情景下，仅存在双规制和不规制两种情形，不规制也即不双规制。

废弃物资源化利用的概率为 $1-p_3$，且 $q_3\in[0,1]$、$p_3\in[0,1]$。

表 3-3 混合型政策情景下养殖户和政府的博弈收益矩阵

分类		政府	
		双规制（q_3）	不规制（$1-q_3$）
养殖户	资源化（P_3）	$-C_2+S_1+\lambda_2 S_2$，$-C_4-\lambda_2 S_2$	$-C_2+S_1$，0
	不资源化（$1-P_3$）	$-R_2-\lambda_1 F$，$\lambda_1 F-C_4$	$-R_2$，$-R_1$

根据如上假设条件，构建养殖户和政府的博弈收益矩阵。如表 3-3 所示，假设养殖户的期望效用为 U_{f3}，政府的期望效用为 U_{g3}，则 U_{f3} 和 U_{g3} 分别表示如下：

$$U_{f3}=p_3[q_3(-C_2+S_1+\lambda_2 S_2)+(1-q_3)(-C_2+S_1)]+(1-p_3)[q_3(-R_2-\lambda_1 F)+(1-q_3)(-R_2)]$$

$$U_{g3}=q_3[p_3(-C_4-\lambda_2 S_2)+(1-p_3)(\lambda_1 F-C_4)]+(1-q_3)[p_3\times 0+(1-p_3)(-R_1)]$$

同理，养殖户期望效用 U_{f3} 和政府期望效用 U_{g3} 分别对资源化利用概率 p_3 和双规制概率 q_3 求一阶偏导，并根据函数最大化条件分别令偏导数为 0，则得：

$$p_3^*=\frac{\lambda_1 F-C_4+R_1}{\lambda_1 F+\lambda_2 S_2+R_1}$$

$$q_3^*=\frac{C_2-S_1-R_2}{\lambda_2 S_2+\lambda_1 F}$$

q_3^* 和 p_3^* 为政府和养殖户在混合型政策情景下博弈的混合策略纳什均衡解。同理，当政府同时采取惩罚和补贴的概率大于 q_3^*，养殖户会进行废弃物资源化利用，反之则不进行；当养殖户进行废弃物资源化利用的概率大于 p_3^*，政府会不采取规制措施，反之则同时采取惩罚和补贴措施。处在纳什均衡解上时，政府和养殖户采取任何一种策略的效果都一样。对于 q_3^* 来说，政府补贴和惩罚力度越大、养殖户进行废弃物资源化利用的物质收益和非物质收益越高，养殖户进行废弃物资源户利用的积极性就越强；对于 p_3^* 来说，政府补贴支出和监管成本越低、罚款收入和声誉认知越高，政府采取混合型政策措施的积极性就越强。

4. 三种政策情景下纳什均衡解的比对

对比三种政策工具情景下，政府与养殖户博弈的混合策略纳什均衡解。

对于 p_3^* 来说，对比可知 p_3^* 小于 p_1^*，而 p_2^* 与 p_3^* 之间孰大孰小不确定，取决于 $\lambda_1 F$ 以及 C_4 和 C_3 的大小，如若假定 C_4 和 C_3 相差较小或相等，则 p_2^* 小于 p_3^*，此时 $p_2^* < p_3^* < p_1^*$；对于 q_3^* 来说，对比可知 q_3^* 最小，而 q_1^* 与 q_2^* 孰大孰小取决于 $\lambda_1 F$ 和 $\lambda_2 S_2$ 的大小，也即取决于两种政府规制政策的力度。

$$p_2^* - p_3^* = \frac{(R_1 + \lambda_2 S_2)(C_4 - C_3) - \lambda_1 F(C_3 + \lambda_2 S_2)}{(R_1 + \lambda_2 S_2)(\lambda_1 F + \lambda_2 S_2 + R_1)}$$

$$\begin{cases} q_3^* < q_2^* < q_1^*, & \text{if } \lambda_1 F < \lambda_2 S_2 \\ q_3^* < q_2^* = q_1^*, & \text{if } \lambda_1 F = \lambda_2 S_2 \\ q_3^* < q_1^* < q_2^*, & \text{if } \lambda_1 F > \lambda_2 S_2 \end{cases}$$

忽略 $q_2^* = q_1^*$ 的情形，图 3-7 和图 3-8 为三种政策情景下混合策略纳什均衡解的组合分布。两种情形下，纵轴上 q_3^* 均最小，此时养殖户进行废弃物资源化利用的概率大于均衡解为 q_1^* 与 q_2^* 时，符合最优政策预期；与纵轴上 q_3^* 相对应，横轴上 p_3^* 介于 p_2^* 和 p_1^* 之间，养殖户进行废弃物资源化利用的概率越大，政府在效用最大化时不采取规制措施的概率就越大，尽可能让市场机制发挥调节作用。因此在畜禽养殖废弃物资源化利用过程中，可以同时采取惩罚和补贴的双项规制措施，以提高养殖户废弃物资源化利用的积极性。同时采取两种政策措施的政府规制成本要小于单独采取两种政策措施的成本之和，这也符合范围经济的逻辑。

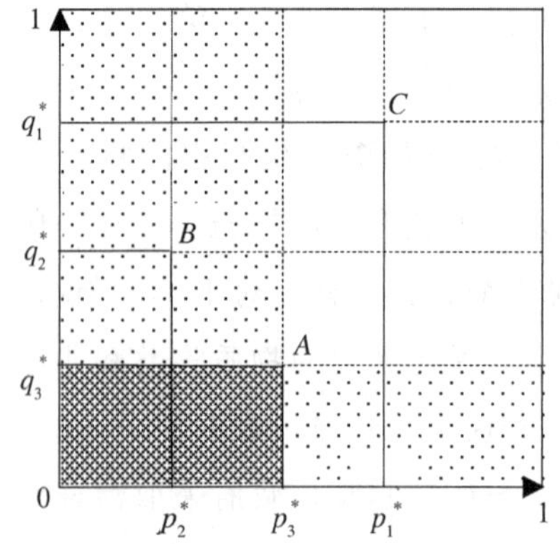

图 3-7　三种政策情景下纳什均衡解比较①

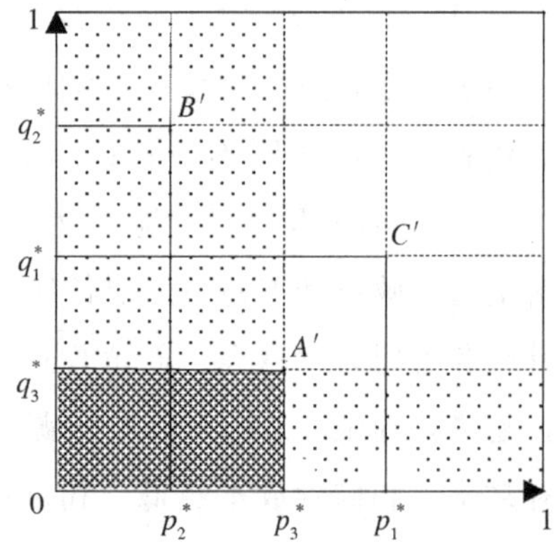

图 3-8　三种政策情景下纳什均衡解比较②

四、结论及建议

本节首先基于外部性理论，阐释了政府介入养殖户进行养殖废弃物资源化利用行为的经济学逻辑，接着构建博弈分析框架，对命令强制型政策、经济激励型政策和混合型政策情景下政府与养殖户的行为选择进行博弈分析，并求解博弈的混合策略纳什均衡解。研究表明，鉴于畜禽养殖废弃物不处理的负外部性以及资源化利用的正外部性，政府介入畜禽养殖废弃物资源化利用尤为必要；政府同时采取惩罚与补贴双项规制措施优于单独实施惩罚或补贴措施，混合型政策工具更有利于多途径促进养殖户进行养殖废弃物资源化利用。基于如上所得结论，提出如下几点建议：

1. 综合采用激励与惩罚相并存的混合型政策工具

激励与惩罚相并存的混合型政策工具能够通过节约监管成本等提高政府对畜禽养殖环境规制的效率，因此地方政府应通过采用混合型政策工具介入畜禽养殖废弃物资源化利用过程，优化生态环境监管体系。一方面对产生环境污染的养殖主体予以责令限期整改、罚款等惩罚，形成推进畜禽养殖废弃物资源化利用的政策推力；另一方面对参与畜禽养殖废弃物资源化利用的养殖主体予以资金支持、税收优惠等奖励，形成推进畜禽养殖废弃物资源化利用的政策引力。

2. 积极引导畜禽养殖向规模化、标准化方向转型

监管成本是影响政府介入畜禽养殖废弃物资源化利用的重要因素，而监管成本又在一定程度上取决于畜禽养殖规模化水平，因此在区域生态环境承载力范围之内，应积极引导散户以及小规模畜禽养殖主体逐步退出或向规模化、标准化畜禽养殖转型，不断提高我国畜禽养殖规模化水平，增强畜禽养殖主体进行养殖废弃物资源化利用的内在实力。同时，畜禽养殖规模化也为完善畜禽养殖主体备案制创造了有利条件，便于政府对畜禽养殖主体的全覆盖式监管，能够有效降低政府规制成本，促进畜禽养殖废弃物资源化利用。

3. 持续加强畜禽养殖废弃物资源化利用宣传力度

鉴于环境产品的公共物品属性，畜禽养殖废弃物资源化利用涉及政府、养殖户以及周边居民等众多行为主体，因此应不断加强畜禽养殖废弃物资源

化利用宣传力度，提高各利益相关主体的环境保护认知。一方面通过典型模式推介、政策宣讲等，科学指导畜禽养殖主体选择与养殖特征相匹配的废弃物资源化利用模式；另一方面鼓励畜禽养殖主体周边居民积极参与环境保护监督，共同抵制生态环境破坏行为，在降低政府监管成本的同时倒逼畜禽养殖主体进行养殖废弃物资源化利用。

4. 充分发挥声誉机制对养殖主体的激励引导作用

声誉作为一种非物质收益，是对畜禽养殖废弃物资源化利用行为所产生外部性的一种补偿。畜禽养殖主体对个人声誉的认知程度越高，参与畜禽养殖废弃物资源化利用的积极性就越强。因此应充分发挥声誉机制对畜禽养殖主体的激励引导作用，适时引入环境自愿型政策工具，积极引导畜禽养殖主体自发参与养殖废弃物资源化利用活动，推动畜禽养殖废弃物资源化利用长效可持续发展。

第三节　畜禽粪便肥料化利用的盛衰兴替①

> 加强农村突出环境问题综合治理。加强农业面源污染防治，开展农业绿色发展行动，实现投入品减量化、生产清洁化、废弃物资源化、产业模式生态化。推进有机肥替代化肥、畜禽粪污处理、农作物秸秆综合利用、废弃农膜回收、病虫害绿色防控。
>
> ——《中共中央国务院关于实施乡村振兴战略的意见》
>
> （2018 年一号文件）

乡村振兴战略是当前我国“三农”工作的“总抓手”，其中，生态振兴是乡村“五大振兴”的重要内容，良好的生态环境是农村的最大优势和宝贵财富。农业农村发展在不同历史进程中肩负着不同的发展目标与使命，在这条历史长河中，农业经济发展对农村环境发展的影响显著，而肥料施用结构的

① 本节作者李杰（中国农业大学经济管理学院）。

变化正是农业经济与环境发展变迁进程的体现。

“庄稼一枝花，全靠粪当家”，一句耳熟能详的农谚充分诠释了粪肥在农业生产中的重要作用。粪肥施用在我国最早可追溯至西汉，于明清时代达到发展鼎盛，而后随着农业生产目标的转换，畜禽粪肥还田模式逐渐衰退，取而代之的是无机化肥的施用。农业生产发展到一定阶段，环境污染问题逐步受到关注，畜禽粪肥作为畜禽废弃物的重要资源化利用形式、无机化肥的重要替代，重新回归到农业生产的舞台中央，粪土在历史上的盛衰兴替可划分为四个阶段进行阐述，通过畜禽粪肥的发展历程可间接了解我国农业经济发展与环境改变之间的动态关系。

一、盛：畜禽粪便简易还田利用阶段（1949 年之前）

我国自古以来就有施用粪肥进行耕种的传统。春秋战国时期，孟子有云：“耕者之所获，一夫百亩，百亩之粪，上农夫食九人”，即一人耕种百亩地，全部施用粪肥，所产粮食可够九人食用。元代农学家王祯曾在《王祯农书》中提道：“田有良薄，土有肥饶，耕农之事，粪壤为急”，亦说明了粪肥施用对于耕种生产的重要性。粪肥的收集利用在明清达到高潮，《英使谒见乾隆纪实》记录：“中国农民家庭中，任何老弱病残人群都有用处，他们干不了别的劳动，但他们能积肥制肥。……中国人把粪便积起来，里面掺进坚硬壤土做成块，在太阳下晒干，这种粪块可作为商品卖给农民”，古人在农业生产实践中早就认识到粪肥施用的重要性。同时，古人对于粪便的收集、运输和保存工作也颇有经验，根据《梦粱录》的记载，早在南宋时期，杭州就已有专人收集和运送城市人粪并负责运送至田间，清代中叶苏州还备有专船进行“挨河收粪”，“粪舡上的人，饮食坐卧，朝夕不离，还唱山歌儿作乐”。明清江南人民对粪肥的制作加工进行了各种尝试，“沤粪法”“蒸粪法”“煮粪法”等技术应运而生并流传延续至今。江南人民对粪便收集、运输、加工、施用等方面的突破创新，使得江南成为富饶之地，是国家赋税的主要来源地①。

---

① 李伯重．粪土重于万户侯：中国古代粪肥史[EB/OL]. http://history.news.163.com/special/00011HJ4/fentu.html. 2009-10-30/2019-05-31

二、衰：畜禽粪便废弃污染阶段（1949—1990年）

新中国成立初期到1978年，是我国粮食供应紧缺时期，面对人均粮食占有量不足350公斤的现实境况，提高粮食单产是当时我国农业生产的头等要务。畜禽粪便还田利用不仅缺乏先进的制肥工艺，并且存在肥效缓慢的先天性缺陷，满足不了高产、高效的农业生产要求，加之无机肥料高效施用的利益驱动，畜禽粪便堆肥利用的情景逐渐淡出。

改革开放后的10余年间，我国粮食生产总量有所增长，但与此同时我国人口的增长更为迅速，以保证粮食安全为政策根本着力点的农业生产思路并未改变。伴随着我国煤炭能源产业和国内大规模化学肥料基础工业建设的迅猛发展，化学肥料替代有机肥施用的现象日趋增多，农业部农技推广中心数据显示，中国有机肥施用量占肥料总投入量的比例，从1949年的99.9％下降到1990年的37.4％。化肥的大量替代使用，直接削弱了有机肥在农业生产中的重要性，间接导致畜禽粪便失去应有的利用价值。

新中国成立初期到20世纪90年代末，是化肥逐渐替代有机肥的发展阶段，这一阶段虽然畜禽粪便逐渐作为农业废弃污染物被随意排放，但由于当时畜牧产业的规模相对较小，畜禽粪便排放对环境造成的污染并未引起关注。

三、兴：畜禽粪便肥料化利用起步阶段（1991—2014年）

20世纪90年代初期，随着我国粮食总产的稳步提升，有效解决了城乡居民的温饱问题，食物供给从保证数量转变为要求质量，农业发展开始实施战略转型，农业生态环境问题逐渐受到关注，1992年国务院颁布《关于发展高产优质高效农业的决定》，将发展绿色食品上升至国家战略。绿色食品的生产主要以施用有机肥为主体和基础，部分农户利用该契机开始了自产自用堆肥与无机化肥兼用的肥料施用模式，绿色食品的开发同时催生了发酵有机肥产业化生产的形成与发展。

这一时期，我国农业发展出现了新的矛盾点，即家庭经营的分散现状导致小生产与大市场之间的矛盾，农业集约化经营成了农业发展的现实要求，发展适度规模经营、发展集体经济成为农村发展第二个飞跃。农业规模化、集约化的发展在为农业发展注入有效动力的同时，导致了种养业的脱节、分离，进而使得畜禽粪便的肥料化利用受到了极大限制。同时随着劳动力成本的不断攀升，畜禽粪便作为肥料施用产生的运输、人工费用等让非自产自用的种植农户更倾向于选择高效、便捷的无机化肥进行施用。

20 世纪 80 年代，中国畜禽粪便产生量为 6.9 亿吨，2003 年我国畜禽养殖业共产生 31.9 亿吨粪便，是当年工业产生固体废物的 3.2 倍，2010 年我国畜禽粪便排放总量为 19 亿吨，形成污染的畜禽粪便量为 2.27 亿吨，如不进行有效的政策干预，全国畜禽粪便总污染量预计将大幅度增至 2020 年的 2.98 亿吨①。随着养殖规模化水平的不断提高，养殖废弃物污染逐渐突出，养殖废弃物资源化利用被提上日程。2013 年以前，我国对于畜禽粪便的政策法规集中在畜禽粪便污染防治方面，将畜禽粪便作为一种污染物进行防治和处理，规定粪污还田必须达到农田灌溉水标准，采用为治而治的被动思路。2014 年，我国实施的《畜禽规模养殖污染防治条例》中明确提出，畜禽粪污经过无害化处理后，在与土地的消纳能力相适应的前提下，可作为肥料还田，为治而治的被动思路转换为以用为治的主动出击。由此，畜禽粪便得到了国家政策层面的认可，完成了从废弃物到资源的身份转换。

1991—2014 年期间，绿色食品的发展为畜禽粪便肥料化利用带来了复苏契机，养殖废弃物污染开始受到一定重视，畜禽粪便肥料化利用获得了正名，但这仅是畜禽粪便肥料化利用的兴起阶段，种养业分离、劳动力缺乏、有机肥肥效缓慢、有机肥补贴政策缺失等窘境都极大地制约了种植户对于畜禽粪便有机肥的施用。

四、替：畜禽粪便肥料化利用发展阶段（2015 年至今）

农田施肥是保持土壤肥力和增加作物产量的必要措施。目前我国每年使用化肥总量约为 6 000 万吨——全球 1/3 的农用化学品消耗在 9%的耕地上，

① 仇焕广，廖绍攀，井月，等．我国畜禽粪便污染的区域差异与发展趋势分析[J]．环境科学，2013，34(7)：2766-2774

单位面积施用量远超全球平均水平①，近些年来，我国有机肥施用量占肥料总投入量的比例已不足20%，化肥过量施用、有机肥投入量不足加剧了土壤营养失衡和基础肥力下降，严重威胁农业和农村经济的可持续发展。

2015年开始，政府陆续制定出台了一系列畜禽粪污资源化利用政策，加快推进畜禽粪肥还田利用，包括《国务院办公厅关于加快推进畜禽养殖废弃物资源化利用的意见》《农业部关于打好农业面源污染防治攻坚战的实施意见》《到2020年化肥使用量零增长行动方案》《开展果菜茶有机肥替代化肥行动方案》《畜禽粪污资源化利用行动方案（2017—2020年）》《畜禽规模养殖场粪污资源化利用设施建设规范（试行）》《2019年农业农村绿色发展工作要点》等。种养结合推进、有机肥替代施用成为当前农业发展过程中的重要任务。

沿着明清时期江南地区对粪肥的利用思路，国家主要围绕畜禽粪便收集、处理、终端产品利用等关键环节给予技术支撑及政策支持，促进畜禽粪便肥料化利用。畜禽粪便收集和处理，主要由养殖端和第三方组织完成，通过向畜禽粪便产生主体养殖场进行环境约束施压，要求养殖端完成畜禽粪便的基本发酵处理，由专业化有机肥加工企业、农民合作社、社会化服务组织及养殖场成立的专门机构等组织，开展畜禽粪便有机肥的收集存储、处理利用等工作；畜禽粪便有机肥的利用由种植户完成，通过有效的政策激励手段、市场驱动机制、产业关联效应引导种植户科学合理的施用畜禽粪便有机肥。

五、小结

农业经济发展过程中，因不同阶段农业生产目标的不同，对环境的重视程度亦有所不同。20世纪90年代之前，国家农业生产目标秉承着“以粮为纲”的发展要求，以提高粮食生产效率为主，对环境的关注度低，畜禽粪便有机肥作为低效、低利的生产投入品逐渐退出农业生产舞台，一度成为废弃物、污染物。当农业生产发展达到一定水平时，农业生态环境问题逐渐突出，畜禽粪便有机肥作为低污染、高品质农产品的必须投入品重新回到农业生产

① Yiyun W，Xican X，Xin T，et al. Policy distortions，farm size，and the overuse of agricultural chemicals in China[J]. Proceedings of the National Academy of Sciences，2018，115(27)：7010-7015

舞台。畜禽粪便肥料化利用的发展历程映射出了农业经济发展与环境的关系。

畜禽粪便有机肥的施用有效缓解了畜禽废弃物污染严重的现状，并且在发展绿色农产品、保障农产品粮食安全、质量兴农方面起到了关键性作用，是生态振兴的有力支撑。农业农村发展要始终将绿色发展放在首要位置，不仅要逐步将之前欠下的农村生态环境旧账还清，同时不能再向农村生态环境欠新账，大力发展绿色、优质、高效的现代生态农业，促进乡村生态振兴。

第四节　让旅游扶贫成为乡村可持续发展的助推器①

1949 年，新中国成立。70 年来，大国崛起，经济腾飞，政治、经济、民生各个领域发展蒸蒸日上，2019 年距离全面建成小康社会还有两年的时间，在全面建设小康社会的进程中，农村、农民、农业始终是党和国家关注的重点问题。在党的十九大报告中，习近平总书记首次提出实施乡村振兴战略，坚持农业农村优先发展，将农业农村工作推向党和国家工作全局的优先位置。回望过去，在解决“三农”问题的过程中虽然有新问题相继出现，但解决“三农”问题的脚步从未停止，也不断涌现出很多有益的尝试。其中，乡村旅游精准扶贫成为脱贫攻坚工作的重要途径之一。习近平总书记曾说，绿水青山就是金山银山。良好的生态环境不光可以为农村带来良好的人居环境，同时也可以作为旅游资源为农村经济注入新的活力。本节将对乡村旅游精准扶贫的实现路径进行分析，并提出有针对性的对策建议。

一、乡村旅游精准扶贫的概念

2014 年国务院出台的《关于促进旅游产业改革发展的若干意见》中提到了“加强乡村旅游精准扶贫”，这是乡村旅游精准扶贫理念第一次完整的提

① 本节作者杜天瑛(中国农业大学经济管理学院)。

出，是处在精准扶贫大环境中，旅游扶贫做出的改进和深化，是两者的有效结合。可以发现，在深化扶贫工作的过程中，旅游与扶贫之间事实上并不是前因后果的关系，但是针对于某一个地区，旅游业的发展毫无疑问可以为该地的整体经济水平和人民生活水平起到十分有利的积极作用，这也是旅游扶贫的意义所在。然而由于机制不够完善，在这一过程中，极易出现贫困人口未能参与旅游业进程、旅游业发展的成果未能惠及真正贫困的人口、贫困人口不仅不受益反而可能承担旅游业发展带来的物价上涨、生活环境质量下降、生态环境恶化等问题，进而会引发贫困人口更加贫困、贫富差距拉大等问题。乡村旅游精准扶贫的提出则可以改变这一局面，在宏观上对不同地区加以识别，确定其是否适合开展乡村旅游以及开展何种乡村旅游；微观上对贫困人口的致贫原因进行详细分析，按照不同的性质为不同类别的贫困人口分别安排合适的工作，实行有针对性的扶贫措施，真正落实扶贫到人到户，并且健全退出机制，避免扶贫资源的浪费。

二、乡村旅游精准扶贫主要环节

1. 乡村旅游精准扶贫识别

乡村旅游精准扶贫识别的主体主要包括政府、企业、贫困人口等，在国外还有比较盛行的非政府组织（NGO），但在国内非政府组织处在刚刚起步阶段，目前尚未发挥较大的影响。

从总体上来看，扶贫方面我国一贯采取的模式是“政府主导，社会参与”，旅游开发条件和旅游项目的识别中，政府通常扮演宏观调控者的角色。政府应当在组织人员对当地进行切合实际的考察之后，做出符合当地情况的总体判断，对旅游业的发展进行全局调控。应当注意的是，政府的主导地位并不意味着大包大揽，政府应严格筛选出成熟有实力的企业对旅游项目进行进一步的识别和设计。另外，在对贫困人口的识别上，由于贫困人口数量大、致贫原因复杂，而且是一个处在不断变化中的动态群体，因此很难将贫困人口全面纳入体系之内并且分析其致贫原因，因此，政府应当建立一个有效机制使贫困人口能够主动上报信息，而政府应当甄别这些信息的准确性，形成“自下而上，多方参与，动态管理”的机制。

企业作为市场中极具活力的重要组成部分，对旅游项目发展的优劣势、发展机遇、市场效益、竞争力情况等方面会更为敏感，旅游企业应当在遵循政府领导的大方向下更为细致的调查分析当地的风土民情，深入挖掘可供开发的旅游资源，选择更具当地特色的、贫困人口可参与程度高的、经济效益更为明显的、具有可持续发展潜力的旅游项目，使旅游项目的识别更加准确且切实可行。

贫困人口是扶贫工作最终的落脚点和受益人，也是需要在旅游业中广泛参与的一部分，而且他们很可能是极为了解当地环境以及资源情况的群体，因而在精准扶贫识别中，贫困人口应当树立主体意识，积极配合政府部门和旅游企业的工作，勇于发表自己的观点，对拟定的发展方案及时提出意见和建议，充分表达自己参与旅游业发展的观点，帮助政府和旅游企业更加精准地识别。在贫困人口识别方面，贫困人口应当自愿申报其具体情况，减轻政府在扶贫对象识别上的工作压力。

2. 乡村旅游精准扶贫帮扶

贫困地区可能因为地理位置偏远、交通闭塞、环境恶劣、居住人口的文化程度普遍不高等原因限制了经济发展，而这些因素也会导致基础设施建设不完善、整体的环境风貌不美观、资源没有得到有效利用等问题，进而使乡村旅游发展面临一定的难度。乡村旅游扶贫精准帮扶正是在精准识别的基础上，针对这些问题短板采取有效措施进行改善，是发展乡村旅游精准扶贫的关键点，这个关键总的来说体现在两个方面：一是乡村旅游业自身发展的需要，二是提高贫困人口参与度、实现精准扶贫的需要。具体来说，首先在旅游发展优势方面，虽然贫困地区可能具有资源禀赋、环境独一性高等特点，但是由于多种原因导致的长期经济条件落后所带来的种种问题都会使得该地区难以凭借自身的力量发展旅游业，比如最大的问题就是资金短缺，旅游业的发展需要良好的基础设施条件，而贫困地区的建设往往是为了满足基本的生产生活而非旅游，旅游业的前期建设工程量巨大且资金需求巨大，而且在建设期往往是没有回报的，贫困地区很难拿出这样一笔资金来发展旅游业。除了资金和建设上的问题之外，还会面临着客源市场狭小、知名度不高、竞争力小等问题，而乡村旅游精准扶贫帮扶会针对这些问题提供相应的措施进行解决，逐步带动起乡村旅游业的发展，赋予其生命力，使其向造血式产业发展，将资源优势转化为经济优势。再者，帮扶的关键性作用不仅体现在旅游业的发展上，还有极其重要的一点是贫困人口参与度上。贫困人口参与到旅游产业中面临的两大问题，概括来说就是能力和意愿问题。旅游从业人员需要具备一定特殊素质，但贫困人口一方面涉及旅游方面的能力不够，另一方面有一部分贫困人口很可能具有身体上的缺陷或没有劳动能力。另外，不是所有人都会愿意参与到旅游业中，贫困人口的观念可能会闭塞落后，对于旅游这种新产业的接受能力会存在不同，更有甚者，部分贫困人口习惯于接受直接的补助扶持，可能不愿意通过自身努力来摆脱贫困。以上皆是贫困人口参与旅游业的障碍，因而需要通过帮扶的手段使贫困人口实现最大程度的参与，这是直接关系到旅游扶贫能否有效的关键点。

在乡村旅游精准扶贫帮扶环节上，主要有以下几点措施。

一是加强基础设施修建。贫困地区经济落后，基础设施条件差，对旅游者而言，良好的旅游资源是吸引物，完善的基础设施则是创造舒适行程的保障。政府应该发挥其主导作用，拨付旅游精准扶贫建设专项基金，对贫困地区的道路交通、卫生环境、食宿环境、娱乐场所等进行修建，要注意的是，除了道路、旅游饭店这类必不可少的建设之外，对于休憩设施、厕所等容易忽视的方面也必须建设到位。于旅游企业而言，其在基础设施的修建上起到辅助作用，与政府进行配合，为政府出谋划策，提升旅游业发展的总体竞争力。

二是加强乡村旅游精准扶贫政策帮扶。首先，政府要充分利用已有的政策和扶贫资金对贫困地区和贫困人口进行帮扶，与此同时，政府应进一步制定有利于乡村旅游精准扶贫的政策。政策制定中有两个针对点，一是对企业的帮扶，二是对贫困人口的帮扶。在对企业的帮扶中，政府应完善相应的财政、货币政策，建立良好的经济环境和运行有效的金融市场，从而吸引外来投资，借助外来力量盘活当地经济发展。但必须注意的是，对于招商引资需要谨慎，在吸引力量雄厚的企业来投资时要为本地小企业留足发展空间，政策的制定上应对本地企业有足够的倾斜，比如减轻税负、降低贷款利息等，以避免外来资本过度投入使旅游业虽然发展态势良好但在本地的扶贫工作上却贡献微小。对贫困人口的帮扶则体现在更多方面，比如鼓励高校等教育培训机构对贫困人口进行培训，对于带头参与到旅游事业中的贫困人口进行政策性奖励等。

三是加强乡村旅游精准扶贫组织建设。乡村旅游精准扶贫帮扶的重要措施之一是打造高效运行的贫困地区管理组织，建立健全沟通领导机制、决策机制、监督机制，不断提升其在旅游扶贫工作中的组织领导协调整合能力。组织建设的推进要设置扶贫专职干部，同时充分发挥基层组织如村委会、居委会和党支部等在当地的影响力，另外要建立旅游精准扶贫领导小组，实现双重领导机制，对帮扶工作进行全面把控。

四是细分贫困对象，分类制定帮扶措施。贫困人口的致贫原因往往不同，因而适用于他们的帮扶措施也不尽相同，要想使贫困人口充分参与到旅游产业中，需要因人而异、对症下药。根据致贫原因不同，贫困人口大致可以分为三类：一是青壮年，学习能力强，但因为没有工作机会而导致贫困，对这部分人群应当加强能力上的培训，具体的培训内容可能包括导游、财会等多方面，再根据他们的个人特点为其安排在景区、饭店、购物场所、管理部门等地就业，或者鼓励他们借助旅游发展契机在当地进行创业，这一部分人群应当是参与旅游产业发展的主力军；二是因为疾病或年龄问题劳动能力较低者，这部分人群可以视情况而定，如果有一定的劳动能力，那么可以安排一些道路环保、植被看护等较为轻松的工作，如果彻底丧失劳动能力，那么可以考虑土地房屋入股旅游企业，增加财产性收入，或者通过扶贫成果二次分配等途径进行帮扶；三是虽然贫困但没有意愿参与到旅游产业当中去，针对此类人群，要加强教育、宣传，使其看到参与旅游业会带来的好处，改变原有观念，提高积极性。除了针对性措施，对于贫困人口应该进行综合培训，包括环境意识、学习意识、服务意识等，促进贫困人口基本素质的整体提升。

3. 乡村旅游精准扶贫管理

精准管理是动态的，是对乡村旅游精准扶贫全过程的管理，包括每个环节、每个要素和每个主体，其主要功能是确保乡村旅游精准扶贫整个系统的通畅运行以及提高其运行效率。系统中每一部分的高效率配合可以使系统产生“1加1大于2”的效果，从而大大提高系统的运行效率，乡村旅游精准扶贫管理在于确保各个环节精准到位的实施以及避免资源的浪费。以扶贫资金为例，过去经常会出现的问题是扶贫资金没有完全用在扶贫上，在自上而下的传递过程中，可能由于腐败行为将扶贫资金挪为他用或者出现冒充贫困人口领取扶贫款项等问题，资金漏损严重，造成了扶贫工作投入多但成效小的局面。乡村旅游精准扶贫管理则可以监管每一笔资金流向，发现问题时及时修正。另外，许多贫困村在经过一系列帮扶之后已经脱贫但可能仍然享受很多优惠待遇，占用扶贫资源，这也是造成扶贫效率低下的原因，通过乡村旅游精准扶贫管理可以及时且清晰地获知扶贫对象现状，对于已经脱贫的对象应当在一定时间的观察之后停止帮扶，完善退出机制，进一步提高精准扶贫系统的运行效率。

具体管理上，首先要建立完善的管理体制。乡村旅游扶贫工作不仅涉及旅游部门和扶贫部门，还会涉及水利、林业、畜牧、社会保障等多个部门，然而部门众多往往会导致管理上的盲点，健全管理体制，首先要明确各主体的责任和扮演的角色，从而可以有效防止其扯皮推诿、逃避责任的问题。其次要防范风险，加强薄弱环节管理。乡村旅游精准扶贫管理要在扶贫系统开始运行之前就未雨绸缪，充分考虑可能会发生的各种问题，做好充足的准备以应对风险，尤其在薄弱和关键环节更要加强管理。比如在旅游项目的识别上，项目一旦不具有可行性或者不具有持续发展性就会对整个扶贫系统造成巨大损害，乡村旅游精准扶贫管理应当在此环节给予更多的关注。同时要建立健全反馈机制，反馈机制的建立一方面可以与退出机制相结合，促进旅游扶贫资源的优化配置；另一方面反馈机制可以使扶贫工作始终处在动态的管理中，信息更新更加准确及时，有利于扶贫工作阶段性总结，不断吸取扶贫实践中的经验和教训，时刻对扶贫工作做出调整和改进。另外在乡村旅游精准扶贫的管理上要进行多主体联合管理。乡村旅游精准扶贫的主体一般有政府、旅游企业、扶贫对象和非政府组织，政府通常占据主导地位，与此同时，要尽可能的激发各主体参与旅游扶贫管理的积极性，提升其主体意识。此外，社会公众也应该加强对旅游扶贫工作的监督，促进乡村旅游扶贫工作进一步提升。

三、结语

自改革开放以来，我国社会事业蒸蒸日上，物质与精神生活齐头并进，人民生活水平得到极大提高，不断向全面建设小康社会的方向迈进。但在这样一个大背景下，农民生活水平不高、城乡发展差距大、农村贫困人口数量大等问题依然存在。2013年，习近平总书记首次创新性地提出了精准扶贫的理念，进一步助推了"三农"发展。《中国农村扶贫开发纲要（2011—2020年）》指出，截至2020年，大约6 000个贫困村中要发展乡村旅游，促进大批农村劳动力人口在家乡实现就业。乡村旅游精准扶贫的推进和落实牵扯到方方面面，而它在未来能够带来的积极效益也会直接影响到和谐社会的构建、小康社会的全面覆盖、"三农"问题的解决等涉及人民生活水平提升的诸多层面，是乡村旅游、社会保障、环境保护、经济发展、精神文明上的共同建设。愿乡村旅游能够有效助力"三农"发展，为解决贫困人口脱贫致富，为生态文明建设添砖加瓦。

第五节 观光农业实现了"诗"和"远方"的水乳交融[①]

2018年国家发布的中央一号文件《中共中央国务院关于实施乡村振兴战略的意见》中明确指出，要大力发展观光农业和乡村旅游业，建设一批基础设施有保障，观光园区有特色，绿色、健康的精品工程。这对推进乡村产业发展、实现农村振兴具有重要意义。随着日益提高的城镇化和快节奏的城市生活，常规的城市旅游逐渐满足不了人们对于健康、阳光、悠闲的向往和需求。而农业观光旅游逐渐成为人们了解自然、体验传统民俗、寓教于乐的旅游方式。天津市武清区近年来发展迅猛，在经济增长、招商引资、文化挖掘方面都取得了很大进步，观光农业发展也颇有成效。随着京津冀一体化不断深入，武清区在生态环境保护、旅游服务方面得到长足发展，同时为其观光农业带来巨大发展空间。如何利用现有自然资源、历史悠久的农耕文明、浓郁朴实的农俗风情打造出吸引国际化大都市人口的观光农业，是一个值得深思的问题。本节力图归纳出观光农业发展的基本规律，总结其经营模式及特点、探究其影响因素，通过搜集近年来武清区农业、旅游业、观光农业发展

① 本节作者杨春、李晓峰（中国农业大学经济管理学院）。

资料，以走访和问卷的方式在观光农业园内进行调研。结合区位因素、现有资源等分析其发展的优劣势，力求提出合理可行的发展对策，对观光农业的深层次发展起到更加积极的作用。

一、武清区观光农业发展现状

1. 武清区观光旅游概况

武清区2010年接待游客56万人次，2016年，达到1 660万人次，年均增长48%。2011年该地区的旅游收入为1.1亿元，2016年增至80亿元，年均增长50%。在天津市16区中，武清区在接待旅客数量上位于全市第三位，旅游收入排在第二位。目前，全区共有国家A级景区5家，其中，南湖·绿博园景区、凯旋王国为国家4A级景区，君利农业示范园、天鹅湖休闲旅游区为国家3A级景区，伊利酸奶健康产业园为国家2A级景区；有旅行社11家，门市部58家。奥蓝际德酒店、天鹅湖温泉度假村为星级宾馆；天狮国际健康产业园为国家级工业旅游示范点；天津娃哈哈工业园、天津伊利酸奶健康产业园和天津蒙牛营养健康产业园为天津市级工业旅游示范点。全区旅游业总收入占GDP的比重从2012年的1.3%上升到2016年的5.8%，对区域经济的贡献率逐年提高。在带领相关产业发展、促进人们就业创业以及农民发家致富上都发挥了积极作用。

2. 武清区近年发展观光农业主要做法

观光农业是“乡村振兴战略”不可或缺的一环，是社会经济、农村经济的重要增长点。武清区作为天津的农业大区，始终把发展观光农业放在重要位置，切实贯彻与落实中央、市委的决策部署，总体提高武清区的观光农业水平。通过几年努力发展，该区的观光农业已初具规模，被农业农村部评为“全国休闲农业与乡村旅游示范县”。截至目前，全区现有14个农家院、3个村、21个园区获得市级以上村镇点、园区荣誉称号。2016年总共接待了300万人次的观光农业游客访量，旅游及农副产品综合收入多达10亿元。

近几年来，武清区在观光农业发展方面主要做了以下几点工作：

(1) 着力建设汉沽港镇的“津溪桃源观光园”、大王古庄镇的“京滨玫瑰庄园”、泗村店镇“欣然观光农业示范园”等8个观光农业园区，下伍旗镇

“颐正源生态农业基地”、南蔡村镇“一芳田童趣农庄”“漫森活樱桃园”等40余个农业精品点位，围绕“4412设施农业提升”、农业结构调整、农业综合开发等市级农业项目的实施，陆续完成了金锅现代农业示范园等一批生态型观光农业村庄和示范项目。依托新农村建设、北运河郊野公园、大黄堡湿地保护区开发等区级重点工程的实施，先后建成了南辛庄等一批特色休闲旅游村，建设了农家乐、渔家乐等观光农业点位200余个。重点建设了北运河、武香路、崔大路、武宁路4条农业特色产业带，扶持了36个蔬菜专业村，有力提升了武清观光农业整体水平。

（2）北运河旅游带沿线南辛庄、蒙村、蒙辛庄等特色旅游村接待规模扩大、环境设施完善、采摘项目升级。金锅生态园优化项目实施，营造乡村体验新氛围。凯旋王国水上乐园、南湖景区微缩沙滩等项目，成为吸引游客新热点。君利农业示范园天然绿色温泉、南湖冰雪世界等冬季旅游项目投入运营，填补了武清冬季旅游市场空白。

（3）因地制宜举办主题活动。累计举办各类观光农业节庆活动近百次，成功为区域经济社会发展注入了新活力。津溪桃源成功举办了三届津溪桃花节，累积接待游客超过70万人次①。京滨玫瑰庄园以“四季花不落，季季果不断，月月有活动，年年有新景”为目标，打造爱情主题观光农业游品牌，相继举办了食用菊花采摘节、缤纷风车节等特色活动，使其成功跻身为京津冀休闲旅游热门景区，有效提升了武清观光农业点位的知名度和影响力。

（4）充分利用现代农业信息技术，积极推进物联网与观光农业的有机融合。建立了一支观光农业推广宣传专业团队，在山炮营等30个观光农业点位，安装了农业物联网设备，将点位全景漫游和物联网实时监测充分结合，让消费用户能看到实时的农业旅游景观。

（5）利用互联网进行宣传。观光农业平台宣传观光农业主体园区34家、农家院61户、休闲乡村21个、美食特产42种、节庆民俗27个、精品旅游线路8条。微信公众平台“大美津郊”推送武清观光农业相关文章及活动共200余篇。

---

①　孙凤芝．天津市武清区新型农业社会化服务体系建设与运营模式[J]．农村实用技术，2018(3)：20-21

武清区共有43家龙头企业和58家市级合作社，有42家经营主体开展网络销售，其中第三方平台有淘宝、京东、天猫和津农宝，主要对加工农产品及初级农产品进行在线售卖，年销售额高达5 000余万元。

3. 武清区观光农业园问卷调查

为了解武清区观光农业游客的基本信息、客源市场及顾客需求，为区政府制定观光农业发展规划及区内观光农业园未来改进和发展方向做参考，特开展此次问卷调查。

调查采用现场问卷形式，地点为武清区各主要观光农业园区（主要有京滨玫瑰庄园、南湖公园、一芳田童趣农庄和北运河郊野公园），于2017年12月至2018年3月（淡季）周末时间，共发放问卷200份，回收问卷193份，有效问卷185份，有效率92.5%。

（1）游客基本信息分析：如表3-4所示，从年龄、职业、月收入以及学历角度进行分析。

表3-4　游客基本信息统计

主要统计学特征		百分比（%）
年龄	23岁以下	11.37
	23～35岁	49.95
	35～55岁	35.95
	55～75岁	2.74
	75岁以上	0
职业	学生	11.11
	国家机关、企事业单位工作人员	31.00
	私企、外企	25.48
	务农	8.64
	自由职业	16.92
	其他	6.85
月收入	0（学生）	4.08
	3 500元以下	15.10
	3 500～6 000元	41.10
	6 000～9 000元	26.03

续表 3-4

	主要统计学特征	百分比（%）
	9 000～12 000 元	5.48
	12 000 元以上	8.22
学历	高中及以下	27.40
	专科及本科	54.79
	硕士研究生	15.07
	博士研究生	2.74
	其他	0

从年龄段来看，出游者以 23～55 岁为主，占到游客总数的 85.9%，游客以有经济基础的中青年为主，小于 23 岁和大于 55 岁的游客占总人数的 14.1%，此部分旅客很大程度上是中青年同行的家人。从职业来看，国家机关、企事业单位工作人员占到 1/3，企业员工占到 1/4，务农人员不足 1/10，来到观光农业园区的游客以城市职工为主，原本从事农业生产的人员对此兴趣不大（由于问卷于周末发放，与国家机关、企事业单位工作人员和私企、外企职员放假时间基本一致，统计数据可能出现偏差）。从月收入来看，每月收入在 3 500～6 000 元的占到 41.1%，收入在 6 000～9 000 元的占到 26.03%，说明大多数选择到观光农业景点出游的为每月收入 3 500～9 000 元的普通职工，和多数出游人群——国家机关、企事业单位工作人员，私企、外企职员相互对应。从学历来看，专科及本科学历人员占到一半以上，高中及以下学历人员为 27.4%（其中包括学生）。但硕博学历的总人数不到 1/5。可以看出，观光农业的客源主要是有一定经济基础和文化水平的城市职员。

（2）游客客源地等分析：如表 3-5 所示，从客源地、出游方式、同游者以及出游天数角度进行分析。

表 3-5 游客客源地等统计

	主要统计学特征	百分比（%）
客源地	武清本地	67.12
	天津市其他区	12.33
	北京市	2.74

续表 3-5

主要统计学特征		百分比（%）
	河北省	4.11
	其他	13.70
出游方式	自驾	59.53
	高铁	20.55
	公交	5.48
	其他	14.44
同游者	自己	19.18
	朋友	31.51
	家人	73.97
	其他	5.48
出游天数	一天	75.21
	两天	16.51
	两天以上	8.28

从客源地来看，武清本地人占到 67.12%，天津市其他区占到 12.33%，临近的北京和河北客源不足 10%，可以看出武清的观光农业景区并没有走出武清面向更广阔的市场，没有发挥京津冀连接地的地理优势，观光农业的整体水平不足以吸引武清以外的人群。从出游方式来看，自驾游比例为 59.53%，高铁为 20.55%，在与游客的交流中可知，本地人多以自驾方式出游，北京、河北等地游客来武清以高铁为主要出游方式，现私家车在普通家庭普及，利于出游；高铁更是缩小了京津冀之间的距离感，北京与武清之间只需 23 分钟，天津市区到武清也仅有 12 分钟车程，距离不再是制约人们出行的主要因素。从同游者来看，与家人一同出游比例高达 73.97%，和朋友一起也达到近 1/3，集体出游也是家庭成员交流感情的良好途径，现代人更愿意回归家庭，选择带老人与孩子散心出游、回归自然，也从侧面反映出人们物质生活的丰富，这也是社会进步的重要表现。从出游天数来看，选择一天的人数达到 75.21%，两天及以上人数很少，出游一天说明当天往返，人们行色匆匆，没有深度体验，选择两天及以上人数较少，一方面出游者自身时间有限，另一方面也可以看出园区不足够吸引人，从走访的几个园区来看，都存在项目单一、住宿条件不佳等问题。因此到武清观光农业园区游览的大多数

是武清当地人，和家人、朋友驾车出游一天最为常见。

（3）游客需求分析：如表 3-6 所示，从出游原因等六方面进行分析。

表 3-6 游客需求分析

	主要统计学特征	百分比（%）
出游原因	放松自己	68.92
	陪家人	60.81
	和朋友聚会	20.27
	单位集体出游	8.11
	其他	6.76
选择这里原因	饭菜好吃	33.78
	景色独特	54.05
	有主题活动	37.84
	采摘	40.54
	其他	18.92
出游预算（含交通费）	200～500 元	26.03
	500～1 000 元	31.51
	1 000～2 000 元	24.66
	2 000 元以上	17.81
如何知道此园区	互联网广告	21.62
	电视、杂志广告	9.46
	朋友介绍	82.43
	来到武清随机问的	6.76
	其他	16.22
不满意的地方	卫生方面	29.73
	饭菜方面	13.51
	价格方面	33.78
	创意方面	37.84
	其他	28.38
是否会再来	会	32.88
	不会	1.37
	说不准	65.75

从出游原因看，大多数人以放松自己和陪家人为主，另外有的单位集体出游团建也会选择这里。选择这里的原因第一是景色独特，第二是采摘，其次是有主题活动和饭菜好吃，出游的主要因素是贴近自然，放松身心，平日工作生活中没有的自然景色和采摘成为周末出游的首选。从出游预算来看，1 000 元以下占到一半以上，2 000 元以下为 80%以上。出游费用主要包括交通费、门票费、园区内消费、饭费等，其中饭费和园区内消费为主要开支，以一家三口本地人到南湖园区（冬季只有滑雪）为例，交通费、门票约 150 元，滑雪费用 300 元，吃饭 150 元，共 600 元，约合每人 200 元。来到园区的游客 80%以上是通过朋友介绍，21.62%是互联网上搜索到的，6.76%是非本地游客随机问到的，说明园区的广告投入很少，那些小规模农家院几乎没有广告投入，运营者的经济实力不强，武清观光农业的对外宣传还需要进一步加强。在游客不满意方面，创意排到第一，其次是价格和卫生方面，观光园内仍然以传统景观和采摘为主，没有与时俱进满足游客对园区的新期待。景区内消费价格和卫生仍差强人意。在是否会再来的问题上，32.88%的人选择会，65.75%的人选择说不准，说明在吸引回头客方面还要做足功夫。

通过问卷调查，可以了解到来武清区观光农业园人们的年龄段、职业、预算、需求等一系列信息，园区可以根据自身优势和游客期待制定出更具体、更有针对性的经营计划，来满足消费者意愿，达到游客与园区双赢的目的。武清区相关部门也可以参考此问卷结果思考观光农业在武清整体发展中的位置，尽量做到顺势而为，为百姓谋得最大实惠。

二、武清区观光农业 SWOT 分析

通过对武清区观光农业全面了解，使用 SWOT 分析方法对其进行分析，力图为后续区政府制定观光农业相关政策及观光农业园区发展方向提供参考，如表 3-7 所示。

表 3-7　武清区观光农业 SWOT 分析

S-优势	O-机会
地处京津冀连接处，区位优势明显 自然资源丰厚（河流、湿地、森林） 人文环境优越（运河文化、皇家文化、民俗文化等） 农业发展迅猛（农业企业、农业品牌发展迅速） 区域经济发展不断提升	京津冀一体化，观光农业将迎来大竞合时代 生态环境优渥，近郊观光游发展前景广阔

续表 3-7

W-劣势	T-威胁
观光农业资源不够丰富 园区运营管理水平低 产品市场大同小异，回报率低 观光农业受季节影响明显	周围通州、廊坊、西青等地也大力发展观光农业 产业化发展不足 面临转型升级的现实挑战

1. 武清观光农业发展优势和机会

（1）区位优势明显：武清区地处京津冀核心区域，位于天津市西北部，东临宝坻、宁河，南接北辰、西青，西与廊坊接壤，北与通州搭界。区域面积 1 574 千米^2，辖 5 个街道，24 个镇，辖行政村（村民委员会）640 个，社区居民委员会 67 个，人口 120 万人，户籍人口 92.27 万人。地处京津之间和京滨综合发展轴中心位置，100 千米半径范围内，常住人口超过 4 000 万人，是北方产业和人口高度密集、工商业发达的黄金地带，是旅游市场重要的消费中心之一。近年来，随着滨海新区的快速发展以及环首都经济圈的不断建设，武清的聚焦度和知名度迅速提升，拥有巨大的潜在客源市场。武清区具有全国区县级域内最具优势的交通条件。区内有京津、京沪、滨保等 6 条国家级高速，共有 15 个出入口，区内任何一个村街在 15 分钟内均可到达一个高速路出入口。武清区建成“九横九纵”路网，全区路网密度达 169 千米/百平方千米，形成了连接京津冀、沟通周边、便捷通畅的路网体系。武清站为京津城际铁路唯一经停站，每天有 23 对列车在此停靠。武清距离北京首都机场 90 千米、北京第二机场 40 千米、天津机场 35 千米，实现了“京津双城”半小时的时空目标，为游客出入武清提供了极大便利，为共享京津资源加速拓展客源市场提供了支撑①。观光农业项目的潜在客户辐射京津冀地区。

（2）自然资源丰厚：武清区的气候条件同样具有一定优势，温带季风气候，四季变化明显。春季时期，太阳照射时间长，风多、雨少、干旱；夏季降水量大且相对集中，气温居高不下；秋季白天较暖，晚上偏凉；冬季北风较多，温度较低，日晒时间较短。一年的平均气温是 13.2℃，总体良好。地

① 车昊．高速铁路站点对周边地区城镇发展影响效应分析研究[D]．天津大学，2016

势更是独具特色，北部宽广，南部狭窄。该区基本在华北冲积平原的下半部分，地势平坦，没有陡峭的山岭，最高海拔仅有 13 米，平缓的地势让其农业具有良好的发展空间。而北运河与永定河留下的冲积物变成了土壤的成土母质，土质疏松肥沃宜于农业生产。

境内河流、湿地、森林资源丰富，有一级河道 4 条和二级河道 7 条，总长 263.4 千米。活立木蓄积量、林地面积均居天津市平原区县首位，全区林木覆盖率达 36.4%，城区绿化率 33.6%。境内平均年产水量 1.58 亿$米^3$，地下水储量 1.5 亿$米^3$。大型水库 5 个，总蓄水量 3 600 万$米^3$。北运河自北而南贯穿武清全境 62.5 千米，沿线自然景观独特；大黄堡湿地占地 112 $千米^2$，是东亚鸟类南北迁徙的重要驿站和天津境内最大、我国北方地区芦苇原生态地貌保存最好的典型芦苇湿地；占地 1.2 万亩的津北森林公园华北地区规模最大，素有“京津之肺”的美誉。武清是全国首批生态文明先行示范区，全国绿化模范城市和第三届全国绿博会承办地。目前武清正围绕创建国家生态示范区，大力推进水绿相融的生态环境建设，谋划推动大运河与湿地的保护、开发，打造相应的经济带、产业带、文化带和景观带，以自然资源为基础，建设现代中国宜居型示范城镇。

(3) 人文环境优越：通过深入挖掘有形和无形的历史文化资源将为我区发展旅游产业注入活的灵魂。武清于西汉建制，颍川太守寇恂在光武帝刘秀登基的第二年被封为雍阳侯。此后，“雍阳”的叫法流传下来。正式更名为武清是在唐天宝元年期间，直到新中国成立后的次年 10 月从原址迁至杨村镇。武清拥有 2 000 多年历史，积淀了丰厚的运河文化、皇家文化、雍阳文化、书院文化和民俗文化等，素有“泉州故城”“京津走廊”之美誉。京杭大运河贯穿全境，武清历史上曾是津门首驿，漕运兴盛、商贾云集，呈现“潞水帆樯”的盛况，康熙、乾隆等 17 位皇帝曾在武清巡幸或驻跸，留下了大量历史传说、名人诗赋以及古迹遗址，更有相传不衰的乡谚民谣、传统工艺、民间艺术等，艺术和专业上卓有建树的专家学者更是不胜枚举。还有著名的杨村糕干、东马房豆腐丝等深入民间成为餐桌必备食物。深厚的历史文化资源对增加该区旅游产业发展比较优势，提高核心吸引力具有重要意义①。这些优势都是该区发展观光农业的坚实基础。

① 李欣．基于创意视角的文化旅游产品设计[D]．南开大学，2010

（4）农业发展迅猛：武清区积极实施种植业结构调整工程。近三年共完成调整19.8万亩（其中：苗木、片林种植9.1万亩；露地蔬菜及特色经济作物种植5.3万亩；农业园区、精品节点1.6万亩；设施棚室0.8万亩；果树、药材、花卉1万亩；全株玉米、牧草种植2万亩）①。通过三年的种植业结构调整累计增加经济效益9.2亿元。

全区鲜奶年量20.70万吨，为华北地区规模最大的无公害鲜奶生产基地和优质奶牛输出基地。享有“京津鲜奶源”的美誉。2016年，实现农业总产值90.72亿元，比上年增长3.1%；粮食产量52.69万吨，增长7.0%；水产品产量7.21万吨；年末，实有林地面积487万公顷。

新型农业经营主体发展迅速。目前，全区现有农民合作社、家庭农场、农业企业等各类经营主体2 000余家，其中30%以上的经营主体注册了自己的商标，带动全区92%的农户进入产业化经营体系。有国家级农业经营主体16家，市级以上农业经营主体89家，26家企业、合作社的商标被认定为天津市著名商标，打造出田水铺青萝卜、黑马蔬菜、学清公社黑色农产品、东马房豆制品、绿翅肉鸡等一批在京津地区享有较高知名度的放心农产品品牌②。

（5）经济发展不断提升：武清区不仅是京滨综合发展轴上重要城市，更是现代生态宜居地。近年来，武清依托“两区五园”加大招商力度，吸引了一批能耗低、科技含量高、带动能力强的服务业龙头企业，集聚态势初步形成，已成为“京津冀”城市带、产业带上具有较强实力的重要节点。产业发展带动了城市建设和服务业发展。截至目前，统筹珠三角、长三角和海外重点区域招商，吸引了高达2 324亿元的内外投资资金，引进来422个过亿元的投资项目，新添了40家位列世界500强的投资企业、150家各行业的龙头代表。工业方面，五大经济主导产业：电子信息、新材料、生物医药、汽车及零部件和装备制造的总产能占据工业总产值75%以上，同时拥有9 146家的中小型科技企业；服务行业方面，加大休闲娱乐旅游、电子商务等具有现代

①② 刘维，王敏．天津武清区现代都市农业发展迅猛，人居环境不断改善．中国发展网，2017

化特征的服务业的发展力度，引入阿里巴巴、京东等电商企业 622 家以及相关众多项目，电商产业园还获得国家电子商务示范基地的荣誉。建造北运河休闲旅游驿站、佛罗伦萨小镇等旅游景点，每年接待游客超过 1 660 万人次。武清区内拥有四星级酒店 2 家、五星级在建酒店 4 家、主题酒店 1 家、快捷酒店 18 家；三钻级餐饮企业 1 家、四钻级餐饮企业 1 家、五钻级餐饮企业 4 家，特色餐饮和农家院 200 余家。此外，武清还大力发展旅游交通，建成了 30 千米长的骑行绿道，开通 3 条旅游公交专线，设立 116 块旅游指示牌。

武清区的旅游产业结构从体验农家乐向生态农业观光旅游、休闲娱乐、体验农趣、高端化购物等多样化产业类型转变，构建了“一城两河”的项目旅游框架，推动该区多元旅游发展。围绕“京津卫星城、美丽新武清”的总体定位，推进农业、林业与旅游、文化等产业的深度融合，进一步完善组织架构，特别是围绕北运河通航工作，加大政策扶持，强化协同合作，充分挖掘运河自然资源优势，集中力量打造了“望得见山、看得见水、记得住乡愁”的高品质休闲旅游体验场所。

（6）京津冀一体化加速：观光农业的“大竞合时代”在加速到来。北京、天津、河北设立了旅游协同机制，实施交通一体化等重大举措，推动三省市旅游共同发展，京津冀地区将会是今后全国休闲旅游的重要聚集地。武清水绿环境得到了京津冀市民的广泛认可，为发展城市近郊生态休闲游提供了良好的基础条件。

2. 武清观光农业发展劣势和威胁

（1）观光农业资源不够丰富：对照国家旅游资源分类标准，在全部 8 个主类中武清有 4 个，37 个亚类中有 11 个，198 个基本类型中有 17 个。该区现有资源主要体现在水域风光、生物景观、休闲游乐购物设施方面，而且处于原始起步阶段，缺少地文景观、遗址、气象气候、自然景象、建筑与设施、旅游商品、人文活动等旅游资源，与天津市区相比缺少名人故居、租界时期的文化建筑，与滨海新区相比，缺少大海沙滩等自然风光，与蓟州区相比缺少天然高山湖泊，资源竞争力不足。

（2）观光农业园区运营管理水平较低：武清除佛罗伦萨小镇、凯旋王国主题乐园等引入项目运营管理方式较成熟外，本土培育的观光农业项目普遍存在运营管理水平不高、服务质量偏低、配套设施不完善、相关人才严重缺失等情况。同时，各园区间缺少必要串联，功能孤岛现象凸显，难以形成宣传合力。

（3）产业市场大同小异、回报率低：近两年，武清区观光农业项目，缺少上档次、有规模的精品项目引入，社会资本流入度不高。现有几个园区项目单一，除农家饭、采摘、普通景观外没有新的创意，冬天有条件的园区都变成人工滑雪场，再无其他创意。北运河休闲旅游驿站、津北森林休闲驿站、中药文化园等政府投资项目，人力、财力、物力投入较大，回收周期较长，不利于市场的长远发展。

（4）观光农业受季节影响较大：武清属于温带大陆性气候，四季分明，春秋短，夏冬长，每到深秋万物凋零，加上气温降低，人们出行意愿也受到影响。虽然大园区想尽办法交替种植，维持园区四季常青，并开发冬季项目，但游人骤减还是难以避免。小的农家乐干脆直接关掉，发放调查问卷期间，走访的武清北部乡镇农家院无一营业。

（5）区域竞争激烈：天津市其他区，北京市通州区和河北省廊坊市也都将观光农业发展作为城市的重要产业之一，而且受众群体的定位、产品结构模式和资源类似，代替性强，这加剧了地区间观光农业的竞争。

三、武清区观光农业发展建议

通过对武清区观光农业的全面了解，针对问卷调查中反映的事实，结合两个典型农业园区的分析，根据武清区在观光农业发展方面面临的问题，提出以下建议：

1. 优化乡村资源配置，加强合理布局

为推进农业可持续发展，可聘请专家学者制定观光农业发展总体规划，对观光农业发展思路、目标、布局做出科学合理的策划，遵循“因地制宜、突出特色、生态保护、择优开发、农民主体”五大原则，突出“运河文化、湿地生态、林地休闲、农园体验”四大特色。在农业发展中加入旅游元素，促进观光农业与旅游的一体化发展，形成产业链条，为武清区可持续发展留足空间，避免因规划不合理产生资源浪费。企业同样要做好计划，防止开发、

经营过程中遇到致命问题。

2. 政府要积极引导并在政策上予以扶持

地区发展，政策先行。武清区观光农业能走多远，还要看政府政策的引导。农业项目投资大，时间长，利润率低，有人说做农业项目能坚持下来的人一定对土地有着深沉的爱，对农业抱有极大的情怀，所以无论从农业在我国的重要地位还是在情感上来看，观光农业都应该得到政府的引导与支持。

例如加大投资力度，完善交通设施，改善拥堵现象；提高农村自然生态环境治理水平，丰富相关美化生态活动；在不改变项目所在地自然条件的前提下，在企业周边建设配套设施，如救护中心、公厕、停车场等，进而将观光园打造成一个没有障碍的旅游区①。

3. 实施农民教育培训和农业金融服务，保障农业人才流入

政府可有目的、有主题地对从事观光农业的人员进行专业培训，同时对农业金融服务提供支持，通过多种途径，协调农业贷款，为企业发展创造有利条件，为人才作用的发挥提供保障。

4. 采用主动融入战略，促进与京津冀各个地区和县市深度合作

对农业和旅游业的产品进行错位发展，线路上整合相关联合设计，联动整合各项综合服务，完善特色功能配套互补，以京津冀协同发展为契机，将观光农业与武清区旅游发展总体规划相衔接，依托乡村文化、自然景观、民风民俗等要素，打造特色、整合资源、点面结合、片区开发，形成连片发展的聚集效应。同时，在现有观光农业的基础上，继续培育观光农业示范园区、示范村（点）。

5. 深化“互联网＋”理念，推动观光农业与电子商务融合发展②

通过现代化手段宣传推广观光农业，特别是旅游网站、公众号等信息化媒介，以快捷、人性化的服务手段，丰富、多彩的推介活动，构建起武清独

① 胡文婧．公众参与视域下我国农村生态环境治理政策研究[J]．农业经济，2015(10)：89-90

② 方巧凤，梅燕，雷雯．“互联网＋”时代下对休闲农业旅游的研究[J]．广东蚕业，2016，50(2)：46-47

有的旅游形象，激发广大游客游览观光动机，可以借助现有成熟景点，例如：区内佛罗伦萨小镇、绿博园、北运河郊野公园等发展较为成熟、知名度较高的旅游景点，为乡村观光农业宣传。实现对精准消费人群的深度发动，强化农业信息化发展。另外，做好农业信息化管理平台的升级改造工作，加强与企业沟通联系，加大津农宝宣传力度，争取创出武清农业品牌。观光农业网可整合武清所有园区，与园区对接采摘、游玩等收费项目价格，将园区的最低游玩价格上传至新平台。

6. 丰富休闲农业旅游品牌内涵，树立品牌形象

在园区设计上，可打造品牌特色景观。要求人造景观与其所处位置的地形、水势等自然条件要互补或相配，促使人造建筑与天然环境巧妙融合，使园区景色与文化进一步结合，同时可将园区的特色代表形象放在观光区的大门处，充分展示出园区的亮点和农业与自然完美融合的特色，让人过目不忘。同时可将东马房豆制品、南辛庄小磨香油等具有一定历史文化积淀的武清特色农产品，与现有的农业园区、点位有效融合，建设具有品牌特色和影响力的观光农业示范点。选择区位优势明显、资源基础良好、产品特色鲜明、市场前景广阔的农业园区、村（点），引导与扶持一批具有典型示范性的观光农业精品项目，将武清建成京津地区农家乐休闲旅游目的地和天津市平原区域农家乐休闲旅游示范区。

7. 企业要提高创新水平，开拓更大市场

可以看出，大多数游览武清区观光农业的形式都是有固定收入、有一定文化水平的家庭自驾游。在交谈过程中得知，几大园区近年来收支相抵，盈利不多。很大程度上是因为观光农业园区在武清本地中等收入家庭的市场接近饱和。为此，企业需要在现有基础上不断完善基础设施，提高卫生水平，强化服务管理，提升软硬件水平，保证旅游安全。

各园区可根据自身特点，借助区内佛罗伦萨小镇、绿博园、北运河郊野公园等发展较为成熟、知名度较高的旅游景点，加深对精准定位的消费群体的联动效应，并在依据游客对休息处观赏的需求上，以典雅、舒适、实用为基础，增设走廊、凉亭等小型人造景观；观光区内除必要的标志物外，还可添加国画、雕塑等景区装饰物，丰富观光区的文化气息；在饮食区域，除了

必备的当地农家地方特色食物外，还应添加本地的特色文化产品，如手工艺品、民族配饰等①；为体现本地原汁原味的观光农业文化，可在观光区内播放以本地乡村特色为主的背景音乐，促使游客在观赏农业自然景观的同时，感受到当地的乡村文化魅力；增添娱乐项目，比如骑马、动物喂养、插花等，提高创意水平，加强科技支撑，争取开拓更大市场；建立观光旅游大数据库，利用分词、聚类、情感分析了解旅游者的消费行为和价值取向，从而更加准确地掌握观光旅游市场的主体需求，提高服务的针对性和有效性。

第六节 “大美兴凯”与“石墨之都”的碰撞与交汇②

鸡西市位于黑龙江省东南部，三面环山，因其市区地处鸡冠山西麓而得名，东、东南以乌苏里江和松阿察河为界与俄罗斯隔水相望，西、南与牡丹江市接壤，北与七台河市相连。市域总面积 2.25 万千米^2，是中国重要的煤炭基地及石墨的生产地。笔者就鸡西市的兴凯湖旅游业以及煤炭工业进行了初步的探究与调查。

一、美丽的兴凯湖

鸡西市密山市黑龙江垦区“八五一零农场”区域的兴凯湖，是由大小两湖组成，两湖之间约有宽为 1 千米的沙坝，是黑龙江流域最大的湖泊，同时也是中国黑龙江省东南部与俄罗斯远东滨海边区的界湖，其中北 1/3 的面积属于中国，南属俄罗斯，它是一座集防洪蓄水排涝、灌溉、旅游等多功能于一体的天然水体。

在兴凯湖附近有很多居民区，这些百姓基本上都以兴凯湖为生。本次入乡调查，主要以面谈为主，就兴凯湖的污水处理、旅游发展以及周围农村经济发展进行了深入访问。

---

① 王华．天津休闲观光农业营销策略研究[D]．天津大学，2015

② 本节作者江竹(中国农业大学经济管理学院)。

1. 兴凯湖的污水处理

现如今兴凯湖的污水治理问题已得到较大好转。曾经的兴凯湖饱受水污染的侵害，污染源主要来自周边的工厂，这些工厂随意排放未经处理的或者处理未达标的工业废水至兴凯湖周边的河流。2011 年，鸡西市政府下达了《黑龙江兴凯湖国家级自然保护区湿地管理规定》文件，开始着重对兴凯湖的污水排放以及湿地保护问题进行整改，自此之后，兴凯湖的环境问题逐渐得到了改善。据 2016 年黑龙江省各市（地）生态文明建设年度评价结果显示，当年鸡西市的环境治理指数高达 11，全省排名第三。笔者采访的孙大娘跟我说道："哎呀，现在的兴凯湖已经好很多啦，原先在兴凯湖东面那边，就有个造纸厂，污水也不处理，就排到湖里，好好的湖啊，都浑得不成样子。2012 年的时候，造纸厂关了，然后政府开始着重整治，这湖啊，才清澈起来。"

2. 兴凯湖的旅游发展

兴凯湖近几年来旅游业逐渐发展起来，由原先的只有夏季有小部分旅客到现在一年四季都有旅客光顾，这一变化显著带动了周围农村经济的发展。夏季旅游时，首先要说的是观鸟台，兴凯湖自然保护区重点保护的就是珍惜禽类，其中有金雕、白肩雕、虎头海雕、丹顶鹤等 9 种国家一类保护鸟类。其次就是湖边休闲娱乐，当地居民通过旅游业的发展都纷纷找到了自己的"出路"，在沙滩上有租赁帐篷的，帐篷依据大小有不同的定价，平均在 100～500 元不等；围绕着沙滩周围有卖小吃的，烤鱼烤虾，等等。兴凯湖属于中等营养化湖泊，其中最为著名的海鲜就是大白鱼和白虾。笔者在夏天的时候曾找到一家位于小湖边有 30 多年历史的烤鱼店，这家烤鱼店是由一位老爷爷和他的儿子和儿媳共同经营的，曾经登上过《舌尖上的中国》电视栏目。烤鱼店的爷爷介绍说如今兴凯湖的旅游业发展得越来越好，烤鱼店的生意也越来越好，周边的这些村民，原先有很多都出去务工的，现在都回来帮忙了，这个地方的村民都是各司其职的，像老爷爷是专门烤鱼的，而鱼却不是自己打捞的，有专业的以捕鱼为生的村民去捕鱼，然后再到农村的市场上去卖给烤鱼的商家，就这样一环扣一环、井然有序地完成村里的渔业生意。

在兴凯湖的周边也逐渐兴起了民俗旅游，有很多村民将房子装修成老一辈东北人喜欢的房子风格（图 3-9），将老照片贴在墙上，屋子里面也有东北的火炕，婴儿的悠悠床（图 3-10），以此来吸引游客的到来。这些房子大多是土垒草屋，将窗户纸糊在外面以挡风御寒，在过去，窗户纸是整齐还是破旧，也是衡量这一家日子过得好与坏的标准。

图 3-9　改造后呈现东北老房子风格的村民房屋

图 3-10　村民民俗房屋内的火炕和婴儿悠悠床

冬季旅游。冬季的兴凯湖是冰雪皑皑，银装素裹的（图 3-11），这个季节在沙滩外面不会有摆摊的商铺了，因为大多数居民是休息的，但是也有村民冬天会在家里招待旅客，我采访的孙大娘一家便是这样。孙大娘家里的装修风格便是老房子的样式，在冬天就列出菜单，多为全羊宴，价格为 600～1 000 元不等。在外面冷风呼啸的日子里，能坐在屋子里喝上一碗热乎的羊汤，吃上几口鲜嫩的羊肉，也是吸引游客、发展当地经济的不二之选。

口岸旅游。由于兴凯湖是中国与俄罗斯的界湖，所以位于兴凯湖西北端的密山口岸国门也是必要的旅游景点。在密山口岸国门周围，主要有两种商家，一种是贩卖兴凯湖特产的村民，另一种是贩卖俄罗斯商品的村民。笔者着重采访了一家俄罗斯商城的店主，他介绍说，现在旅游业这么发达，每天的流动人口特别多，尤其是夏季销量特别好，他们家的商品都是从俄罗斯进口来的，来到这儿的游客都想买点俄罗斯商品回去，并且他们家商品在鸡西市内以及哈尔滨等多个黑龙江

图 3-11　冰雪映衬下的兴凯湖

省市有分店，将俄罗斯商品尽可能宣传至全省以至东北甚至全国。据笔者在店中所做的不完全统计，平均每15位顾客大概会消费1 000元左右，俄罗斯商品城的收入是十分可观的。

3. 农村经济发展

污水处理之后带动了旅游业的发展，旅游业的发展又带动了周围农村经济的发展。其中主要表现在以下几个方面：

（1）农村地区GDP快速提高：自2012年起，兴凯湖周边村庄的人均GDP均有所增长，据访问了解到，现在平均每一个有商铺的村民在夏季每月平均收入可达到2万～3万元，冬季每月可达到3 000～6 000元，已经明显超出其他外出务工人员的平均收入。据相关统计，整个鸡西市2018年农林牧渔业实现增加值192.7亿元，同比增长6.5%，占GDP的比重为36%，对GDP增长贡献率为48.2%，拉动GDP增长2.4%。

（2）农民生活水平质量提高：据调查了解，由于当地旅游业的发展，政府在当地建设了很多有利于提升农民生活水平和质量的公共设施，既可以保证游客出行的便捷，又有利于当地村民的生活。通过村民们描述了解到，目前已经修缮了从村中通往城市的高速公路，彻底告别了原先乡村的土路。当地村民的孩子受教育程度也普遍提高，本科大学生的比例逐渐提高。

（3）农村外出务工人员逐渐减少：自当地旅游业发展起来后，原先外出务工的年轻劳动力基本都会选择回到家乡创业或打工，这样可以更好地生活，也有助于家庭的和睦发展。

当然，在经济发展的背后也存在着一定的问题，问题主要来自以下几个方面：

①白鱼资源的有限性。因大多数村民选择的都是以渔业为生，无论是打捞白鱼还是贩卖白鱼。在利益的驱使下，现如今白鱼数量急剧减少，白鱼资源的有限性使村民以贩卖白鱼为生的生计变得越来越困难，而目前村民还没有找到合适的解决办法。

②村内收入的差异性。村民们表示，虽然旅游业的发展带动了全村的发展，但同时也出现了收入差异的问题。有的村民家店铺生意火爆，但有的商家生意却相对比较惨淡，这种贫富差异的问题还是普遍存在的。

二、石墨之都

鸡西的煤炭资源。鸡西市是东北老工业基地主要城市之一，东北地区最大煤城、黑龙江省“四大煤城”之首，是一座拥有百年历史的综合性工业城市。它是我国重要的煤炭基地及石墨生产地，是一座以煤炭为主体，兼有机械、装备制造、冶金、电力、化工、建材等门类的工业城市。2014 年黑龙江省国土资源厅、鸡西市人民政府探矿权招商引资推介会在哈尔滨市举行，鸡西市被中国矿业联合会正式授予“中国石墨之都”矿业名城的称号，成为新中国成立以来被授予矿业名城称号的第 11 个城市，是黑龙江省唯一获此殊荣的城市。

1. “石墨之都”现状

为了深入了解“石墨之都”的现状，笔者去了位于鸡西市西北部滴道区的某家煤矿进行了深入调查。去的时候正值年前，煤矿工人都在加紧工作。通过与煤矿的几名职工以及经理交谈了解到目前鸡西煤矿经营存在这样几大问题：

(1) 经营管理模式陈旧：目前鸡西市一些煤矿企业沿用家族式、经验式、作坊式的经营管理模式，选人、用人近亲优先。企业内优秀人才和各种资源要素很难得到合理地配备和使用。这种管理模式使得整个企业的整体素质和创新能力都不强，并且工作人员很难得到正确的分配。

(2) 人才资源匮乏，资金短缺成为发展瓶颈：对于任何一个企业来说，人才是根本，只有依靠人才进行技术革新和制度创新，提高企业的核心竞争力，才能使企业有长远的发展。目前，鸡西市煤矿产业中本科及以上学历人员占全部员工的比重很低，因此在煤矿产业上工作的大部分都是农村来的农民，普遍为男性，且年龄较大。这就导致了煤矿企业的创新力度以及工作能力受到很大程度的限制。与此同时，现在煤矿企业普遍资金短缺，很多工人拿不到工资，久而久之，煤矿企业的漏洞越来越大。

(3) 安全仍是难题：因为我采访的时候正好赶在年前，各家煤矿都在积极赶工，想在年前多开采些资源，安全隐患就会增加。虽然本市没有出现煤矿安全问题，但在我采访的前几天，外市已经有因为年前赶工导致煤矿安全出现问题的先例，安全问题不容小觑。

2. 对策及建议

针对煤矿企业现如今的发展状况，提出如下几点建议。

（1）实施“双轮驱动”战略，发展创新工业：鸡西煤炭和石墨虽有优势，但产业发展层次较低，要发展必须适应市场，坚持创新发展，加快结构调整和转型升级，发展“创新驱动型、改革引领型、绿色安全型、包容共享型、开放互利型”矿业，增强可持续发展能力。

依托煤炭、石墨、绿色农业、北药资源优势发展深加工项目，推进产业一体化发展：一是重点谋划煤炭产业发展，延长产业链，调整产品生产结构，打造龙江煤化工产业基地；二是优化资源配置，壮大产业规模、配备优秀研发能力，建设“中国石墨之都”；三是进一步推动北药产业链发展，壮大医药产业力量。

（2）转型升级现代工业，推进第二产业快速发展：聚焦工业强市，利用资源优势广泛招商，升级发展石墨产业，拓宽发展煤炭产业，推进工业经济发展，逐渐转变鸡西资源型城市的经济增长模式。

（3）加强安全保障：开发资源，必须建立在工人们的人身安全不容侵犯的基础上，要建立强工业城市，大力发展石墨和煤炭产业，就必须保障工人们的安全。应建立有效合理的安全方案，以保证开采资源时零伤亡、零事故、零风险。

（4）积极引进人才：大力引进高端优秀人才，提高资源开采效率，优化资源开采模式，共同推进产业一体化，使得石墨产业、煤炭产业、医药产业共同有序发展。对于优秀人才进入企业给予一定的经济补贴引进，加大宣传，广纳贤才。

第七节　农村饮用水安全惠及你我他[①]

水是生命之源，饮用水安全事关千千万万家庭成员的生活质量与幸福。

---

① 本节作者李牧童（中国农业大学经济管理学院）。

农村地区基础设施相对薄弱，饮用水安全工作相对滞后于城镇。为有效破解农村饮水安全面临的难题，我国自 2005 年起实施农村饮水安全工程建设，不断加大财政投入支持力度，力争所有农村居民能够早日及时、方便地获得足量、洁净、负担得起的生活饮用水。在国家一系列强有力举措之下，我国提前 6 年实现联合国千年宣言中提出的饮水安全发展目标，农村饮水安全不断向城市发展看齐，城乡二元结构中的这一民生短板在快速补齐。如今，农民从“喝水难”到“有水喝”，从“拉水挑水”到“喝上自来水”，农村居民生活卫生条件得到明显改善，健康水平和生活质量有了明显提高[①]，我所在的村庄就是这一发展演变过程的一个缩影。

西李村属于皖北平原的一个普通小村庄，村里至今没有农业或工业企业，“一麦一豆”或“一麦一玉米”是传统的农业种植模式，养育了世世代代生活在这片土地上的人们。和全国多数农村地区一样，近年来，村里青壮年劳动力大量外出务工，土地流转给种植大户经营，工资性收入成为农民收入的主要来源，随之而来的是村庄公共基础设施的逐渐完善与村民生活水平的稳步提高。村庄引用水工具的演变见证了小村庄的发展变迁，更见证了祖国 70 年来的繁荣发展。

一、水井（1949—1995 年）

该处所说的水井指人工挖掘的，直径在 35～120 厘米，井口四周用青砖围砌，通过绳索从井下把水提上来。在我儿时记忆里，院子里有一个小水井。但是在此之前，水井还有另外一种存在形态：公共水井。从父辈那里得知，以前村庄人口少、范围小且相对集中，村里有两个公共水井，日常用水自行到离家近的水井去挑，然后储存在家里的水缸中备用，后来其中一眼水井废弃了，村里又在废弃的水井边上重新打了一眼。目前这两处水井只有一眼还有痕迹可循，早些年还有村民挑水洗衣浇菜用，现如今已荒废，井口四周长满了杂草，好心的村民用木板和树枝遮住井口，避免行人或畜禽等不小心掉入井中（图 3-12）。不过随着村庄“空心化”发展以及村民建房由村庄内部向

① 央广网 2019-06-28. https://baijiahao.baidu.com/s?id=1637593662543228243&wfr=spider&for=pc

外部转移，老水井周边业已无人居住，静静地躺在小村庄的过往岁月中，守护着渐渐荒芜的庭院，鲜有人来打扰。这两口公共水井的重要性不言而喻，自然会有一些相关的传说，小时候总是听说其中一眼井下有龙或神灵，偶尔会好奇而又害怕地伸头向里看，这些传说其实是村民对这眼水井的敬畏与感恩，是她养育了这一方人。

图 3-12　荒废的公共水井

挑水是件体力活，遇到阴天下雨，挑水变得更加困难。而且随着村庄人口增加、范围扩大，用水需求量也相应增大、频次增多，村民们陆续在自家院子里挖上一眼井，公共水井的受众群体逐渐缩小，甚至演变成私人水井。私人水井是我接触最早的饮水工具，儿时记忆里尚有一些模糊的片段，据说一直到我 5 岁时，也即 1995 年，家中才停止使用私人水井。

二、压水井（1996—2010 年）

水井里的水与外界直接接触，水质自然得不到有效保障，极易受到外界环境的影响，且人们生活水平的提高也产生了对安全饮用水的需求，压水井正式进入人们的生活，且持续较长一段时间。压水井由专业打井人员完成，在一定程度上隔绝了水质与外界环境的直接接触，通过杠杆等物理学原理将地下水引到地表。最初的压水井深度为10米，后来随着地下水水位的下降以及浅层水水质的变差等，压水井深度不断增加，由10米到16米，再到23米①，深度不断增加，人们对水质的要求越来越高。当然，地表水水位下降以及水质恶化是主要诱因，工业污染、农业面源污染以及生活污染等对地下水安全造成严重威胁。记忆中，烧开后的水中有着较为凸显的碱垢，一般需要略微沉淀才能饮用，水杯或水瓶中水垢的累积速度一般较快。有时到离家较近的皖北地区出差，宾馆中的水能在洗漱或饮用时体察出较为显现的异样，有一丝咸咸的味道或水密度较大，少了些许柔滑。长期饮用这样的水可能会对人体健康产生一定的负面影响。此外，通常压水井还有一个非必需的配套设施——水池，部分人家会在压水井边上修建一个水泥池子，多数情况下用于淘洗小麦，以备磨面粉（图3-13）。

图3-13　荒废的压水井和水池

① 文中年份、数值等是笔者家中个体样本数据，具有一定的代表性，但不具备普适性，仅供参考。下同。

三、水泵（2011—2017 年）

压水井深度的增加对机械以及人的体力提出更高要求，需要进一步改进用水工具。当然诱致用水工具变迁的还有另外一个主要原因，压水井一般安装在室外，天气寒冷时容易结冰，此时使用极其不便。在我的记忆里，冬日的早晨要用热水来解冻压水井或者前一天晚上用旧棉衣等裹住压水井，避免压水井被冻住或冻坏。在室内安装水泵能够有效规避该问题，且日常用水变得更为便利（图 3-14），但是压水井作为一种替代用水工具仍然发挥着重要作用，遇到停电且家庭储备的水不够用时，压水井就要重新启用。此外，由于水泵需要用电，压水井用水成本近乎为零，精打细算的农户一般吃水用水泵，洗衣、浇菜等其余生活用水使用压水井。尤其对老年人来说，一般不会轻易接受新鲜事物，压水井不仅使用免费，而且操作简便。

水泵还有另外一个用途，天气干旱时用于农田灌溉，但是由于其功率不及柴油机，出水慢且流量小等，农民更倾向于使用其他大功率灌溉机械设备，偶尔辅以使用水泵。

3-14　村民用水泵抽水洗衣服

四、自来水（2018 年至今）

2018 年初，村里开始安装自来水，每户只需缴纳 280 元（开户费和水表费），年底村民家中陆陆续续都安装上了自来水。但是由于地下输水管道施工等原因，自来水初始供水不稳定，经常停水，水泵的作用仍然很重要，自来水仍然主要用于做饭。还有少数居民家庭保留着压水井，多是一些年龄偏大的村民，绝大多数家庭已经以使用自来水为主，辅以水泵，因为前期投资购买的水泵使用寿命较长，还能正常使用（图 3-15）。当然，也有一些家庭直接由压水井过渡到自来水，压水井作为过渡用水工具持续一段时间，最终退出历史舞台。但是，目前农村自来水使用过程中还存在一些问题，如用水高峰期供水不稳定、水压跟不上，地下管道容易被破坏且维修不及时等。

图 3-15　村民家中同时使用自来水和水泵

未来自来水将成为所有居民家庭主要的生活用水来源，农村饮用水安全将惠及你我他，每个人都能充分地享受改革发展取得的成果。当前部分农村家庭已经开始逐渐饮用桶装自来水，未来还会有更多的农村居民使用桶装自来水，农村居民饮用水基本安全将不再是问题，城乡差距的鸿沟日渐消弭，城乡一体化以及城乡融合的美好愿景在踔疾步稳地实现。

村民吃水工具的更替变换，一方面体现了经济的快速发展与科学技术进步，另一方面也体现了人民对美好生活的向往与需要，对饮用水的要求从有水吃向吃得便利、吃得安全、吃得健康转变。当然，饮用水只是人们生活的一个方面，但窥一斑而见全豹，它也体现了人们生活水平不断提高的变化历程，甚至在一定程度上反映出我国经济快速发展的轨迹。但是，我们也要清醒地认识到，截至2018年底，全国仍有104.3万贫困人口存在饮用水安全问题，农村自来水普及率还有近20%的提升空间。而且2019年《政府工作报告》明确提出今明两年还要提高6 000万农村人口供水保障水平，解决好饮水困难人口的饮水安全问题。农村饮用水安全问题是个动态发展的问题，当下还有很长的路要走。站在决胜全面建成小康社会冲刺之年的关键路口，乡村振兴中的民生短板还有许多，亟待全面补齐，要让广大农民在乡村振兴中有更多获得感。

本章小结

本章既有人居环境的治理演变与美化绿化的观察与赞美，也有畜禽养殖废弃物资源化利用、畜禽粪便肥料化利用及其政府行为与政策选择的实证研究，还有乡村旅游与休闲农业的功能分析。

第四章

文化振兴：寻找乡村发展之魂

引言：文化振兴是乡村振兴的重要基石和命脉。我国流传数千年的农耕文明和深厚的文化底蕴需要好好挖掘和传承，要记得住乡情、留得住乡愁，既要用现代技术手段和先进装备发展农业，又要用传统的乡风民俗凝聚和吸引更多的人进入农村休闲观光、投入农业振兴发展、加入农民队伍贡献才智。

第一节　去"去农文化"与村庄的"空心化"①

"乡村振兴战略"提出以来，各项相关政策密集推出。但根据相关数据统计，农村劳动力，特别是青壮年劳动力在不断减少。以老年人为主的村庄越来越多，代表着村庄"空心化"的程度越来越严重。但是在政策大力推行乡村振兴的前提下，为什么相对年轻的高素质人才更多地流向城镇而非农村呢？毫无疑问，经济是根源之一，但是原因绝不会只有经济一个，"去农文化"也是其中一项。去除"去农文化"，是去除村庄空心化的必经之路。

一、"去农文化"的产生与发展

"去农文化"可以理解为"一种由对农村和农民（身份）的厌恶情绪衍生出来的贬低嫌弃农村农民的一种现象"。这种情绪大部分是由农民传达出来的，笔者也是农村孩子，从小也受到过这种教育。家里的老一辈人会教育说"一定要好好读书啊，将来才能不下庄户（方言：在农村种地）""好好学习，考出学去（方言：一般指上大学）才能不受罪啊"，当时听到这些话的时候笔者并没有太大的感觉，现在重新审视这些话，确实很值得让人思考，为什么农民会看低自己的"身份"？

根据资料，该种思想形成的根源在于城乡居民的不平等待遇。一个比较关键的名词能做较好的注脚：城乡二元结构体制。1958 年 1 月全国人大常委会第九十一次会议讨论通过《中华人民共和国户口登记条例》，标志着中国以严格限制农村人口向城市流动为核心的户口迁移制度的形成，也标志着城乡之间户籍壁垒的正式形成。改革开放极大地推动了经济的发展，改革开放后，我国城乡差距呈扩大的态势还在继续发展，城乡二元经济结构的矛盾也趋于强化。

① 本节作者冯兆慧（中国农业大学经济管理学院）。

2017年全国居民人均可支配收入为25 974元，比上年增长9.0%，扣除价格因素，实际增长7.3%。全国居民人均可支配收入中位数为22 408元，增长7.3%。按常住地分，城镇居民人均可支配收入为36 396元，比上年增长8.3%，扣除价格因素，实际增长6.5%。城镇居民人均可支配收入中位数为33 834元，增长7.2%。农村居民人均可支配收入为13 432元，比上年增长8.6%，扣除价格因素，实际增长7.3%。农村居民人均可支配收入中位数为11 969元，增长7.4%。按全国居民五等份收入分组，低收入组人均可支配收入为5 958元，中等偏下收入组人均可支配收入为13 843元，中等收入组人均可支配收入为22 495元，中等偏上收入组人均可支配收入为34 547元，高收入组人均可支配收入为64 934元。全国农民工人均月收入为3 485元，比上年增长6.4%。①

数据显示，截至2017年，农村人均可支配收入依然处于中等偏下收入组，而城市居民人均可支配收入则处于中等偏上收入组，并且城市居民人均可支配收入几乎比农村居民人均可支配收入高一倍。文化作为上层建筑，必然是基于经济基础的，这种长期的不平等必然导致农村的消极情绪。这种城乡二元化的壁垒导致的不平等，引发了农村人渴望逃离农村的情绪，而这种情绪即“去农文化”，让农民觉得只有离开农村，摆脱农民的身份才能让自己和自己的后代过上更好的生活。所以，有了这样一颗深埋在每一代农村人心里的种子，如果再不及时把它从农民心里根除，那么乡村振兴很难真正推行下去。

二、乡村振兴需振兴乡村文化

乡村振兴的是乡村吗？乡村振兴与文化振兴的关系又是怎样的？既然要乡村振兴为什么又要推行城镇化呢？《菊与刀——日本文化诸模式》中写道：“金克木先生说：文化就是‘国情’，就是‘国民性’，日本文化就是‘日本人’；他希望，研究各国社会，不仅要找寻决定性的物质因素，而且要探讨起

① 中国政府网：2017年全国居民人均可支配收入，2018-03-28，09：22 来源：统计局网站

重要作用的精神因素，不是只得出抽象模式，而且要发现具体典型。”① 这段话就给出了一个解答。日本文化就是“日本人”，那么也可以说中国文化就是“中国人”，乡村文化就是“乡村人”。所以乡村文化振兴，振兴的从来就不单单是一种文化、一种虚无缥缈的意识形态，而是乡村人。乡村振兴的落脚点应该是在建设好农村的同时让农民和农村人以自己的身份为傲。假如真的有一天，建设好了乡村，完备的基础设施，整齐划一的房屋，但是村庄里却没有人了，这还有什么用？一个表面华丽的废墟其本质也永远是废墟。

三、去村庄“空心化”

反观现在，乡村其实在经济上、在基础设施的建设上已经颇有建树了，但是村庄的“空心化”却没有止住，反而依然有扩大的趋势，乡村依然留不住青壮年。很明显除了经济，乡村在别的方面出问题了，那就是乡村文化的建设赶不上经济的建设，无论是老一辈还是新一代的农村人，大家的思想仍然没有转变，“去农文化”依然根深蒂固。所以在完全改正这个问题之前，村庄的“空心化”只会愈演愈烈并且陷入一个“厌恶农村农民——教育下一代离开农村——农村人越来越少直到没有人——农村一个一个消失”的可怕境地。

为了更好地理解乡村文化建设与村庄“空心化”的关系，寻找解决这个问题的方法，可以参看《山东省乡村振兴战略规划（2018—2020 年）》。针对村庄的“空心化”，战略规划里提出的《山东省人才振兴工作方案》有很多相应的措施：（一）聚焦“引进来”，实施高端人才引进计划……（二）聚焦“培养好”，提升乡村人才队伍素质……（三）聚焦“沉下去”，统筹集聚乡村人才资源……（四）聚焦“留得住”，创新优化人才发展环境……②但是读下来感觉侧重点仍然在如何把人才吸引进来，然后留住人才。然而在村庄“空心化”的主体部分“农民”上，侧重点几乎都在如何增强农民的技术和科教上，对转变农民思想提及的少之又少。规划的第六章介绍了有关乡村文化振

① 鲁思·本尼迪克特，吕万，熊达云. 菊与刀——日本文化诸模式（增订版）. 王智新译. 上海：商务印书馆，2016：4

② 《山东省乡村振兴战略规划（2018—2020 年）〈山东省人才振兴工作方案〉》第 109～115 页

兴的情况：……（一）全面提升农民文明素养。加强农村思想道德建设，广泛开展爱国主义、集体主义、社会主义教育，弘扬体现山东特色的时代精神、改革精神。充分用好道德讲堂、儒学讲堂、科学大讲堂等各类宣传文化阵地，普及社会主义核心价值观的基本内容和公民道德规范。发挥好农村老党员、老干部、老战士、老教师、老模范等新乡贤作用，凝聚道德力量、传播主流价值。深化诚信主题宣传教育活动，形成“守信光荣、失信可耻”的强大舆论氛围。开展“新农村新生活新农民”培训，将现代意识、科学精神、文明理念逐步渗入到群众头脑、转化为自觉行动，引导农民崇尚科学，改进生活方式……①

看完这些后，一个猜想产生了：如果在这个政策推行的过程中，把对农民进行“去农文化”思想破除作为先行思想建设，会不会更有利于政策的推行？在自媒体高度发达的今天，几乎所有人都参与到了网络社交中。以微信公众号为例，农村人（绝大部分都是文化程度在高中及以下），有相当一部分都深受营销号中各种“毒鸡汤”、假健康养生文章的毒害。可以利用这个传播途径来对农民进行“去农文化”的思想破除。农村人的心结解开了，回头看看农村又建设的这么好，当然还是回到生自己养自己的地方，农村和城镇的矛盾就会得到极大缓解，而村庄的“空心化”也就会慢慢地减缓消失。

四、小结

综上所述，村庄“空心化”不是光解决了农村的经济问题就可以结束的，必须辅以文化建设，而且文化建设一定要跟得上经济建设的脚步，决不能脱节。在文化建设过程中，破除“去农文化”，明确乡村文化振兴的对象确定是“乡村人”而不是单独的一个乡村文化，然后在具体实施过程中采取现在农村人最能接受的方式。对于传播方式，相信现在在大多数的农村地区，传统的宣传方式已经起不到太大的作用了，所以用更贴合现代农村人，尤其是现代农村青年人接受习惯的传播方式，对改变农村青年人的思想，会有很大的帮

---

① 《山东省乡村振兴战略规划(2018—2020 年)》第 67 页，第六章“焕发齐鲁乡村文明新气象　推动乡村文化振兴”。

助。希望在将来，村庄会再次繁荣起来，有人气也有烟火气，孩子和老人们不用再孤独地等待，让许多人无处安放的乡愁，重新有一个归宿。

第二节　乡村教育与乡土文化传承[①]

一、乡村教育开端——学前教育

我国是一个人口大国，根据国家统计局数据显示，截至2017年，我国人口总数已达139 008万人，其中全国农村人口数量有57 661万人，占比41.48%。随着市场经济的日益发展，人民群众的物质文化生活条件日益得到改善，基本生存需求得到满足。根据马斯洛需求层次理论，此时人们的需求更多地转向感情以及尊重的需要，不管农村还是城市，家长对孩子的教育问题越来越重视，因此农村地区对教育的需求量也是巨大的。而幼儿阶段是孩子思想、行为塑成的重要阶段，需要良好的环境以及引导，而农村地区的家长普遍文化水平不高，甚至许多年轻家长在外打工，只剩下家中老人在家看管孩子，这就导致广大农村百姓对优质学前教育的需求越来越迫切，进一步要求学前教育质量提高和促进城乡均衡发展的呼声也越来越热烈。学前教育是终身教育的开端，是国民教育体系的重要组成部分，也是重要的社会公益事业。

近年来国家也出台了关于学前教育深化改革规范发展的文件。2010年11月24日中共中央国务院办公厅发布《关于当前发展学前教育的若干意见》(国发〔2010〕41号）明确要求各省（区、市）以县为单位编制实施学前教育三年行动计划，着力解决“入园难”问题，满足适龄儿童入园需求，促进学前教育事业科学发展。2011年以来，国家要求各级政府积极贯彻落实《国家中长期教育改革和发展规划纲要（2010—2020年）》、“国十条”以及“学前教

---

① 本节作者吴佳钰(中国农业大学经济管理学院)。

育三年行动计划”，2018 年 1 月，中共中央国务院下发了《关于实施乡村振兴战略的意见》，该文件明确指出：“优先发展农村教育事业”“发展农村学前教育，每个乡镇至少办好一所公办中心幼儿园，完善县乡村学前教育公共服务网络”“百年大计教育为本”等。农村学前教育在各级党和政府、社会各界力量的共同努力下，得到了较快发展。但由于农村学前教育基础差、底子薄、欠账多，学前教育仍然是教育体系中的薄弱环节。

二、家乡学前教育发展变化

回忆起十几年前我小时候上幼儿园的情景，画面远没有现在这么美好。记忆中的幼儿园是一个不算宽阔的院子，里面摆着颜色已经变浅的滑梯还有各种各样供小朋友们玩耍的娱乐设施，院子周围建着一圈古板低矮的平房，平房的墙上画着被雨淋到而褪了色的彩绘，偶尔也会有墙皮剥落。一间间平房根据功能不同被分成教室、食堂、游戏室等，硬软件设施相对落后：篮子里随意摆放着掉了漆的积木、手风琴常年没有被调过音已经走调失真，金属制的上下床在有限的空间内紧密排列以保障更多的孩子能够午睡，偶尔还会有扎手的毛刺木制小板凳、食堂的饭菜种类几乎不会变化，在有限的教育资源条件下幼儿园老师缺乏系统的教育培训。由于幼儿园空间较小，人口密度较大，卫生条件不尽如人意，一个小朋友感冒了，很容易导致大面积的流感发生。

我的家乡在天津市所辖的某区县，全区现辖 14 个镇，270 个行政村和 33 个社区，区域面积 1 296 千米^2，常住人口 38 万人，其中农业人口 28 万人。近年来，在党和国家一系列乡村振兴战略的正确引导下，家乡的学前教育状况有了翻天覆地的变化。自 2010—2012 年实施“学前教育三年行动计划”以来，区政府逐年加大学前教育经费投入，力求优化城乡布局，着力加快学前教育均衡发展，大力发展国办园和乡镇中心园，积极改造村办园，规范民办幼儿园和学前教育服务点，逐渐普及学前三年教育，推进学前教育三年行动计划的实施。经过三年的努力，我区乡村幼儿园覆盖范围逐渐扩大，入园率稳步提高，已经形成“以国办园为龙头，乡镇中心园为主体，村办园和民办园为补充”的学前教育新格局、取得了学前教育体系建设的极大进展。我的妈妈在日常工作中常接触到乡村地区的幼儿园建设，我也常常听她提起当下幼儿园的状况：目前我们当地的农村地区共有245个自然村，3～6岁适龄儿童8 379人，现有普惠性幼儿园48所，其中镇中心园18所，村办园26所，普惠性民办园4所，可提供学位6 013个，尚有学位缺口2 366个，为了能让更多的农村孩子享受到普惠性的学前教育，到2020年还将在农村地区新建幼儿园29所，共补充2 970个学位，城乡学前教育学位供给充足，可满足不同层次入园需求，同时将补齐制度短板，堵住监管漏洞，推进学前教育普及普惠安全优质发展。到2020年，全区学前三年毛入园率将达到96%，普惠性幼儿园覆盖率达到80%。

与此同时，农村学前教育环境和教育质量也取得了质的进步。幼儿园的院子已经不再像以前那样狭小，院子里放着崭新的供孩子们玩耍的设施，有许多幼儿园操场上铺上了塑胶跑道，为孩子们的日常锻炼提供了条件；旧时低矮的小平房已经变成了墙面上画着各种颜色鲜艳、充满童趣插画的三层小楼。幼儿园内部的硬软件设施也发展相对完善，多种多样的玩具能够寓教于乐，材质安全环保；图书角摆满丰富的国学读本、绘本、童话书等；教室里配备钢琴，让孩子们能够从小受到音乐的熏陶；每个孩子都拥有属于自己的午睡小床；食堂也格外的干净整洁，饭菜多种多样、营养均衡；幼儿园的管理更加严格，保障了孩子们拥有安全和良好的教学环境。更重要的是，越来越多接受过正式的专业学前教育培训的老师们投入到了乡村幼儿园教育队伍中，用科学的方法保证每一个孩子都接受优质的学前教育。

三、乡村振兴背景下，学前教育发展仍需进一步完善

和从前的状况相比，家乡农村地区的学前教育取得了长足的发展和明显的进步，孩子们接受比以前更好的教育，享受着更加美好的童年，但仍有很长的路要走和艰巨的任务要完成。例如，农村地区的学前教育经费仍然不足；幼儿园的设置不够广，仍不能完全满足幼儿就近入园的需求；部分教师没有编制，待遇得不到完全保障；“入园难”“入园贵”的现象仍然存在；经过专业培训的教师仍存专业能力不足和素质不足等问题。

因此，对于家乡的农村地区来说，国家乡村振兴战略的决策部署是十分

必要的，这将为农村学前教育的发展带来前所未有的机遇。预计未来两年，我国农村地区将形成“政府主导、社会参与、公办民办并举”的办园体制，满足不同层次的入园需求，为农村地区的发展带来无限生机。

第三节 青年一辈不负现代农业的召唤①

历史翻涌而来，又平静而去。洪流中，无数的英雄在历史中熠熠闪烁，无数事迹在长河中滚滚向前。一路走来，新中国已成立七十周年，这是历史画笔下浓墨重彩的一笔，也是遥遥长河中最汹涌的浪花。从 1949 年到 1978 年再到 2019 年，华夏大地上从日出东方到阳光普照，国家从历史的困境中一路走来，虽历经磨难，但身披战甲，我们迎光而来。作为新时代的青年一辈，我们也在这条迎光路上奋力向前，以青春为墨，画下属于我们的鲜艳一笔。

我国是人类文明的发祥地之一，也是农业的发源地之一。从石器时代，华夏民族就开始了种植业，开始了刀耕火种的农业生活。随着社会的演变，农业逐渐向小农经济发展，此后便在小农经济的基础上进行演变，由粗糙的耕种向精耕细作转变，精耕细作在一定程度上是随着农用工具的出现和发展而出现的，不论是早期的耒耜、翻车、耧车，还是现在机械化生产所使用的农机，都蕴含着华夏民族的智慧凝结。新中国成立后，农业被高度重视，因此，一系列与时代相配合的农业政策在农业发展漫长历史中为其助力。新中国成立前的《中国土地法大纲》与新中国成立后颁布的《中华人民共和国土地改革法》将土地改革深入落实，使土地这种最基本的农业生产资料回到了农民的手中，让农业有了发展的资本。而后，我国进入快速发展的历史时期，长期以来一直实行的小农经济为配合时代的发展做出了让步，土地转变为公有制，归属国家和集体所有，实现农业集体化。同时，农业也成为国家发展工业的基础，源源不断地为工业输送经济资本。随着改革开放而建立并发展起来的家庭联产承包责任制，让农民自行经营、自负盈亏是农业的一项重大

① 本节作者朱玉(中国农业大学经济管理学院)。

突破，这种制度一直延续到现在，形成了我国“统分结合，双层经营”的农村经济发展制度。至今，这种制度一直被沿用，并为农村带来了巨大的发展。

在农业上，我们一次又一次的改革和发展，让农业紧跟时代的脚步，也让农业为时代脚步的加快做出了贡献。农业是立国之基本，正是如此，每一次时代的转折，农业也会发生重大的改变，一次又一次的重创，再一次又一次的重整旗鼓，我国农业发展正如华夏民族的经历一样，历经苦难，终呈强大。

历经种种困难，我们勇敢走来。现在，正是“两个一百年”目标的交接点，是建成全面小康的关键点，我们更加重视农业的发展。2019 年中央一号文件指出，将“坚持农业农村优先发展”确定为当前“三农”工作的总方针，并要求全党及各级政府牢固树立农业农村优先发展的政策导向，千方百计将总方针落到实处。从 1978 年的安徽小岗“大包干”到今天的精准扶贫，如今的神州大地，农业发展在逐渐扩大。四十年来，我们取消了农业税、牧业税和特产税，农村承包地、宅基地“三权分置”。近年来，我们提出乡村振兴战略，精准扶贫，打赢扶贫攻坚战，极力消除贫困人口，将贫穷落后的农村改换风貌。

当代的农村已进入一个“新时代”，不再是从前穷苦落后的状况，而是在科技时代中如何改善农村现状，让农村在基本生活有保证的前提下富裕起来。作为当代青年人，未来的领军者，青年眼中的未来农业十分重要。

谈到未来的农业，首先应该提高农民的地位，或者说在不远的将来，农民不应该再叫“农民”，而是种植者。以前，农民“足蒸暑土气，背灼炎天光”地劳作，而现今有了众多自动化的机器与高精尖的技术手段，从精准农业到农业自动化，这样的技术保证了农业更高效，更准确地发展。而在未来，农业应该更高级。所谓高级，不仅仅在于应该准确种植、准确施肥、准确收割，应该在农业的种植方面有所拓展。试设想，我们能在以后大规模普及现在仍然比较少量的无土栽培。在未来人口增多，粮食压力扩大的情况下，土地的种植压力会增大，土地的肥力等将会降低，因此，“脱离”土地的农业可能成为未来农业研究的一大趋势。这就是为什么要将农民变成种植者的原因。农民的工作重点不再是不停休的体力劳动而是更侧重于科学的方面，这将是未来农业的最大改变。

除了科技的高级化，未来土地的多层次化也将是追求的目标。所谓多层次，也是针对土地资源的有限而言的。现在，有很多在楼顶上修建操场、种植树木的例子，这样既可以节省土地资源，又能将空间进行合理利用。如果将层次再增多，变成土地大厦，那么其所能种植的作物将达到一个相当大的数字。但这又会产生一个问题，每一层次的土壤从哪来？这就可以和前一个设想相联系，将多层的无土栽培进行搭建，使之成为“培养塔”，那么这样就能显著缓解如今的土地问题。

继续深入思考，未来的农业能带给人们什么？区别于现在，未来的农业带给人们的不仅仅是粮食与工作机会，还有经济价值。农业投资将成为一项重要的理财方式，通过对某一农业科技品的投入从而赢得回报，与现在的科研项目投资一样，希望在未来，这样的投资，像炒股一样普遍。与全人类都相关的农业在未来将迎来更加宽广的天地，农业将逐渐演变为更为重要的产业。

2019 年中央一号文件指出要实施数字乡村战略。深入推进“互联网＋农业”，扩大农业物联网示范应用，推进重要农产品全产业链大数据建设，加强国家数字农业农村系统建设。企业的技术服务结合数据服务的理念符合大数据时代的潮流，在未来，这类企业将会生产出更多符合大众消费的新产品、新服务，逐渐成为行业的引领者。例如，有的企业提出“和自然”的文化理念和“预防与节约在先，发展与保护同步，创建生态和谐的世界级农牧企业”的新型农业发展理念，建立实施了 ISO14001 环境管理体系、GAP 良好农业规范管理体系，紧跟国家环保号召，与国家环保大战略相一致。

国家的政策支持，时代的推进都将成为农业板块企业发展的助推器，那作为青年一代的我们，在未来的职业选择中，要紧随时代潮流，紧跟时代脚步，以农业发展、以及促进农业发展的行业作为未来的选择方向。在振兴百年，两个百年宏伟目标交接处的关键历史时期，贡献出自己的一份力量。

现在，我们青年一辈，还要积极关注国家大事，对宏观政策、经济现状、发展现状保持深度了解。在国家重大历史时期努力献出自己的一份力量，尽可能参与国家大事。百年振兴不是只在于关键时刻，也不只在于某一部分人，这应该是属于全国的事情，每个人都应为之奉献力量，而不能只将自己的满腔热情表现在嘴上，我们要为之付出行动，为将来的作为积蓄力量，不论是在知识的储备上，还是在能力的养成上，现在都是最好的时候，我们要抓住现在的时间，积极储备知识与能力，做真正的青年一辈的时代推动者。

从 1919 年到 1949 年，再到 2019 年，我们历经了很多，这其中有苦难，有成就。在未来，在当代青年长成为栋梁的 2049 年，新中国成立 100 年的时候，那时，青春的我们将奏响新时代更响亮的乐章。

第四节　“一路三镇”的文化传承与孕育①

寒假之末，随父亲驾车下乡，途经家乡辖区内的几个小镇。因从小在城区长大，还未曾深入周边的乡村，于是返程期间向父亲提议，走访这沿途的几个小镇。

沿着 206 国道进入安徽宿州路段，一路向南，依次分布着三个小镇，当地的村民用时间和智慧，演绎着自己独特的风景。

一、闵子孝贤，鞭打芦花传百世

从 206 国道分叉出的小道拐入，不出 20 米便到了祠堂后院的后门。闵子墓祠两侧尽是繁茂的松柏，虽值正午，却显得格外静谧。

“到我这，已经是闵子第 74 代后人了。”为我们打开门锁的是一位淳朴憨厚的爷爷，他骄傲地介绍着自己（图 4-1）。“在族谱上也是有记载的，村里也有很多人姓闵。”闵子骞，春秋时期鲁国人，是孔子的得意弟子，也是七十二贤人之一。孔子言：“孝哉，闵子骞！人不间于其父母昆弟之言”，称赞闵子为人极孝（《论语·先进》）。祠堂内设有二十四孝堂，以表达人们对他的崇敬（图 4-2）。

《鞭打芦花》的故事也流传至今：

子骞幼年丧母，后跟随父亲和继母生活。而继母偏爱自己亲生的两个儿

① 本节作者蒋笑天（中国农业大学经济管理学院）。

子，虐待闵子骞，闵子骞却怀“恕”“孝”之心，矢口不讲[①]。

图 4-1　闵祠“守护人”

图片来源：作者实地拍摄

图 4-2　二十四孝堂

图片来源：作者实地拍摄

一年腊月，继母给自己的孩子做棉袄，用芦苇充当棉絮给子骞做“棉袄”。一天父亲坐车带他们兄弟三个外出，让闵子骞在前边掌鞭赶车，闵子骞因饥寒交加无力驾车，马车滑入路旁的水沟内。父亲非常生气，呵斥他没出息、不耐冻后还鞭打他，结果抽破衣服露出了芦花。父亲再捏捏另两个儿子的棉衣，才知道自己冤枉了闵子骞，决定休妻。子骞却长跪于父亲面前，为继母求情：“母在一子寒，母去三子单。”父亲便不再休妻，继母也痛改前非。

“闵子身上的孝文化还是很值得我们传承的，村里老老少少都能讲得出他的故事。”在闵爷爷的介绍下笔者了解到，在曹村镇的这座闵子骞祠，始建于宋朝，最初有四进院落的格局，现在仍保留下来的殿宇有 14 间。闵祠于 1998 年被列为省级重点文物保护单位，但可惜的是，由于地处这样一个名不见经传的地方，此前这闵子骞祠堂一直未能得到足够的重视，如今的开发力度也不足，祠堂正厅内的碑刻和塑像在“文革”时期都遭到了不同程度的损坏（图 4-3）。祠内的古柏和千年银杏（图 4-4），见证了祠堂千年以来的变幻和沧桑，也目睹了那一钉一锤，是如何狠狠地凿在碑刻的墙体上，是怎样痛在后辈的心里。

① 王善虎，吕小允.《鞭打芦花》非物质文化遗产的时代价值[J]. 宿州学院学报，2015，30(9)：90-92

图 4-3　闵祠内侧石碑
图片来源：作者实地拍摄

图 4-4　千年银杏——闵公孙树
图片来源：作者实地拍摄

近年来，当地文物部门得到了政府的扶持和拨款，对祠内建筑和文物进行了加固和修缮。2018 年又在院内搭建玻璃防护罩，对院内残存的石碑予以保护。如今，在资金的支持和后人的努力下，祠东公路旁的牌坊、祠南的孝泉和闵子的故居、祠北的闵子墓及周边的晒书台、芦花坡、洗砚池等景点陆续展现，“先贤闵子故里”的轮廓逐渐清晰，闵子的故事将被后人更为生动地传颂下去。

二、勠力同心，夏刘寨村换新颜

穿过狭长的穿山公路，远处的“夏刘寨”终于现身，颇有一种“柳暗花明”之感。如果不是亲眼所见，笔者不会相信眼前错落有致的一幢幢小洋楼呈现的是一个村庄的风貌，也不敢想象这里便是十多年前被称作“穷村烂寨石头窝”的夏刘寨（图 4-5、图 4-6）。

夏刘寨村位于宿州市埇桥区夹沟镇，是中国农村改革典型村，亦是安徽省新农村建设示范村。而十年前，由于全村三面环山，村民们生产了粮食蔬菜，需绕行 15 公里才能抵达集镇售卖。加之地势较低，被秃岭荒山包围，“石头窝”一名由此而来。那时候，近八成的村民还住着夜不避风的土坯房，村民的年收入甚至不足 600 元。石山的阻隔，交通的不便，耕地的局限，让村民真真切切地感受到“行路难”“卖粮难”“致富难”。

于是，在全村干部的激励和带领下，村民们勠力同心，打响了一场向荒山进军的“硬仗”。

图 4-5　夏刘寨村生活区

图片来源：作者实地拍摄

图 4-6　夏刘寨村商业街

图片来源：作者实地拍摄

首先，村民们一起凑齐了资金，日夜奋战，打通了一条近 8 米宽的穿山公路，“行路难”之虎终于被击退，夏刘寨村和镇里实现了更密切、更便捷的联系，“卖粮难”也不再是村民望而生畏的距离。

山路开通后，村里组织村民代表到山东、河南等地参观，深入先进的干杂果生产基地进行考察学习。而后，村民们意识到，他们所缺乏的不仅仅是方法和技术，还有一样至关重要的东西——土地。于是，在劳动力多半外出的情况下，他们以 18 名党员带着 30 多名老幼村民，硬是在这荒山乱石之中，开辟出万余亩土地。后来的几年，村民们开始种植干杂果树，再又引入核桃、蓝莓等，日子开始转好，村民们也陆续盖起了新房。有了土地，村子便有了灵魂，村民便有了希望。

然而，受到传统农业的限制，农民依然得“靠天吃饭”，且村里大多是小农散户，如此很难致富。为了实现农民增收、农业增效，全体村民代表相聚一堂，按下了红手印——在不改变原土地承包关系的前提下，从每个农民手中集中 1/4 的土地，由村里的农业公司实行“返租倒包”，进行统一经营和利润分成。夏刘寨村也因而成为全国最早的土地流转、集约经营改革村之一。近几年来，夏刘寨村以土地制度改革为引擎，不断创新农村发展方式，探索走出一条土地集约化、农业企业化、生产规模化、农民组织化、农村城镇化的农村“五化统筹”科学发展之路①。党中央在十六届三中全会上，第一次对

① 李维茂．宿州市乡村旅游产业发展战略选择研究[D]．安徽农业大学，2016

社会主义新农村作出系统完整论述——建设社会主义新农村是我国现代化进程中的重大历史任务，要按照“生产发展、生活富裕、乡风文明、村容整洁、管理民主”的要求，坚持从各地实际出发，尊重农民意愿，扎实稳步，推进新农村建设。夏刘寨村的村干部和村民也凭借着他们的智慧和坚毅，踏上了共同富裕之路。

“山顶松柏槐，山腰栗果杂，山下高产田，河库鱼虾蟹。”当年的“石头窝”如今化身成为“聚宝盆”，昔日的荒山乱石现已被孕育为“经济林”“生态林”。近年来，村里一改传统的农业经济模式，开始采用三产融合发展的理念，投资 4 000 多万元，打造集温泉洗浴、餐饮、垂钓、采摘等于一体的生态休闲农业观光园，还开放了石榴、葡萄、蓝莓等采摘园。夏刘寨村成了名副其实的宿州“后花园”。

三、电商助力，符离烧鸡香万里

离开夏刘寨村沿 206 国道向南继续前行，便抵达了烧鸡名镇——符离镇。“离离原上草，一岁一枯荣。野火烧不尽，春风吹又生。”唐代大诗人白居易的《草》便创作于此。符离镇离宿州市市区仅 10 公里，地处黄淮海经济开发区腹地。符离集烧鸡是中华名吃，与德州扒鸡、河南道口烧鸡、锦州沟帮子熏鸡并称中国“四大名鸡”，因产于符离镇而得名，现已逐步发展成镇里最大的产业。

在符离集烧鸡产业基地，已经形成了以刘老二集团、徽香源食品有限公司等为龙头的食品加工企业，分别在“天猫”“京东”和“淘宝网”等交易平台上建立了符离集烧鸡销售链接，销售新鲜烧鸡、袋装烧鸡、礼品烧鸡、烧鸡酱等系列烧鸡品种近 36 种①。而过去的一年里，符离镇仅烧鸡产业便达到了总产值 15.5 亿元。40 年来的曲折发展、品牌建设和重塑的艰辛，终于得到了时代的回应。

市场改革之初，在国家和政府的大力扶持下，符离集烧鸡产业初见晨曦，迎来了雨后春笋般的发展。“当时‘符离集烧鸡一条街’有近百家，不过大部

---

① 吕永平，韩晓辉，刘敏，等．对接符离集烧鸡产业链创新实践基地建设的探讨[J]．安徽农学通报，2018，24(15)：170-172＋175

分都是家庭式作坊，像早餐店一样的经营模式——大家晚上加工、白天销售。”符离集烧鸡制作技艺非遗传承人刘金华介绍道，“烧鸡的制作看似简单，实则要经历宰、洗、炸、卤等多道复杂的工序，从活鸡到色香味形具备的烧鸡，这需要多年实践总结的经验才能恰当地掌握技巧、拿捏火候。”

然而，各家各户“关门造车”毕竟还是低效的——生产规模小、出品效率低、销售渠道窄。于是，“集群式发展、市场化运作、标准化生产、产业化推进”的发展思路应运而生①。在符离镇政府的带领和全体人民的努力下，多个厂家联合致力，申请组成符离集烧鸡集团，建立养殖基地，和养殖大户签订合同，由大户养殖和提供鸡苗。有了成鸡后，再由烧鸡厂组织回收、统一加工、集中销售。如此一来，既实现了养殖农户的增收，又带动了饲料业的发展，更推进了烧鸡产业化的进程。至此，这条“符离集烧鸡”产业链初步成形。

近年来，符离集烧鸡又迎来了新的挑战——电子商务对线下销售的冲击。作为符离集烧鸡的知名品牌，同时又是安徽省农业产业化的龙头企业，刘老二集团意识到不能单纯地依靠资源来进行市场竞争，必须打破传统的线下销售模式，致力发展电子商务渠道。

其实，刘老二集团很早便开始关注电子商务，并把其纳入发展战略规划。公司自2012年便成立了电子商务部并配备专职人员，塑造符离集烧鸡线上品牌的计划正式提上日程。为了应对电商的冲击，兼顾线上线下的销售，公司别出心裁地打造了专供线上销售的产品，如“气调锁鲜烧鸡”等。既革新了技术，以最大程度实现符离集烧鸡的风味还原；又创新了产品，锁定更多地区顾客的味蕾。

线上品牌初有起色，为了适应公司快速发展的需要，公司尝试打破原有的电商理念，另辟蹊径以促进线上与线下销售的充分融合。结合市场现状，公司引入了“美团”“百度糯米”等本地生活消费平台以实现促销的效果，并采用“线上付款、线下提货”的购物方式，以满足各类消费群体，尤其是年

① 喻文，武宜启．让品牌继续壮大——符离集着力打造烧鸡产业侧记[J]．中国食品，2012(10)：57

轻人的消费需求①。在线上促销方面，公司结合包邮、满减、积分等促销方式，快速有效地实现了客户的数量积累和销量的增加；后又配置了电子商务企业公共服务平台运维，为电子商务的持续、快速发展增添了一份保障。

销售模式的创新，正推动符离集烧鸡走近更多家庭的生活；新渠道的拓宽，将带给符离集烧鸡更多种可能；电子商务的助力，终成为符离集烧鸡产业蓬勃发展的坚实后盾。符离美誉，将伴着烧鸡的酱香，飘扬万里。

离开符离集的时候，父亲像往年一样买了四五只鲜烧鸡。“现在你们不觉得，因为想吃随时就可以吃到。过去呀，对老家的爷爷奶奶来说，这个味道叫作念想。”

从前，提起乡村笔者我总会想到炊烟和泥土的气息，而现在，望着后视镜中远去的轮廓，仿佛多了几分幸福的味道。这里没有城市的喧嚣与繁芜，人们喜欢平淡，追求简单，向往宁静，人们带着本身的勤劳和淳朴，深深地依恋着土地，却也在不断地创新和探寻，为更加幸福的生活而努力。

这里是乡村，不同的土地上传承孕育着不同的文化，不同的文化带给每一方土地上的人们不同的精神风貌，不同的精神风貌创造着样式丰富但迥异的财富，但每一种文化都是将这片土地上的人们凝聚起来、鼓舞大家不断奋斗的原动力。

这里是乡村，这里别有一番风景。

第五节 乡村传承心向往之②

求学于中国农业大学的时光，便是乡村振兴的最好见证。近两年，笔者对农业有了初步的了解，结合自己成长中的一些所见所闻、个人梦想，来谈一谈自己最真实的想法。

---

① 崔明理．让符离集烧鸡在网上飞[J]．农产品市场周刊，2015(40)：47

② 本节作者刘园婷(中国农业人学经济管理学院)。

一、乡村印象站·温饱

“茅檐低小，溪上青青草。醉里吴音相媚好，白发谁家翁媪？大儿锄豆溪东，中儿正织鸡笼。最喜小儿无赖，溪头卧剥莲蓬。”辛弃疾的《清平乐·村居》真实反映了生机勃勃、朴素安适的古代农村生活，给人一种诗情画意、清新悦目的感觉。

这印象中闲适的农耕生活确实让忙碌的城市人心驰神往，但现实中的农村并不总有如此大的吸引力。如今乡村尚有很大一部分的农户未形成规模经济，依靠在自家的土地上种植农产品只能满足最低的温饱需求。倘若有年份遇上自然灾害，温饱甚至都难以解决。积贫积弱的局面刺激着乡村人民寻找新的出路。为了摆脱贫困、赢得尊严，维系家庭的存续，给子女更好的未来，他们踏上了背井离乡的征程，甘愿在城市打工漂泊。

而留在农村的人们又是怎么样的状态呢？我曾经在河北省保定市涞源县山区农村住过一周，体验了让人百感交集的现代乡村生活。走在崎岖的山路上，周围尽是丛生的杂草和低矮的灌木丛，路上跑着公鸡，路边篱笆里躺着南瓜；山间的泉水清澈，当地的孩子来回踩在水中石头上跳来跳去，在这片幽静的天地嬉戏打闹；早饭可以尝到香甜的玉米，晚间仰面躺在院子里可以看到城市里难以看到的灿烂星辰。然而，当笔者走进一位老奶奶家中，她介绍了这几年的变化，从破旧的石瓦房住进了小别墅，从手工耕作转变为机器耕作。笔者不禁感慨科技进入乡村后带来的天翻地覆的变化。

升入大学，班级组织参观了中国农业博物馆，笔者才真正全面系统地了解了我国农业发展的历程。展览从男耕女织的场景、水转连磨模型，到土地改革、包产到户的相关文物，以及一篇 2000 年 12 月 17 日《人民日报》的文章《“中国超级稻”平均亩产超过 700 公斤》（图 4-7），娓娓讲述了一个在黄土文明中孕育的农业奇迹——中国用占世界 7%的土地养活了世界 20%的人口，基本解决了人民的温饱问题。

毋庸置疑，改革开放 40 年来，我国农村发生了翻天覆地的变化。科技的力量让土地产量迅速增加，中国减贫对世界的贡献最大，到 2020 年将实现农村人口全部脱贫，仅这两年脱贫三千万人就相当于近一半英国的人口。尽管这之前走过弯路，但是我们砥砺前行挺过来了，吸取了教训，更加自信地向前看，继续建设共同富裕的社会主义新农村。

图 4-7 博物馆中的老报纸

二、乡村花絮飘舞·求索

国际形势风云变幻——在我国紧锣密鼓抓紧生产建设、努力完成又一个五年计划之时，中美贸易战来临，我国外部环境前所未有的复杂，扩大内需成为保持经济增长的重要举措，而乡村振兴战略的实施极大地带动了新需求的产生。

乡村振兴战略的总目标是实现我国农业农村的现代化，具体的建设目标为党的十九大报告中提出的实施乡村振兴战略的“二十字”方针，即“产业兴旺、生态宜居、乡风文明、治理有效、生活富裕”。一位笔名为“故事老王”的作者在其微信公众号文章里写过一句温暖而真情的话：“中国的乡村，承载着我们太多太多的情感和梦想，无论是谁，无论从事哪个职业，无论身在何处，都理应被乡村振兴这一战略圈粉”。

笔者便是乡村振兴战略的忠实粉丝。作为中国最高农业学府，乡村振兴战略的实施当然少不了中国农大人的身影。这里飘着漫空的乡村花絮，尤其是在文化振兴的科技方面，笔者捉到了几朵来分享：

在这里举办的科技节，陈列的众多创意作品让笔者记忆犹新，还有展板上这些实用、令人心动的发明：果园自动对靶喷雾机、苗期地膜回收技术和装备、氮磷钾自动配比变量施肥机、枸杞采摘机、生态型新农村规划设计、新型高效奶牛场清粪机、自动喂料机器人、节水调控技术、牧草种子加工智能控制成套设备（图 4-8、图 4-9）……现在的农业昂首挺胸向着未来走去——自动、智能、万物互联。

图 4-8　科技节上中国农业大学作品（一）

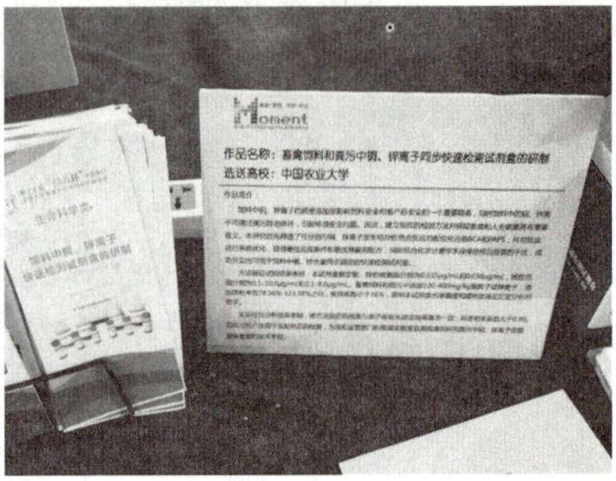

图 4-9　科技节上中国农业大学作品（二）

2018 年暑假，中国农业大学“工学院学子横扫美国 ASABE 机器人大赛”，队伍设计的苹果收获机器人可以根据果子的青涩、成熟和腐烂的状况进行精确分类操作——当时这则消息让笔者十分激动。

在中国农业大学信电楼地下走廊，各种不同规格、功能的无人机静静地停着，有喷洒农药的，有侦查农田状况的（图 4-10）……我们的同学，为农业发展贡献着自己的力量，也勇于承担科技创新的使命！

图 4-10　中国农大信电学院地下走廊无人机

当这些作品的创造者抚摸作品的每一个零件、审视着每一个步骤、回味着制作过程时，心里一定为自己的作品能派上用场、帮助更多的农民而欣慰。学校和老师用心“育天下之英才”，英才们用智慧和双手为未来开道，“解民生之多艰”。

中国农业大学教授于2009年创办了科技小院，经过近十年的发展，全国其他地区也纷纷效仿。习近平总书记为乡村振兴战略指明了五个具体路径：推动乡村产业振兴、人才振兴、文化振兴、生态振兴和组织振兴，而科技小院的构建顺应了这样的趋势。科技小院旨在让研究生等专业技术人员为务农群体提供科技等指导，从根本上改变农村人口务农水平，改善农业发展状况。

大二前的小学期，学院组织农事认知实习。在中国农业大学上庄实验站，我们看到了大型农机——那些轮子都几乎和笔者一样高的庞然大物，代替了烈日下汗流浃背的农民，设计很精巧，例如齿轮的分布、倾斜角度、不同功能用途轮机的马力匹配等（图4-11）。泥土将在钢铁之间被翻滚、被深耕、被切割、被压整，种子在孔洞间规律性播撒，进入预定的位置……农业机械化在这里有所体现。

图4-11　农机二连，齿轮精巧，体型庞大

中国农业机械化整体水平仍然低，其重要原因是自给自足的小农经济使农业生产者较分散，自家种自家田，各家作物品种、成熟时间也不一样，大型农机根本没法在小规模的土地上跑动和施展。而在农业发达国家，从事农业劳动的人数并不多，但是效率很高，一个人开着农机可以收割整片农场。

边际成本降低的规模化农业生产是未来趋势，在天安农业参观生产线，会看到琳琅满目的新鲜蔬菜产品在生产基地诞生，被包装，有的已经被客户预定，有的即将被送往各地区生鲜超市——从无公害到绿色再到有机，农业生产方式，正在从传统的小农经济模式，向产业化、专业化、规模化、现代化方向发展。

农业投资风险大，因为农业是和活物打交道，它们是有生命的，气象灾害、病虫害和价格波动带来的损失往往令人痛心。在上庄实验站，北院玉米田旁边的小路上，笔者问老师："听说日本可以全国规划农业种植，哪片土地种什么，然而我国却没有做到，请问这是为何?"老师像是在叙述一个早已痛了很久的伤疤，看着脚下的路："目前在中国，如果有人收农产品的价格比协会高，农民就不卖给协会了，协会收购失败，种多了农民就卖不出去了，烂地里也比雇人采摘卖出去划算，价格就不会很稳定，控制不了全国各种蔬菜种植的总量。"

想着未来可能和自己有关的风险投资行业，笔者继续问道："请问农业投资风险这么大，还会有人这么做吗?""投资农业算是做贡献吧，风险大，收回钱还慢，种上了以后很难改变，一年时间就砸在手里了，这算是半公益性的投资吧。其实现在粮食成本很高，价格投入与产出兑现不了，但是粮食价格由国家调控，农业成本增加意味着各个环节的成本都要增加，会影响国民经济总产的运行，是恶性循环的。将来有了钱给农业做投资，也是在做贡献。"

话题很是沉重，然而，正是问题的严峻性，才让我们化压力为动力，且行且珍惜这乡村振兴的黄金机会。

除了农大校园里的乡村花絮，笔者也看到了社会各界人士为乡村振兴而奔走求索的花絮：

研究农业保险政策的人员、提供智慧农业科技的公司、通过电商网络平台销售原生态农产品的农户……还有各地龙头企业的带动作用、普惠金融为小微农户带来的融资便利等，像灿烂的阳光，使纷飞的花絮松软而有温度。

笔者深切体会到，埋头耕耘的人们是粮食来源的创造者；科学的政策、先进的技术、创新的思维，便是在这有限的土地上帮助人们创造更大价值的催化剂；而承载了这一切的土地，会对辛勤的汗水和无穷的智慧作出慷慨的回馈。于是乎，士不可以不弘毅，任重而道远，吾将把握求学机会，上下而求索，不负光阴不负温热情怀。

三、未来共命运·向往

实习中，老师讲到种植甘薯很节水，除了扦插需水以外全靠自身吸水，由于无性繁殖，后代纯度还高，多食更有抗癌效果，是很好的主食类农作物；而小麦耗水（灌冬水、返青水，拔节水、灌浆水等灌水时期，会加重河北平原地下水危机），希望进行种植业调整。

眼前的为了食物、水源、土地而想尽办法的情景，让笔者联想到了刘慈欣在《三体》里对农业的设想：食物是合成的，不论肉类谷类，几乎都是一个味道，一个口感。当然，这是建立在这样一个世界背景下，即科技已有长足进步，大家居住在钢铁树枝上的树叶状房间里，而全部树枝又在地下，为了节省地面空间。当地面上的“现代人”将普通食物展示给地下的“未来人”时，后者十分羡慕那些天然的、原汁原味的食物。当然，这是科幻，却也从对事物的追求上看出农业的重要价值。未来，尽管第一产业占比会降低，但是农业的基础性作用决定了它的重要性有增无减。

可以说，实施乡村振兴战略，是解决新时代我国社会主要矛盾、实现“两个一百年”奋斗目标和中华民族伟大复兴中国梦的必然要求，具有重大的现实意义和深远的历史意义。

40年来，乡村建设过程中，物质方面富足程度上了一个台阶，然而也出现了一些问题亟待解决，生态环境和人文精神等方面建设的不足，比如施用过量的化肥污染土壤并产生大气氮沉降污染、大水漫灌浪费水资源、焚烧秸秆污染空气、垃圾分类意识缺失、厕所等公共卫生设施不符合标准等生态环境方面的问题；社会的“去农化”思想引发的农村空心化、老龄化，历史文化难以被保护等人文精神方面的问题，都在扯痛我们的神经。

不过，现阶段，为了未来乡村真正意义上的均衡振兴，党和政府也在对症下药。2017年3月国务院办公厅转发国家发改委、住建部《生活垃圾分类制度实施方案》，提出到2020年底，在46个城市实施生活垃圾强制分类；定下了“确保2020年实现中国农村卫生厕所普及率达到85%”的规划日标，列出了“厕所革命3年行动计划”，全国掀起了一场“厕所革命”大潮……

我们也正在见证一些像太阳一样发光发热的“先锋部队”——

2018年8月，央视《新闻周刊》讲述了这样一个故事：一位来自河北沧州的海归女硕士，因为一张信天翁因塑料污染而曝尸荒野的照片走上了环保的道路，回到了农村，挨家挨户手把手教村民进行垃圾分类，每家垃圾分类的“标配”是两个桶和一个网兜，桶用来装厨余垃圾和其他垃圾、网兜里装可回收垃圾，她亲自定时喊村民把分类的垃圾放到车上——这名姑娘叫陈立雯。新闻报道说：“她本有大好前程，可以过安稳的生活，却把‘收垃圾’当作自己的职业；她本是弱小女子，却甘愿做一个火种，燃烧自己，照亮中国的环保之路!”

在中国农业大学一门和农业相关的核心课中，老师展示过瑞典家庭中的垃圾分类照片，画面中一个小男孩将香蕉皮扔进了厨房小柜子里侧面挂着的厨余垃圾袋子内，笑得很灿烂。在瑞典，垃圾分类俨然成为一种传统，而在我国，尽管垃圾分类的概念已被提出很久，但实践水平仍然落后不少，主持人白岩松说道：“这个时候总要有人、有城市去把概念变成现实，但愿小陈这样的志愿者再多一些，帮助更多的人把垃圾分类变成自觉的行为。”像陈立雯这样将情怀付诸实践的人，真的很可贵，很可敬。

“推广垃圾分类，需要打通的环节太多了”，希望未来有更多的法律和政策为此提供支持，更多的家庭、个人将垃圾分类付诸行动，换回更多的绿水青山。

笔者家乡保定的西郊坐落着一个闻名村镇——大激店村，曾先后获得全国生态文化村等6项国家级荣誉。该村注重文化保护、特色发展，重新修缮了古戏楼、古门楼，还打造了世界音乐节的品牌和晴耕雨读、溪山行旅等文旅民宿等。自2011年起，借助生态园建设等契机，大激店引进了真天地游乐园、好梦花语等多个优质项目，提升了知名度，形成了区域特色，村民们也通过流转土地获得了一定的收入①。

2018年寒假笔者和母亲去保定生态园锻炼，看到了这个乡村做出的种种

① 保定日报．保定竞秀区大激店走出一条独具特色的发展之路．[EB/OL]．http://3g.163.com/local/article/EC8BP3IS04158FFB.html

努力，并拍摄了一些照片（图 4-12、图 4-13）。

图 4-12　生态园外大激店村音乐广场的广告

图 4-13　生态园外河边的音乐雕塑

大激店村不仅对村落的悠久历史文化、民俗进行了保护，也走出了一条音乐文化特色小镇之路，将乡村变成了有情怀、令人向往的存在。

相信，骨子里含着“大国工匠”精神的亿万平凡却又有温热心跳的同胞，和甘愿做“火车头”牵着身后的“火车车厢”翻身越岭驶向美好未来的带头人，能让那个我们愿景中的未来稳稳到来，那是一个能够让居于乡村成为一种欣然和向往的未来。

象牙塔内外的体验不断交织融合，使笔者感觉自己在成长，就像当年西南联大学子徒步至云南过程中，一个学生看到了没有电灯用的百姓，立志投身于水力发电一样——现在的自己在经济领域，投身于投融资、“一带一路”建设，深入研究贸易政策、理论，在贸易往来中促进经济繁荣发展、在贸易摩擦中保护我国利益，用所学的经济知识，在自己的岗位上为许许多多的农业项目提供融资支持，做实实在在的事情，这便是笔者的梦想。现在的笔者，每当遇到春天的雨，首先想到的已经不是给自己和行人带来的不便，而是贵如油的春雨给农民兄弟带来的好处，给农业的增产丰收带来的希望。

放眼全球，党的十九大报告中提出“构建人类命运共同体”，非洲有类似的谚语："If you want to go fast，go alone. If you want to go far，go together. "面对当今时代的全球变暖、粮食安全、土地紧张、大气污染等危机，我希望全球将先进的农业技术、环境保护技术、工业节能新科技等资源共享，各国手拉手"go together"，平安度过漫长世纪中的各种危机。

农业的未来就是我们的未来，不论梦想多么遥远，我们，在路上。笔者有理由相信，路的尽头，定是阳光灿烂！

第六节　蝶变之中的乡村印象①

已经很久没有回过故乡了。初中之前，每逢过年或其他节假日，父亲都会开着个小翻斗车载着一家人，走过一个小时左右的油路，然后再翻过一段山梁，走一段石头土路，一段石头河湾，颠簸将近一个小时，回到那个虽然小但依山傍水的山沟沟里。笔者总爱晕车，走最后这一段路的时候简直痛不欲生，因此父亲总是走走停停，在半路上摘一点小野花，或是一段野生"酸豌豆"，下车呼吸呼吸山上清冽的空气，看看秀气的山包，结群飞在澄澈天空的大雁，也觉得心情好很多了。

印象最深的是一道河湾，石块遍布，却是必经之路。每次父亲开过去时，都要屏着呼吸，神情严肃。父亲每次都打趣着说，回来一次，车就旧了好几成。

再次回去是高考完，祭奠逝去的亲人。走到那段山梁上，远远地看见有两个挖掘机在工作。工人在下面拿着铁锹垫土。晕得不行的笔者还没有缓过劲来，依稀听到父亲说，修路呢，下次回来就不会这么费劲了。

最近一次回去是在大学期间了。为防止晕车，笔者提前吃了晕车药，本来想长长地睡一觉，一路上意外地很平稳，只是没想到这段旅程比想象的要短。睁开眼时眼前是一条感觉很陌生的路，但又有些熟悉。

"这是到哪里?"

---

① 本节作者李倩(中国农业大学经济管理学院)。

“不认得啦？这不是咱们村口那条石头路吗？”

“哎？变成水泥路啦！”

车一进到村子里，笔者有些不敢相信地揉揉眼睛。白色笔直的路灯立在村子的路边，绿色方正的垃圾桶点缀在小路上，蓝色的健身器材集中在一个小广场上，红色的五星红旗在飘扬……天哪，这还是笔者记忆中的那个小村庄吗？迎接我们的是姨姥爷。他黄土似的脸上已经布满了皱纹，却总是咧着嘴笑，像大多数的农民那样，笑着笑着，就伴随着乡音和我的记忆重合了。

很多年以前，车一进到村里，乡邻们就出来了，串门的，蹲在坡上聊天的，喂完鸡还穿着围裙的，满村跑的小孩子们，都走到路边上来，看看这是谁家的小伙子回来过年啦？还是有卖东西的车从乡里来了？他们有的皱着眉头，有的一脸疑惑，有的满是好奇，但总是咧着嘴。如今，几乎所有的青壮年进城扎了根，有的老人也跟着走了，本来也没有多少户人家的小村子，也愈发的冷清。

村子是依山而建的，到姨姥爷家需要走一段上坡路。对走了大半辈子昏黑夜路的姨姥爷来说，安装的路灯让他感觉既新鲜又方便。路灯上写着“中国联通 2018 扶贫亮化工程”。“去年刚给装的，好像是联通公司。亮堂堂的，当时我还说要不给我在院儿里也安一个。”他爽朗而又沙哑地笑着。

很多年前的除夕夜，笔者总是和小伙伴们打着手电筒，还有人打着红红的大灯笼，在不算平整的村户之间的小路上四处玩耍。那时候笔者总是和母亲抱怨，这么黑的路，容易崴到脚呀。母亲却说，村里通电以前，一到晚上，家里都是黑的。近年来，农村照明工程建设越来越受到政府的重视，全国各地的农村亮化工程陆续开展起来。建设社会主义新农村，改善人居环境是社会发展的必然趋势，也是政府的重要工作之一。而这个偏远不知名的小山村，在昏黑中度过无数个夜晚之后，终于也被乡村振兴照亮了。

到了院子里，一只肥胖的猫“刺溜”一下跑到了后山上。一只白色的鸡咕咕的漫着步，也不怕生。一切都给笔者熟悉又亲切的感觉——除了焕然一新的房屋。红瓦房，白色的门，新砖砌的墙，钢化玻璃……不用问了，这肯定又是精准扶贫的功劳。站在高处向下望去，“精准扶贫”四个大字刷在房子上。扶贫，对这个几代人贫穷了大半辈子的无名小山庄来说，无疑是福音。依稀记得，小时候村子里砌的最好的砖瓦房，是全村集资出力为姨奶家盖的。

现如今放眼望去，整个村子所剩的房屋几乎都被染上焕然一新的气息。

进屋，显眼的红色吸引了笔者的注意。那是一个“结对帮扶”的公示牌，写着帮扶对象、帮扶事项、帮扶进展等信息。结对帮扶笔者了解一些，这是一项扶贫政策，党员干部一对一结对子来帮扶城乡困难家庭。根据困难户的情况对症下药，包括宣传政策、资金扶持、享受优惠等。姨姥爷家是建档立卡贫困户，笔者问起时，他递过一块酥饼子，说上回去住院好像花钱少了。又说起笔者的小叔叔，是另一个村子的亲戚，现在也在读大学，读了计算机，每年国家的资助给家里省了不少钱，“几乎都不花钱!”他用浓重的乡音回答说。

吃了午饭，我们也该回去了。上了车，又走上了来时那条水泥路，回头看见村头飘扬着的红旗，姨姥爷站在村头目送我们，笔者心里感慨万千。自从笔者小时候离开这里，这个地方好像在一直变化。有一些人离去了，仍然有一些人在守候着。一些破旧的去了，又有一些新的东西来了。从前在城市里看着那些扶贫的政策，对于笔者来说只是一行行的文字而已，触及真实的变化，才能真的有体会。精准扶贫的多项政策如同杜甫笔下的春雨一般，无声的滋润了这个小村庄。站在全面建成小康社会的决胜道路上，这里也被脱贫攻坚的氛围带动着，放眼望去，都是坚强而昂扬的气息。“在扶贫的路上，不能落下一个贫困家庭，丢下一个贫困群众。”党和政府真真正正的为无数这样的收入水平低下、整体落后的小村庄谋福利。

回到家里，妈妈拿着手机刷朋友圈。她“欸”了一声，招呼笔者过去看。原来是朋友圈里有人在发电商扶贫的视频了，在讲如何直播。村民们学会了之后，可以通过直播平台宣传自家的土特产，宣传坝上优美的塞外风光。“你看现在这个啊，搞得还真不错，村儿里老土人都要成网红啦。”妈妈笑着说。

“这里是美丽的草原水城沽源。”2017 年，沽源县被评为国家级电子商务进农村综合示范县，通过打造直播村，建立农民主播团，解决了农产品上行缺少渠道的问题。看着老乡操着一口乡音，做起了“美食播主”，笔者再一次感受到了许多年来中国乡村的渐变。这样的光景是邻里乡亲从前想都没有想过的吧！习近平总书记说过，没有农村的小康，特别是没有贫困地区的小康，就没有全面建成小康社会。取得脱贫攻坚战的胜利，千千万万的农村正在成为真正的主角。

2019 年是新中国成立七十周年，也是全面建成小康社会的冲刺之年。扶贫脱贫工作仍然在稳步前行，乡村振兴的口号也依然响亮。伴随着振兴乡村的润物无声，展望未来，笔者对我的家乡充满了憧憬与信心，无论是小家，还是大家。

第七节　变化的故乡路与不变的奋斗情①

笔者外公家，是位于安徽省芜湖市无为县的一个小村庄——潘家庄。这个小小的村庄较为偏远，距离最近的小镇有 7.5 公里，距离最近的县城有 24 千米。作为安徽淮河以南的地区，湖泊、河流较多，从潘家庄到城镇，其中还有一条较为狭长的湖泊和不平坦的土地。交通较为闭塞，在笔者的记忆之中，小时候去外公家的路就不是那么好走。

在笔者还很小的时候，应该还是小学。笔者家住在襄安镇上，要想去外公家，还真的是不容易。一条河流从潘家庄和襄安镇之间穿过，当时还没有修桥。过河都是一元钱一个成人，小孩子是五角钱，有一个摆渡的老爷爷，就这样一艘船在河的两岸来来回回，联系着小镇和对岸的村庄和村庄里质朴的人们，这儿的摆渡也成为古镇襄安的一个特色，也是古镇襄安的八景之一——仙人摆渡。小孩子都是喜欢水的，每次去外公家，虽然很累，但是也因为能坐一次船倍感欣慰。河的两岸是缓缓的斜坡，春夏时节，都会长满青绿色的繁茂的杂草，还时不时能看到几只趴在低洼水中憨厚的水牛。过了河，没有固定的车，只能看看有没有收费载人的摩托车，如果运气实在不好，只能和爸爸妈妈走到村庄。潘家庄这个小村庄也是，有一条小河把村庄分成南北两部分，连接两部分的是一个小小的晃晃悠悠的木头桥。妈妈每次带笔者回外公家都不能穿高跟鞋，因为很容易就会把鞋跟卡在那个木头和木头搭成的桥面缝隙中。每次去外公家肯定要提前看看天气怎么样。因为到村子的道路不好，会有很多需要走的土路，要是下雨的话，湿答答的很容易弄脏鞋子、裤子，如果要是摔倒了摔伤了就会更麻烦。所以说，从襄安镇到潘家庄，貌

① 本节作者潘心怡(中国农业大学经济管理学院)。

似是 7.5 千米的距离，实则坐大巴、坐公交、坐摩托车、步行，过桥过河、穿过蟹塘、穿过农田，去外公家的路可以说是悲喜交集。自然风景优美、村上人质朴但交通闭塞、物质不丰富，这是年幼的我对外公家刻入脑海中的印象。

在笔者上了初中之后，这条河上开始有一个建设桥梁的工程，村庄上的男男女女老老少少都开始期盼着这个通往小镇的桥快些修好，这样的话，大巴就可以开到河的那边了。一直以来，对农村区域，对于一个地区的经济发展，公路一直以来都是经济发展的动脉。加快农村公路桥梁的建设对促进区域经济发展，提高农民生活水平，改善农村消费有着十分重要的战略意义。大桥建成后，大巴车也逐渐多了起来，仙人摆渡也从人们生活的必需逐渐演化成了人们有时休闲或者春天坐船观赏两岸景色的一个休闲项目。有人打趣摆渡的爷爷，这个桥建了是不是不好，断了他的财路。我记得爷爷说，修路建桥这样的事情，又怎么会不好呢？村庄的建设和发展，从表面上来看，好像使摆渡爷爷个人稳定的收入减少了，但是爷爷自己去镇上也方便了很多，而且河的对岸，不仅仅是潘家庄，所有村庄的百姓们，去镇上不管是购买生活用品、还是农业生产资料，抑或探望亲戚朋友，都方便了很多。那时候，还是初中学生的我，开始理解了中国一句俗语的正确性“要想富先修路”，修路的重要意义除了满足百姓们的生活需要，也对村庄的经济发展有着极大的促进作用。潘家庄有着丰富的农田和水田资源，当地的特色农业项目就是螃蟹养殖，其养殖原料以及螃蟹的输出因为大桥的建成方便了很多，也大量节约了原材料以及成品运输时间。这对潘家庄农民总体收入水平的提高和整个村庄的发展都有很大的帮助。

在摆渡逐渐成为历史之后，为了进一步促进农村地区发展，政府开始规划潘家庄的道路建设。在前文也提到，潘家庄这个村庄有一条河流穿过，河两岸是村民的家，河的曲曲折折也使得两岸的住房建设没有那么整齐统一，所以修路也是没有那么容易的。但是乡村振兴的持续推进和当地百姓的殷切希望，当地政府也在积极地响应和想办法，争取做到“出门硬化路、抬脚上客车”。所以，经过了几年的规划和修建，终于水泥路代替了土路，只能摩托车进村的情况也成了历史。村里养殖螃蟹的年轻人也开始开着小型货车运货做生意了。住在县里、镇上的年轻一辈也能开着私家车进村了。总感觉修了路的潘家庄，村容村貌焕然一新，农民的生活也变得方便和舒坦了很多。因为有了公路，从镇上到村口的公交车也变多了很多，农民进城难的问题也彻底解决了，村民们对村庄的现状也很满意。除了公路，还有自来水、互联网等，问题都得到了切实有效的解决。农村原有大部分年轻人选择外出务工，但是随着国家政策补贴和对螃蟹养殖的帮扶和支持，有很多人选择回来、选择留在农村干事创业，为农村的建设和发展贡献自己的力量。

在笔者的记忆中，这就是潘家庄道路的变化。笔者也查阅了这些年国家对乡村发展的帮助政策，特别是在农村交通发展建设这一方面。其中非常重要的一点就是“四好农村路”的提出。资料显示：2013 年，按照党的十八大全面建成小康社会的战略部署，国家进一步提出了“小康路上，绝不让任何一个地方因农村交通而掉队”的目标。“四好农村路”是习近平总书记于 2014 年 3 月 4 日提出的，“农村公路建设要因地制宜、以人为本，与优化村镇布局、农村经济发展和广大农民安全便捷出行相适应，要进一步把农村公路建好、管好、护好、运营好，逐步消除制约农村发展的交通‘瓶颈’，为广大农民脱贫致富奔小康提供更好的保障。”2015 年 5 月 26 日，交通运输部印发《关于推进“四好农村路”建设的意见》，充分体现了党和中央对农村公路建设的高度重视，对农民生活的关注。潘家庄的变化是笔者身边的一个小例子，相信全国这些年，有着很多和潘家庄一样的地方，也会有越来越多的“潘家庄”出现。有关调研数据显示：从 2007 年至今，十余年来，全国新改建农村公路 333 万公里，新增通车里程 117 万公里，通车总里程达到 388.2 万公里，乡镇和建制村通公路率分别达到 99.98％和 99.82％，通硬化路率分别达到 98.08％和 91.76％，通客车率分别达到 98.95％和 93.32％。国家政策真正为了农村发展和农民生活改善。作为农大学子，对于农村的关注也一定要更多一点，对我们而言，“解民生之多艰，育天下之英才”也绝对不是一句空话。四好农村路的建设已经成为联系党和老百姓的民心路、助力脱贫攻坚的小康路、服务乡村振兴的希望路和推进农业农村现代化的支撑路。笔者走的那条通往外公家的路也不仅仅是一条路那么简单，不仅仅是见到外公的开心，更是农村近些年生活变化的见证。

随着农村经济的不断发展，我国社会主要矛盾已经转化为人民日益增长的美好生活需要和不平衡不充分的发展之间的矛盾。笔者觉得农村居民对交通的要求已经从“走得出去”逐渐发展成了要“走得舒适”。在国家乡村振兴战略大力推行的背景下，大部分地区的交通基础设施建设问题已经基本得到了解决，所以眼下应该进一步解决的问题，逐渐转变为农村居民对于“走得舒适”“美丽乡村”“高效出行”。农村客运的可持续发展和客运效率要有进一步的提高，农村客运的安全性也有待提高，超载问题、乘车秩序问题也亟须解决，需要进一步加大公路监管，促进乡村交通建设持续健康发展。同时，乡村公路的养护机制也需要进一步健全完善，乡村公路的管理养护人员配置不足、养护基础薄弱等问题仍待改善，便民利民的落实，还需要从多个角度去考虑。中国有成千上万的乡村小路，新中国成立七十年来，这些乡村小路和沿途的风景在变，但是农民的朴实与勤奋一直没变。相信在乡村振兴的大背景下，全国的农村交通情况会越来越好。

本章小结

本章既有基于文化角度对村庄空心化的观察，也有对乡村教育与文化传承的思考，还有年轻人对振兴农村文明的期待与豪情，更有对记载乡土乡情特殊景物亦步亦趋的追踪与思绪的描绘。

第五章

组织振兴：保障乡村发展之基

引言：组织振兴是乡村振兴的基础保障。农村基层党组织、村民委员会、集体经济组织以及农民合作社、家庭农场、农业企业、种养大户等新型农业经营主体建设及其作用发挥，是新时代乡村振兴战略的重要承载主体和实施主体。

第一节　社会化服务助力农业农村优先发展[①]

从20世纪90年代的农机跨区作业，到农业生产性服务、农业生产托管以及乡村新型服务业，农业社会化服务的外延与内涵顺应时代的发展而演变，时刻瞄准农业农村发展的现实需要。2017年和2018年，中央财政农业生产发展专项中分别安排资金30亿元、40亿元支持以农业生产托管为主的农业社会化服务，各地认真贯彻落实相关政策，积极探索形成了各具特色的农业社会化服务发展模式，有效地满足了新时代农业农村发展的新需求。2019年中央一号文件指出，支持供销、邮政、农业服务公司、农民合作社等开展农技推广、土地托管、代耕代种、统防统治、烘干收储等农业生产性服务业，发展乡村新型服务业。新时代，农业社会化服务肩负着新使命，其发展空间还有待进一步拓展、效应潜力还有待进一步挖掘，应加速向纵深挺进，形成全方位、立体式农业社会化服务体系，助力农业农村优先发展。

一、农业社会化服务纵向延伸

当前农业社会化服务主要集中在大田作物的耕、种、防、收等产中环节，且发展比较成熟，而农业生产的产前和产后环节服务相对滞后或在一定程度上被忽视，尤其是产后仓储、烘干、加工等，亟待进一步加强。产前与产中环节事关农作物产量，而产后环节则与农作物价格息息相关，影响农业生产总收入，而且是农村一二三产业融合发展的主要抓手，也是农业产业链、价值链提升的最有效环节。因此，农业社会化服务应向产前、产后等关键环节、薄弱环节延伸，形成覆盖农业全产业链的农业社会化服务格局，满足不同群体的农业社会化服务需求。

① 本节内容原文发表于《中国农民合作社》2019年04期，原题为“加快构建农业社会化服务体系助力农业农村优先发展”，作者为王玉斌、李乾、王文博（中国农业大学经济管理学院），略有修改。

①产前环节农业社会化服务。如化肥、农药、种子等农资供应服务，改变传统农户分散上门采购的方式，为农业生产者提供上门服务、统一供应服务；种植作物种类、作物品种以及农资种类及品牌选择的指导服务，为农业生产者提供专业化、科学化的种植决策服务，契合现代农业发展需要。

②产后环节农业社会化服务。如农产品烘干、仓储、销售、深加工和农作物秸秆回收等服务，首先要通过提供多样化的产后服务引导并改变小农户传统的农业生产经营方式或思维，也即通过优化供给侧服务拓展产后环节农业社会化服务需求市场，打通农业社会化服务纵向延伸渠道。

除针对具体作业环节的社会化服务外，农业社会化服务还应包括金融服务、保险服务、气象服务等，这些服务交叉覆盖农业生产的全过程，成为推动农村一二三产业融合发展的黏合剂以及现代农业高质量发展的催化剂。

二、农业社会化服务横向拓展

①农业生产由狭义向广义拓展，社会化服务也由小农业向大农业覆盖。新形势下，畜禽养殖、水产养殖、林业等面临相近的产业发展外部环境，在不同程度上都需要农业社会化服务做支撑。目前，狭义农业生产的社会化服务市场日渐完善，而囿于产业特性、相关服务供给的技术可行性以及经济可行性等，林业、牧业、渔业、禽业等其他农业产业的社会化服务市场相对滞后，但发展潜力较大、发展趋势凸显。以畜禽养殖为例，当前中小散户逐步退出，规模化、专业化养殖成为必然趋势，但中小散户短期内难以完全退出，养殖收入仍然是部分家庭收入的重要来源，甚至是脱贫致富的重要途径，因此在客观认识到畜禽养殖规模化专业化必然趋势的同时，还应尊重这一趋势发展的过程，有序推进畜禽养殖规模化专业化发展。部分地区创新养殖方式，开展养殖托管，顺应了畜禽养殖业规模化专业化发展趋势，实现了散养户与现代养殖业的有机衔接。此外，病死畜禽、畜禽粪污等养殖废弃物是最有效的社会化服务对象，农业农村部 2019 年畜牧兽医工作要点指出，培育社会化服务组织，探索市场化粪污治理模式。因此，可以此作为畜禽养殖业社会化服务的突破口。

②农业社会化服务还应向经济作物、地方特色作物品种覆盖。既有实践

中，广西积极支持甘蔗种植全程社会化服务，如机械粉垄、机械种植、机械统防统治和联合收获等，推进甘蔗机械化发展；重庆结合山地特色高效农业发展，兼顾柑橘、草食牲畜、生态渔业、茶叶、榨菜、中药材、调味品七大特色产业，选择重点支持品种和支持环节推广农业社会化服务，还有西北地区的马铃薯、山西的小杂粮等，都是农业社会化服务亟待延伸并覆盖的领域。

三、农业社会化服务发展的思考

未来，农业社会化服务覆盖的范围将更广，创造的社会价值将更大，带动的小农户将更多，成为深入推进乡村振兴战略的重要抓手之一。因此，应高度重视农业社会化服务在农业农村优先发展中的重要作用，推进全方位、立体式农业社会化服务体系建设。在此过程中，应重视如下几点：

一是重视农业社会化服务相关参与主体间的利益分配，提高小农户的参与感、获得感。大国小农的国情农情决定着小农户将长期存在，农业农村发展新格局中小农户不可或缺，其地位及利益必须得到有效保障。可以通过合同契约等形式创新并完善农业社会化服务各参与主体间的利益联结或分配机制，让小农户分享农业社会化服务发展的成果，形成激励共容的利益分配格局，充分实现小农户与现代农业发展有机衔接及融合。

二是重视不同农业社会化服务的有机衔接，通过资源整合降低服务供给成本，提高服务综合供给能力。不同农业社会化服务内容之间关联性的强弱不等，服务组织应充分利用这一服务特质，通过服务打包组合拓展服务内容或范围，提高农业生产过程中社会化服务的渗透性，将更多的现代生产要素通过农业社会化服务导入农业生产中，提高农业生产效率及综合竞争力，促进现代农业高质量发展。

三是重视农业社会化服务市场行情研判，找准服务突破口，通过诱致性制度变迁推动农业社会化服务延伸拓展。顺应大农业发展趋势以及小产业发展规律，有梯度推进农业社会化服务纵向延伸及横向拓展，形成农业社会化服务发展优先序，如先常规环节后特殊环节，先粮食作物后经济作物，先种植后养殖等。要以农业生产需求为导向，创新农业社会化服务内容，提高服务供给体系质量及效率，适应并引领农业农村发展新格局。

第二节　农民合作社盈余分配机制创新①

一、合作社盈余分配机制发展演变

1. 背景与历史

盈余分配是农民合作社（简称合作社）运行机制中的核心制度②，既关系到每一个社员的经济利益，也影响着合作社本身的发展。在我国，合作社的盈余分配由《中华人民共和国农民专业合作社法》（简称《合作社法》）规范，其第五章规定“在弥补亏损、提取公积金后的当年盈余，为农民专业合作社的可分配盈余”“可分配盈余主要按照成员与本社的交易量（额）比例返还”“可分配盈余按成员与本社的交易量（额）比例返还的返还总额不得低于可分配盈余的百分之六十，返还后的剩余部分，以成员账户中记载的出资额和公积金份额，以及本社接受国家财政直接补助和他人捐赠形成的财产平均量化到成员的份额，按比例分配给本社成员”。这种“按交易量（额）返还为主，按股份分配为辅”的分配原则，与国际合作社联盟（International Co-operative Alliance，ICA）所倡导的合作社盈余分配原则“按交易量（额）返还、资本报酬有限”一致。这一原则起源于历史上第一个具有完整意义的合作社——罗虚代尔公平先锋社（The Rochdale Society of Equitable Pioneers）③，其在实践中虽有争议，但ICA始终坚持这一原则，并不断修订、完善。1995年，

---

① 本节内容原文发表于《哈尔滨工业大学学报（社会科学版）》2018年05期，原题为“我国农民合作社内部交易价格机制的比较分析——基于盈余分配的视角”，作者为张国鹏、王玉斌（中国农业大学经济管理学院），略有修改。

② 马志雄，张银银，丁士军．农业合作社的何瓦斯分配制起源及其在中国的演化[J]．农村经济，2012(4)：112-116

③ 罗虚代尔公平先锋社不是最早出现的合作社，但是早期合作社中最为成功的一个，这是将其视为合作经济起源并坚守、传承其原则的重要原因。“利润返还制度”由罗虚代尔公平先锋社二十八位创始人之一的何瓦斯所提出，并被法国经济学家Charles Gide称为“何瓦斯分配制”，即“分配盈余依社员购物的多寡为比例”。

ICA 成立一百周年代表大会通过的《关于合作社界定的声明》（ICA Statement on the Co-operative Identity），再次阐述了合作社的盈余分配原则，包括“按社员同合作社交易的比例向社员返利”“社员对作为取得社员资格的条件而应募的资本如果有报酬的话，通常只收取有限的报酬”①。

2. 理论与现状

值得注意的是，罗虚代尔公平先锋社是一个消费型合作社，而我国农业领域的合作社多是生产型合作社。合作社法直接将合作社界定为生产型合作社②，所以实践中我国很少有单纯的消费型合作社，几乎都是生产型合作社。与消费型合作社相比，生产型合作社还涉及农业生产过程的激励问题，以同时兼顾生产和交易，而按交易量（额）返还盈余无法有效做到这一点，因此，需要其他分配方式做补充。但具体采取何种分配形式，并未形成统一认识，如有的学者认为生产型合作社应按每个社员的工作时间分配利润③；有的主张资本可以获得利息，劳动者的工资按“各尽所能、各取所需”原则平等分配④；有的则认同劳动产品应当不折不扣和按平等的权利分配给全体成员⑤。

实践中，我国合作社是采取什么样的盈余分配方式来统筹生产与交易呢？应瑞瑶对苏、吉、川三省的调查显示，若以合作社法相关规定为标准，只有13.2%的合作社有盈余分配机制或活动，其中按股分红的占 87.9%、按交易量（额）返还盈余的占 39.4%，且股份平均分得盈余的 76.6%、交易量（额）分得盈余的 23.4%⑥。邓军蓉⑦、宋言东⑧的调查也显示盈余以按股分

---

① Co-operative identity, values & principles | ICA[Z]. 2017.

② 即“在农村家庭承包经营基础上，同类农产品的生产经营者或者同类农业生产经营服务的提供者、利用者，自愿联合、民主管理的互助性经济组织”。2017 年 12 月修订通过的农民专业合作社法取消了“同类”限制。

③ 蒋玉珉．合作经济思想史论（安徽师范大学学术文库第 2 辑）[M]. 合肥：安徽人民出版社，2008

④ Louis Blanc-Wikipedia[Z]. 2017：2017

⑤ Ferdinand Lassalle-Wikipedia[Z]. 2017：2017

⑥ 应瑞瑶，唐春燕，邓衡山，等．成员异质性、合作博弈与利益分配——一个对农民专业合作社盈余分配机制安排的经济解释[J]. 财贸研究，2016(3)：72-79

⑦ 邓军蓉，祁春节，汪发元．农民专业合作社利益分配问题调查研究[J]. 经济纵横，2014(3)：54-58

⑧ 宋言东，蒋秀莲，张雪峰．农民专业合作社利益机制的建构——基于江苏省 85 个农民专业合作社的问卷调查[J]. 农村经济，2012(10)：121-124

配为主，按交易量返还的比例非常低。可见，现实中我国合作社的盈余分配比例与“按交易量（额）返还为主（不低于60%），按股份分配为辅”的法规、与ICA倡导的“按交易量（额）返还、资本报酬有限”原则都不一致。同时，在法规之外，相当多的合作社采取了“市场价格＋附加价格”机制对盈余分配方式进行补充①，不同学者的研究均显示采用“市场价格＋附加价格”机制进行盈余返还的合作社占44%以上②。

对于我国合作社分配制度的这些变化，有学者进行了解释，认为这是合作社对现实与环境的一种适应。孔祥智认为按交易量（额）返还的基础是股金的一致性，但这与我国合作社普遍存在的异质性特征不一致③。应瑞瑶认为当社员间存在异质性时，盈余按惠顾额返还、资本报酬受限等会挫伤社员将资本投入合作社的积极性，容易导致合作社出现资本短缺。黄胜忠进一步指出由于不同社员拥有的资源禀赋、承担的角色作用各异，因此在合作社的要素投入也不尽相同，这使得多种分配模式并存成为可能④。当这些分配模式在现实中普遍存在时，如何使其成为合理、公平、高效的盈余分配机制的主要实现形式或有益补充，就值得深入研究。但现有研究并没有清晰解释“市场价格＋附加价格”机制在合作社发展中的作用、逻辑、优劣势，也没有详细阐述其所具备的盈余分配功能及与按交易量（额）返还盈余的关系，此外附加价格存在的条件、数量的大小等都值得探讨。

二、“市场价格＋附加价格”机制的形成原理和行为逻辑

当前，我国合作社与社员的内部交易价格主要有以下三种形式：一是随行就市价格，指在约定的条款范围内或通常情况下，标的物的价款以交付时当地的市场价格为交易结算价格。二是固定价格，指标的物的价款以签订合

① 蔡荣．剩余创造、分配安排与农民专业合作社前景[J]．改革，2012(5)：88-93

② 蔡荣，韩洪云．合作社内部交易的价格风险配置及其影响因素分析——基于山东省苹果种植户的问卷调查[J]．财贸研究，2012(1)：53-61

③ 孔祥智，周振．分配理论与农民专业合作社盈余分配原则——兼谈《中华人民共和国农民专业合作社法》的修改[J]．东岳论丛，2014(4)：79-85

④ 黄胜忠，伏红勇．成员异质性、风险分担与农民专业合作社的盈余分配[J]．农业经济问题，2014，35(8)：57-64

同时协商一致的价格为交易结算价格，不再变化调整。三是“市场价格＋附加价格”，指标的物的价款以交付时当地的市场价格为基础、并附加协商一致的额外价格。

合作社能够与社员采用“市场价格＋附加价格”机制意味着合作社收购社员的产品后，可以卖出更高的价格。在对苏、鄂两省合作社的调研中发现，这可以借助合作社产品规模的扩大所带来的市场势力的提升、交易成本的下降来实现，也可以通过加工、品牌等方式来实现。因此，合作社能卖出更高的价格是愿意采用“市场价格＋附加价格”机制的前提条件，在这个前提条件下，通常有三种情形合作社会与社员采用“市场价格＋附加价格”机制：一是合作社有加工生产线或稳定的销售渠道，对原料数量、质量的稳定供应（即履约率）等有较高要求；二是合作社认为与从市场采购农产品相比，以高于市场价格的“市场价格＋附加价格”与社员交易，社员得利的同时，合作社也没有损失；三是合作社理事长具有回报社会、家乡的情怀，或有奉献精神等亲社会性他涉偏好①。其中，第三种情形并不在本节的讨论范围之内。

1. 第一种情形：以激励作为约束，促进整体福利的提升

（1）在原料数量稳定供应方面：由集体行动困境导致的违约高风险，使得附加价格成为有效的行为激励手段。

改革开放后，制度的变迁与科技的发展使农产品的生产能力、市场供给大幅提升，与此同步，经济的增长在带来消费者收入提高的同时，也带来了消费需求的升级。在这样的大背景下，农产品市场已由卖方市场转变为买方市场，农产品利润的实现也不再只仰仗产量的提高，而更依赖于农产品的质量和精深加工。面对这些变化，一些合作社改变以往仅从事农产品购销的简单经营模式，通过包装、加工等方式不断延长产业链，试图凭借价值链的提升获得更多利润。由此，生产加工越来越依赖稳定的原料来源，这使得位于

① 亲社会性他涉偏好假设认为人们不仅仅追求个人私利，还追求一定的社会目标，考虑他人福利，亲社会性则是指人们具有的一些有益于群体的特性，如帮助、分享、合作、安慰、捐赠、同情、关心、谦让、互助等，他涉偏好是指个人在选择行动时不仅考虑行动对自己的影响，也会考虑行动对其他人产生的后果，而且他们通常不仅关心他人行动的后果，还关心行动意图。

产业链上游的原料生产者（即社员）对合作社的经营有着比以往更大的影响[①]。实践中，订单农业应时而生，然而违约率却居高不下，缺乏惩罚约束或行为激励是重要原因之一。根据 Olson 集体行动的逻辑观点，为了使理性的、寻求自身利益的个体社员能够为实现合作社的整体利益而行动，合作社提供一定的激励是必需的[②]，“市场价格＋附加价格”中的附加价格就是这样一种激励。而合作社具有加工能力或稳定的销售渠道不仅意味着对原料的需求，更意味着利润的来源，这为提供激励奠定了资金基础。

（2）在原料质量稳定供应方面：由农业生产特性导致的契约不完全，使得附加价格成为有效的契约修正手段。

Hart 认为因当事双方无法预见到未来所有的情况，或者即便预见到也无法用当事双方都同意的语言写进契约，或者有一些变量存在“当事双方可观察但无法向第三方证实”的特征，因此契约通常是不完全的[③]。农业契约就是一种典型的不完全契约[④]，这与农业生产周期普遍较长、外部影响因素众多（如极端天气、病虫灾害等），及农产品品质（如外形、成分含量等）的标准化难以实施有关，也与农业生产者的努力或用心程度相关，所以合作社与社员难以在事前将未来的或然情况写进契约并且得到第三方（如法院）的执行。极端天气、病虫灾害的风险尚可通过保险等机制化解，而社员的努力或用心程度不足带来的风险，如质量问题等，则只能通过提高获利从而增加违约的机会成本来降低。合作社期待通过“市场价格＋附加价格”中的附加价格增加社员的履约预期收益与违约机会成本，从而形成优价优质、优质优价的良性循环，附加价格由此成为一种有效的契约修正手段。

2. 第二种情形：以内部交易替代市场交易，实现帕累托改进

①利人不损己，附加价格成为合作共赢的选项。调研中，一些合作社理事长认为，相较于从市场采购农产品，以高于市场价格的“市场价格＋附加

---

① 宫哲元．集体行动逻辑视角下合作社原则的变迁[J]．中国农村观察，2008(5)：37-41

② 马彦丽，林坚．集体行动的逻辑与农民专业合作社的发展[J]．经济学家，2006(2)：40-45

③ 聂辉华．契约理论的起源、发展和分歧[J]．经济社会体制比较，2017(1)：1-13

④ 聂辉华．最优农业契约与中国农业产业化模式[J]．经济学(季刊)，2013(1)：313-330

价格”收购社员农产品是发挥合作社服务功能的一种方式，也是与社员建立紧密利益联结机制的一种形式，既能带动农户增收，也能促进合作社的发展，同时合作社的利润也没有损失，从而可以实现合作共赢。对合作社而言，一方面，从市场采购农产品不仅需要支付相关人工、运输等成本，还存在一定的交易成本，而与社员以市场价格、或固定价格交易，则又面临着较高的违约率以及由违约导致的重新寻求交易的成本，因此在实践中渐渐探索出了“市场价格＋附加价格”机制。采用“市场价格＋附加价格”与社员交易，相当于将原本在市场交易中需支付的成本以内部交易中附加价格的形式支付给社员，合作社既没有损失，还提升了社员收益与履约率（下文将有分析）。另一方面，采用“市场价格＋附加价格”与社员交易也与合作社注重自身声誉、受制度安排影响（社会环境在文化、法律、道德等方面对合作社的约束）等相关。自由地选择合作行为说明合作是可选集合中效率最高的行为①，下文的博弈分析将从福利改进的方面证实这一点。

②博弈分析。假定一家合作社与一户社员为博弈双方，每一方均有相同的两个可选策略，分别是“市场价格”与“市场价格＋附加价格”。如图 5-1、图 5-2 所示，合作社的两种策略写在左边，社员的两种策略写在上边。假设 A 为合作社与社员以市场价格成交时合作社的收益，B 为合作社与社员以市场价格成交时社员的收益，亦为社员独自进入市场以市场价格成交时的收益，C 为合作社与社员无法成交时合作社因重新寻找交易对象付出的交易成本等，E 为合作社与社员以“市场价格＋附加价格”成交时社员获得的额外收益，亦即合作社减少的收益或增加的成本，k 为合作社与社员以市场价格成交时社员的违约率，取值［0，1］。

		社员			
		市场价格		“市场价格＋附加价格”	
农民合作社	市场价格	$\underline{A-kC}$	$\underline{B}$	$\underline{A-C}$	B
	“市场价格＋附加价格”	$\underline{A-C}$	B	$A-E$	$\underline{B+E}$

图 5-1　农民合作社与社员的博弈（一）

① 黄少安，韦倩．合作行为与合作经济学：一个理论分析框架[J]．经济理论与经济管理，2011(2)：5-16

进一步假设 $C \geqslant E$，即合作社与社员无法以“市场价格＋附加价格”成交时合作社因重新在市场寻找交易对象付出的交易成本大于顺利成交时合作社增加的成本（即社员获得的来自合作社让渡的额外收益）。分析博弈矩阵图（图 5-1），则在所描述的四种可能的策略组合中，我们可以得到两组纳什均衡，即合作社与社员以市场价格成交（$A-kC$，B）和以“市场价格＋附加价格”成交（$A-E$，$B+E$）。显然，（$A-E$，$B+E$）均衡的总收益大于（$A-kC$，B）均衡的总收益。这显示尽管均为可以达成的均衡，但从总收益的角度来看，合作社与社员以“市场价格＋附加价格”成交的均衡要优于以市场价格成交的均衡，或者说，合作社通过附加价格出让部分收益为社员提供激励，可以达到整体收益的提升。特别是当 $kC \geqslant E$ 时（$k \in [0, 1]$，$C \geqslant E$），合作社与社员以“市场价格＋附加价格”成交不仅提升社员的收益，并且由于（$A-E$）$\geqslant$（$A-kC$），合作社的收益没有变得更少，甚至也变得更多，属于帕累托改进。同时，由于所达成的两组均衡都是纳什均衡，意味着只要有一个参与者改变自己的最优策略，其他参与者就会改变自己的最优策略，就有可能达到两组中的另外一个纳什均衡，这便为外部引导留出了空间。

3. 附加价格的大小

现实中，合作社与社员采用“市场价格＋附加价格”的情形是复杂的，有单纯只是第一种情形或第二种情形，有既受第一种情形影响，也受第二种情形影响的，因此附加价格也必然受到两种情形的叠加影响，但本节分两种情形讨论有益于清晰认识。第一种情形下，附加价格的数量范围变化较大，有的只有一分钱，有的却能达到市场价格的一倍，这受农产品的种类、质量、数量、预期收益、合作社生产经营管理等因素影响。第二种情形下，考虑到相当于将节约的原本在市场交易中需支付的相关成本以内部交易中附加价格的形式支付给社员，以达到既能节约市场交易成本，又能降低违约率，还能增加社员收入的目的，我们可以假设附加价格存在一个上限，即合作社愿意支付的附加价格不会超过其进入市场交易时所需支付的相关成本，下文的博弈分析为此假设提供了证明。

博弈双方、可选策略及字母含义均同前文博弈分析一样，但假设 $C<E$，即合作社与社员以“市场价格＋附加价格”顺利成交时合作社增加的成本大

于无法成交时合作社因重新在市场寻找交易对象付出的交易成本。分析博弈矩阵图（图 5-2），则在所描述的四种可能的策略组合中，若想合作社与社员成交，则只能得到一组均衡（$A-kC$，B），即合作社与社员以市场价格成交另一组可能达成的策略组合（$A-C$，B）意味着合作社与社员在交易价格方面无法达成一致，此时二者均需重新进入市场寻找各自新的交易对象，尽管最终的交易价格依然为市场价格，但不属于合作社与社员之间的交易，故合作社与社员无法成交。这意味着合作社愿意承担的因向社员让渡收益所增加的成本不会超过其在市场重新寻找交易对象时所付出的交易成本，这也将是附加价格大小的上限。

		社员：市场价格		社员："市场价格＋附加价格"	
农民合作社	市场价格	$\underline{A-kC}$	$\underline{B}$	$\underline{A-C}$	B
	"市场价格＋附加价格"	$\underline{A-C}$	B	$A-E$	$\underline{B+E}$

图 5-2　农民合作社与社员的博弈（二）

当假定固定价格高于或低于市场价格的概率相同，即各为 50%，同时假定固定价格高于或低于市场价格的数量相同，则通过概率计算或长远来看，固定价格机制长期收益与随行就市价格机制一致，且对固定价格与"市场价格＋附加价格"的一次博弈分析不具有现实意义，故而以随行就市价格与"市场价格＋附加价格"的博弈分析就可说明。

三、"市场价格＋附加价格"机制盈余分配功能的分析

我国合作社的发展实践中，相当一部分合作社将"市场价格＋附加价格"作为盈余分配的一种形式，因此，在上文的基础上，下文将对"市场价格＋附加价格"机制是否具有盈余分配功能、是否按交易量（额）返还盈余及相较于按交易量（额）返还盈余的优劣进行分析。

1. "市场价格＋附加价格"机制具有按交易量（额）返还盈余的功能

首先，价格具有调节利益分配的功能。厂商等生产者在供给中获得的经济福利的大小可以用生产者剩余的多少来衡量，而生产者剩余的多少又由交

易价格的高低来决定，即在供给一定、其他因素不变时，交易价格的提高会增加生产者剩余。因此，可以说交易价格通过决定生产者剩余的多少进而调节交易双方的收益分配，其实质就是交易价格对交易双方利益大小的调整。在合作社内部交易中，相对于合作社，社员可以被视为生产者，合作社与社员通过“市场价格＋附加价格”机制提高了内部交易价格，社员作为生产者的剩余因此增加。

其次，按交易量（额）返还盈余是事后分配盈余，与之不同，“市场价格＋附加价格”机制可被视为即时按交易量（额）返还未来盈余（表 5-1）。从分配形式来看，“市场价格＋附加价格”中的附加价格部分是严格按交易量返还未来盈余的，附加价格一定，交易量越大，则附加价格与交易量的乘积越大，即合作社向社员分配的未来盈余越多。同时，市场价格一定，交易量越大，交易额越大，此时附加价格与交易量的乘积也越大，所以“市场价格＋附加价格”中的附加价格部分也是严格按交易额支付的。因此，“市场价格＋附加价格”机制在盈余分配功能上与按交易量（额）返还盈余是一致的，不同之处在于分配盈余的时间节点，按交易量（额）返还盈余通常是在合作社与社员发生交易的当年年底或财年结束之时，而“市场价格＋附加价格”机制对未来盈余的分配则是在合作社与社员交易之际同时完成。

2.“市场价格＋附加价格”机制实现按交易量（额）分配盈余的功能时风险更小

首先，对社员而言，按交易量（额）返还盈余的风险大于“市场价格＋附加价格”机制对未来盈余分配的风险（表 5-1）。由于盈余分配与产品交易不在同一时间发生，按交易量（额）返还盈余存在是否有可供分配盈余的风险。这是因为一方面，在弥补亏损、提取公积金后不一定剩有可供分配的盈余；另一方面，由于合作社的财务管理等不规范、不透明，可分配盈余的数额多少存在寻租空间，且社员对盈余分配的监督又因能力、成本等在实际中很难执行（表 5-1）。而“市场价格＋附加价格”中的附加价格由合作社和社员协商达成，并且盈余分配与产品交易同时发生，是对未来盈余的强制分配。考虑到一般情况下农户是风险规避者，所以社员自然会选择风险相对较小的盈余分配方式。

表 5-1 盈余分配功能的比较

	按交易量（额）分配盈余	“市场价格＋附加价格”机制
按交易量（额）分配	是	是
盈余分配时间节点	事后分配	即时分配
相对风险	大	小
数量是否可预期	否	是
执行成本	高	低
监督成本	高	低

其次，由于按交易量（额）返还盈余是事后分配盈余，故需考虑风险，所以按交易量（额）返还盈余的期望值为返还盈余额与风险的乘积。而“市场价格＋附加价格”机制中对未来盈余的分配在合作社与社员交易之际同时完成，无须考虑风险，所以其返还盈余的期望值为实际返还额，即附加价格与交易量的乘积（表 5-1）。这表明只要存在风险，如果按交易量（额）返还的盈余额与“市场价格＋附加价格”机制中对未来盈余分配额相等，则由于按交易量（额）返还盈余的期望值小于“市场价格＋附加价格”机制中对未来盈余分配的期望值，社员自然会选择后者。

四、“市场价格＋附加价格”机制与其他内部交易价格机制的比较

“市场价格＋附加价格”机制在提供盈余分配功能时，具有即时分配、风险较小、数量可预期、执行及监督成本低等优点，成为合作社按交易量（额）返还盈余的现实表达，那么其本身作为一种交易价格，与其他交易价格相比，是否也更有优势？

1.“市场价格＋附加价格”更能体现“收益共享、风险共担”的合作精神

通过书面或口头达成的“市场价格＋附加价格”，对于社员而言，有几点益处：

一是“市场价格＋附加价格”使社员获得了超过市场预期的种养收益，收益增加量为附加价格与交易数量的乘积。当交易价格与市场价格一致时，如随行就市价格，社员只能获得市场预期收益。当交易价格与市场价格不一

致时，如固定价格，当固定价格高于市场价格时，社员可以获得超过市场预期的种养收益；但当固定价格低于市场价格时，社员获得的种养收益则低于市场预期收益；进一步，假定固定价格高于或低于市场价格的概率相同，同时假定固定价格高于或低于市场价格的数量相同，则通过概率计算或长远来看，社员依然只能获得市场预期收益。而“市场价格＋附加价格”中的市场价格使社员可以获得市场预期收益，同时其中的附加价格又使社员可以获得额外的种养收益，即合作社通过附加价格让渡出自身收益的一部分，从而在一定程度上实现了合作社与社员的收益共享（表 5-2）。

二是在增加收益的同时，“市场价格＋附加价格”降低了社员所面对的市场风险，特别是降低了社员的风险损失。当交易价格与市场价格一致时，如随行就市价格，市场风险完全由社员承担，即风险收益、风险损失均由社员承担。当交易价格与市场价格不一致时，如固定价格，当固定价格高于市场价格时，风险收益完全由社员获得，风险损失完全由合作社负担；但当固定价格低于市场价格时，风险收益完全由合作社获得，风险损失则完全由社员负担；同上文，进一步假定固定价格高于或低于市场价格的概率、数量相同，则社员所承担的市场风险与当交易价格和市场价格一致时并无实质差别。而“市场价格＋附加价格”中的市场价格使社员可以获得市场价格上涨时的风险收益，同时其中的附加价格又减少并补偿了社员在市场价格下跌时的风险损失，社员减少的风险损失通过附加价格转移给了合作社，由合作社为社员承担，从而在一定程度上实现了合作社与社员的风险共担（表 5-2）。

2. “市场价格＋附加价格”使农民合作社与社员间的契约更加稳定

既让渡了一部分自己的收益，还承担了一部分社员的风险，看似对合作社毫无益处，实则不然：

一是“市场价格＋附加价格”提高了合作社与社员间契约的稳定性或履约率（表 5-2）。特别是当交易价格与市场价格不一致时，如固定价格，当固定价格低于市场价格时，社员获得的种养收益低于市场预期，此时社员选择进入市场交易、而不与合作社履约的倾向较高，且价格差距越大，违约的可能性越高；当固定价格高于市场价格时，出于追逐利润的需要，合作社有逃避履约的冲动，且价格差距越大，违约的可能性越高。而当交易价格与市场价格一致时，如随行就市价格，若合作社与社员间没有其他利益联结或惩罚约束，合作社、社员均有与市场交易的可能性，不利于契约的稳定。“市场价格＋附加价格”通过附加价格使合作社与社员间的交易价格始终高于市场价格，相当于在内部交易与市场交易之间形成了一道无形的隔离墙，有效地抑制了社员违约进入市场交易的倾向；同时，由于附加价格是合作社与社员协商谈判的结果，其数量在合作社预期及承受范围内，所以也在一定程度上减弱了合作社违约的冲动。

表 5-2　农民合作社内部交易价格机制的比较

	收益共享	风险共担	契约稳定
随行就市价格	★	★	★
固定价格	★★	★★	★★
“市场价格＋附加价格”	★★★	★★★	★★★

注：以★的多少代表相对程度的高低，★越多表示相对程度越高

二是在提高契约稳定性的同时，“市场价格＋附加价格”减轻了特殊情况下合作社加工、销售等生产经营的成本负担，加快了对市场信息的响应速度。农产品生长周期长，受气象、病虫灾害影响大，又不宜储藏，且运输不便、成本高，所以其风险也相对较高。“市场价格＋附加价格”以市场价格为基准，这意味着社员仍然需要承担一部分市场风险，从而使合作社的负担不致过重。特别是在市场价格大幅下跌时，相较于固定价格，“市场价格＋附加价格”以市场价格为基准，合作社不会因支付过高差价而负担过高的成本，这有利于合作社的持续发展。对于销售型的合作社，尤为如此，市场价格下跌说明供大于求，若此时合作社高价买进，则很难高价卖出，可能陷入经营困境。

五、结论与政策含义

通过分析，我们得出，在契约不完全、履约激励约束不足、市场交易费用较高等情况下，合作社与社员采用“市场价格＋附加价格”机制，可以增加整体福利，在满足一定条件的情况下，还可实现帕累托改进。附加价格中通常包含质量、预期收益、所节约的交易费用等信息，若除去质量、预期收

益等信息，附加价格大小的上限将等于所节约的交易费用。同时“市场价格+附加价格”机制具有盈余分配功能，并且严格按交易量（额）返还盈余。对社员而言，相对于按交易量（额）返还盈余，采用“市场价格+附加价格”机制所提供的盈余分配功能时所面临的风险更小。此外，与随行就市价格、固定价格等相比，“市场价格+附加价格”更能发挥合作社与社员“收益共享、风险共担、契约稳定”的作用。

另外，依据博弈分析时得出的结果和纳什均衡的特点，尽管合作社与社员以市场价格成交和以“市场价格+附加价格”成交均为可达成的纳什均衡，但从总收益的角度来看，合作社与社员以“市场价格+附加价格”成交要优于以市场价格成交。因此，政府可以通过宣传、引导等方式鼓励合作社与社员以“市场价格+附加价格”交易，以实现总福利的最大化。但需要注意的是，采用“市场价格+附加价格”机制的前提是合作社有利可图，而这需要以规模的扩大、产品的加工、品牌的创建、经营的改善等为基础。因此，政府在鼓励采用“市场价格+附加价格”机制的同时，还要继续加大对合作社的综合扶持力度，在把产业蛋糕做大的基础上，改善切分蛋糕的方式，从而保证合作社、农户的合作共赢。

合作社法实施10年后已于2017年12月修订通过，这为合作社的发展提供了更好的法律环境，但其实施还需要一系列配套法规的完善，以使其更具操作性①。鉴于“市场价格+附加价格”机制具备调节盈余分配的功能，且从盈余分配形式来看，是严格按交易量（额）返还盈余的，所以建议至少应将社员获得的附加价格与交易量的乘积这一部分收益计入按交易量（额）返还的盈余中，即实践中要求合作社按交易量（额）返还的盈余不低于可分配盈余的60%时，应当将其计算在内。这样既尊重了合作社与农户的实践创新，又在按交易量（额）返还这一原则方面可以减少不符合法律规范的合作社数量。更进一步，也可以将“市场价格+附加价格”机制纳入合作社法中关于盈余分配的方式，甚至放开对盈余分配方式的限制，让实践中合作社与农户迸发出的智慧火花可以燎原。

---

① 任大鹏．农民专业合作社法的制度创新——中国农业新闻网[Z]. 2018-01-08

第三节　“空壳合作社”该何去何从①

据统计，截至 2018 年 12 月底，全国依法登记的农民合作社总数达到 217.3 万家，为 2012 年数量的 3.15 倍，实有入社农户突破了 1 亿户，占到全国农户总数的 49.1%。农民专业合作社在提高农民农业组织化程度、有效促进小农户与现代农业对接等方面发挥了积极作用。中共中央国务院《乡村振兴战略规划（2018—2022 年）》也要求提升农民专业合作社的规范化水平，鼓励发展农民专业合作社联合社。

2019 年 2 月 19 日，中央农办、农业农村部、市场监管总局等 11 个部门联合印发《开展农民专业合作社“空壳社”专项清理工作方案》的通知，正式拉开了在全国范围内全面清理“空壳合作社”的序幕。实践中，确实有部分农民专业合作社存在有其名无其实、甚至沦为“空壳社”的现象，也确实给合作社整体社会形象造成一定的不利影响，党中央国务院开展“空壳合作社”集中清理注销，其立意在于加强合作社规范管理和提升合作社发展质量，初衷是非常好的。

但是，对于此次全面推进“空壳合作社”清理注销工作，我们也联想到了近年来理论界与实践界关于“空壳合作社”的诸多争论，以及年初中国政府网刊发一篇新闻后的巨大反响。2019 年 1 月 2 日，中国政府网刊发《国务院常务会议明确提出将农民专业合作社纳入简易注销试点范围》一文，似“一声惊雷”，瞬间“炸爆”朋友圈。农业农村部紧随其后公布 2019 年度重点任务：促进合作社规范提升，集中清理“空壳合作社”。“注销”“清理”一时成为热词。结合长期的跟踪研究，我们分明感到一股强烈的“除之后快”之“台风”即将来袭。毫无疑问，党中央国务院关于开展农民专业合作社“空壳社”专项清理工作的初衷是好的。但是，对于该项工作的全面推进，我们有

① 本节内容原文发表于《中国合作经济评论》2019 年 03 期，原题为“‘空壳合作社’清理注销的若干担忧与政策建议”，作者为王玉斌、冯开文、任大鹏（中国农业大学经济管理学院），略有修改。

一些担忧，亦有结合多年研究思考基础上的政策建议。

一、关于“集中清理注销”的些许担忧

第一，该次国务院常务会议主要议题是解决企业反映强烈的“注销难”问题而非“‘空壳合作社’集中清理注销”。《国务院常务会议明确提出将农民专业合作社被纳入简易注销试点范围》文，从标题看“合作社”是注销对象，但仔细阅读发现通篇全是“企业”、并无“合作社”字样。我们要清楚：①对于“企业反映强烈的‘注销难’”，其反映和申请主体为“企业”或“企业负责人”，将合作社纳入试点有一定积极意义；②农业农村部首批选取 8 省份 30 个县“整县推进”是试点，而非简单的“集中清理”，如果舆论引导不当，一旦“运动式”开展起来，极易对广大农民以及农业工作者造成误导，对合作社健康发展和作用发挥造成极大阻碍和伤害；③“整县推进”试点，有可能会在一定程度上忽视合作社发展的多样性甚至损害到合作社的首创精神——因为“规范化”的价值判断已经隐含了政府、学者对合作社发展的自我认知是建立在合作社不规范现象被“过度估计”的前提之下。《合作社法》是充分尊重合作社自治权利的，大量采用了“可以”的授权性规范而非强制性规范，鼓励促进的精神很明显。而质量提升“整县推进”的做法，有可能导致强制解散、强烈干预自治权等现象；④此次面向全国的专项清理，将“无实质性生产经营活动”“因经营不善停止运行”的一并纳入清理范围，可能涉及数量不会太小，不知道是否经过精准测算和预判，不知道判定标准是否明确，实践中是否便于可操作，也不知道效果是否理想。

第二，规范提升≠集中清理注销，范围扩大与方式简单极有可能造成较大范围的“误伤”甚至严重的挫伤。《乡村振兴战略规划（2018—2022 年）》中的提法是“提升规范化水平”，并非“集中清理”和“注销”。张晓山、黄祖辉等认为，农民专业合作社是加快推进农业产业化和现代化的现实选择。一些地方在操作过程中的标准把握不当，操作方式简单，“集中清理”和“运动式注销”，可能导致政策红利转化成强制性政策工具的泛用滥用，导致与地方领导发展意愿不一致的合作社，成为运动式治理背景下的“躺枪者”；还会“误伤”很多还在发挥一定作用的“草根”合作社，进而伤害到广大社员切身利益及其积极性。

第三，“套取”财政项目扶持资金的“空壳合作社”极有可能成为此次“清理注销”的“漏网之鱼”。徐旭初认为，当前中国大多数农民合作社并非异化的或伪形的合作社，而是富有中国本土特色的创新形态。苑鹏认为“空壳合作社”有多种成因和类型。我们可以设想，那些“成功套取”政府财政项目扶持资金或政府鼓励发展起来的合作社，往往“证照齐全”“制度健全”“账目清楚”，所谓的“空壳”往往只是一种主观“错觉”而非客观判断，很有可能成为清理注销的“漏网之鱼”。《开展农民专业合作社“空壳社”专项清理工作方案》印发以后，我国合作社研究领域著名学者孔祥智教授曾专门刊文提出质疑和提醒，有的省份农业农村部门将孔教授的文章全文印发在内部组织学习领会。

第四，与世界各国相比，我国农民专业合作社实际上尚处“幼苗”阶段，显然不宜动杀伐之器。世界各国的合作社，百余年、数十年的比比皆是；体系完整、实力强劲的也很常见；集土地合作、信用合作、生产服务、农产品加工销售以及医疗救济养老等功能于一身的也不少。针对中国农民专业合作社的“幼苗”，如果进行强制“清理注销”，殃及池鱼在所难免，会不会伤了以后发展的元气，也很难说。这些整体上的影响、深远的影响万万不可忽视。所以应该着眼长远加以考虑，更多进行呵护，更多地突出加强引导和扶持。

二、建议稳妥推进相关工作

一是先精准试点再铺开推进。在年底年初刚刚胜利召开的中央农村工作会议上，党中央国务院要求坚持把解决“三农”问题作为全党工作的重中之重，坚持农业农村优先发展。李克强总理明确要求，深入实施乡村振兴战略……保护和调动亿万农民的积极性创造性。有领导曾在大会上说过，“我国农民合作社突破 200 万家是很大成绩，有了数量再提高质量定会发挥更大积极作用”。“规范提升”“清理注销”应该是先行“试点”，先划出尽量小块的“试验田”，探索做到精准识别真正的“空壳合作社”，既避免“漏网”，又避免“误伤”，呵护好农民积极性创造性。如果在全国推进，要注意进度，边摸索边推进。

二是完善法制和责任追究机制。法治不健全和社会诚信体系不完善是“空壳合作社”大量存在的最根本原因。可以借鉴德国 130 年来持续健全法律和强化审计监督的经验，在《农民专业合作社法》（2017 年修订）基础上进一步注重契合生产经营实际需要，完善强制审计监督机制，坚持依法办事；强调各地方、各有关部门严格依法保护农民专业合作社的自治属性，保护各类成员积极性，引导合作社创新服务方式增强对小农户的带动能力；在财政项目和资金安排方面，弘扬正确政绩观，防止政府以监管财政资金名义干预合作社的生产、经营和内部管理的自主权；建立终身责任追究倒查机制，有效规避官员寻租行为。

三是加大政策扶持力度。笔者对德国农民合作社实地考察发现：德国从中央到地方形成了基层合作社、区域合作社协会和全国合作社联盟三层网状完善架构体系；合作社功能涵盖经济社会文化各领域；出现了专业团队运营、分配形式多样、公司化趋利等与最初“合作”原则不很吻合的新特点。政府创造宽松环境，给予新成立合作社 5 年内创业资助、7 年内投资资助和税收优惠，变相允许合作社“空壳”运营一段时间。中国农民专业合作社与之相比差距明显，应该继续加大扶持合作社发展。在此过程中，适当允许合作社在一定时期进行“空壳”探索，以财政补助等方式引导促进合作社逐步规范发展，通过市场使合作社优胜劣汰，而不是简单采用“运动式”“集中清理”的方法粗暴地进行强制规范，应该是较为适当和稳妥的措施。

四是重视合作社能力建设与功能激活。转变过去那种拼命发展数量的阶段性做法，注重合作社质量提升与规范运行，将“无实质性生产经营活动”或“因经营不善停止运行”的合作社先不要急于清除出列，而是研究探索因社施策：对于自身发展能力有欠缺的合作社，想方设法提升其能力：对于具有能力而功能不健全的合作社，想方设法激发和帮助起发挥应有积极作用。

第四节　农民合作社是农业社会化服务的重要承载主体①

2019—2020 年是我国全面建成小康社会的决胜期，2019 年中央一号文件全面部署了今明两年农业农村工作，提出要突出抓好农民合作社等新型农业

① 本节内容原文发表于《中国农民合作社》期刊 2019 年 03 期，作者为王玉斌、李乾、王文博（中国农业大学经济管理学院），略有修改。

经营主体，建立健全支持农民合作社发展的政策体系和管理制度；落实扶持小农户和现代农业发展有机衔接的政策，完善“农户＋合作社”利益联结机制；支持农民合作社开展农技推广、土地托管、代耕代种、统防统治、烘干收储等农业生产性服务，为一家一户提供全程社会化服务。中央聚焦农村基本经营制度、大国小农基本国情和现代农业发展，对近年来蓬勃发展的农民合作社寄予深厚期望，对农民合作社在衔接小农户与现代农业及发展农业社会化服务中的重要主体地位与关键作用给予充分肯定和高度重视，为农民合作社助力农业农村优先发展指明了方向。

一、合作是大国小农发展现代农业的必由之路

1. 组织化程度低严重掣肘我国现代农业发展

党的十九大报告指出，实施乡村振兴战略，必须积极培育新型农业经营主体，构建现代农业经营体系、生产体系、产业体系，促进小农户和现代农业发展有机衔接。中央农村工作会议把“积极培育新型农业经营主体，促进小农户与现代农业发展有机衔接”定为新时代推进农业大国向农业强国转变的一项重要任务。发展现代农业，要用现代化物质条件、先进的科学技术与生产要素装备农业，用现代化的组织管理理念武装农业，要实现农业生产机械化、电气化、信息化、生物化和化学化，最终实现专业化、社会化、区域化和企业化，而我国长期以来的农业组织化程度不高与大国小农的基本国情极不适应，迫切需要组织创新。

2. 国际社会越来越重视农民合作组织发展

德国是合作组织发源地，经过150多年发展，已形成地方到中央覆盖广泛、功能明确的完善合作社组织体系，超过80％德国农场主加入合作社，75％以上农产品通过合作社销售，合作社已然成为提高农民收入、推动农业发展的强力载体。1994年樊亢等出版《美国农业社会化服务体系——兼论农业合作社》一书，总结出美国重视组建新型合作社，对于发达的农业社会化服务体系建设发挥了极为积极的作用。巴西政府创造政策环境，指定部门对合作社进行扶持指导，形成了全国、州、地方和基层合作社4个层次，约50％的议员来自合作社社员。经过110多年的发展，印度合作社为农业产前、

产中、产后和城乡居民提供了各种高效服务。

3. 合作社能够有效冲破紧箍小农发展现代农业的魔咒

众所周知，我国现代农业发展受制于组织化程度，在参与市场竞争、新技术装备采用、质量安全控制等方面处于劣势，产业单一、管理粗放、效益低下，土地利用低效。在新产业新业态更迭和三产融合发展过程中，小农户发展权利、发展机会和成果分享得不到保障。而农民合作社能够将同类生产经营者、同类服务提供者、同类利用者组织起来，以民主管理方式有效整合农机、种子、肥料、资本、设备、人才等资源优势，能够很好地解决一家一户“解决不了”“解决不好”“不划算”问题，通过订单、合作、股份合作等方式保障农民增收和农业增效，有效挣脱了传统小农户组织化程度低对现代农业发展的束缚。

二、农业社会化服务离不开合作社的快速发展

1. 发达的农业社会化服务是现代农业的基础

农民合作社作为一种农业经济组织，被认为是现今社会经济效益最为先进的经营组织形式之一，受到世界各国人民的广泛认同和普遍重视，对促进社会和谐和经济发展具有巨大的推动作用。美国在农业合作社高水平发展的基础上，建设了发达的农业社会化服务体系，“如果没有发达完善的农业社会化服务，就没有美国农业的现代化”——该结论被广大农业经济学者认为是世界各国建设农业现代化的通用定律。

2. 合作社是农业社会化服务体系建设的基础

我国各地在农业社会化服务体系建设探索中，摸索出了“龙头企业＋合作社＋基地＋农户”“合作社＋企业＋农户”等多种有效方式，合作社是这些模式的重要组织基础。2013 年，陈建华从农业科技、生产与信息服务、农村商品流通、农村贷款难题解决和农产品质量安全保障等方面论述得出农民合作社是农业社会化服务体系的基础。① 当前的农业社会化服务体系，被普遍认为是以

① 陈建华. 农民合作社是农业社会化服务体系的基础[J]. 中国合作经济，2013(6):36-39

合作经济组织为基础，以龙头企业为骨干、社会力量为补充的依托政府的公共服务网络，是为农业生产产前、产中、产后全产业链提供综合配套服务的体系，既提供公益性服务也有经营性服务，既包括专项服务又有综合服务。据农经统计，截至2017年底，全国经工商登记注册的农民合作社175.36万家，实有成员数6 794.3万个，全国农民合作社经营收入5 889.65亿元，统一组织销售农产品总值8 702.47亿元，统一组织购买农业生产投入品总值2 980.16亿元；有8.4万家、1.4万家、5 234家、1 324家农民合作社专门从事农机、植保、土肥、金融保险等服务，创办加工实体、开展农村电子商务、开展休闲农业和乡村旅游的合作社达3.27万家、1.64万家、6 443家。

3. 社会化服务的新发展需要合作社的持续创新

生产托管是农业生产性服务业在冲破“小农户发展现代农业”魔咒中的实践创新。在不流转土地经营权前提下，农户将农业生产中的耕、种、防、收等全部或部分作业环节委托给农业企业、合作社、家庭农场等服务组织来完成。相较于传统的规模经营和土地流转，生产托管使农民意愿受到了尊重，使家庭经营主体地位得到了保持，“种什么”“种多少”由农户决定，社会化服务组织的利益诉求与农民共同富裕的目标达到高度一致，受托方利用自身资本技术、设施设备、网络管理等现代要素优势，推进农业生产全程服务，对传统农业进行改造升级，延长产业链条，提升农业组织化程度，增强抵御风险能力，把一家一户的小农生产引入农业现代化大生产、大市场，通过保底产量、保底收益、股份合作、利润返还等方式，让广大小农分享到三产融合发展的增值收益，农民的获得感、幸福感和安全感不断提升。合作社要顺应这种趋势，持续推进实践探索创新，更好地发挥其组织基础的作用。

三、让合作社在社会化服务中发挥更大作用

1. 创造宽松环境，促进合作社健康发展

农民合作社在我国发展时间还比较短，需要一个实践探索完善的过程。针对当前存在的合作社规模小、内部管理不规范、带动能力较弱等问题，要正确认识和科学对待。应在符合《农民专业合作社法》规定前提下，采取更大力度扶持政策，创造扶持农民合作社快速发展的宽松环境。应总结北京市

密云区较早成立农民专业合作社服务中心、山西省屯留区率先成立生产托管服务中心等的经验，充分发挥政府统筹协调职能，为合作社提供登记管理、生产、技术信息、供销、金融、人才培训等方面服务，把农民合作社作为新型农业经营主体和农业社会化服务的基础力量加以培育。

2. 借鉴国际经验，拓宽合作社服务领域

再来看德国的农民合作社。按所属部门不同，德国农民合作社分为原材料和农产品购销、奶制品、畜产品、葡萄酒酿造、蔬果和园艺、其他生产和服务等各类合作社，以及其他特殊合作社（原东德遗留下来）。基层农民合作社为农民提供物资采购、农机具使用、储藏、加工、运输、销售、农业信贷、农民建房、信息咨询、技术培训、能源提供等全面服务，其中 2/3 的合作社从事发展之初的核心业务——金融信贷业务。据调查，2017 年德国共有农民合作社 2 099 家，工作人员超过 10.1 万名，社员 159.2 万名（同一农场主可加入多家合作社），当年合作社销售额超过 600 亿欧元。我们应充分借鉴国际经验，积极鼓励合作社拓展服务领域，包括允许合作社规范开展信用合作。

3. 重视质量提升，规范合作社运行管理

应积极引导农民合作社提高规范化水平，针对农民合作社发展过程中出现的异化情况，通过开展示范社创建不断总结经验，鼓励扶持办得好的合作社发展壮大，从制度层面杜绝办社目的不纯或办得不好的合作社攫取政策好处，有效促进合作社发展能力、生产功能和带动作用 3 个方面提升。应遵循市场规律，采取引导、激励等办法措施而非单纯使用行政手段管控农民合作社，避免简单粗暴地“集中清理”和“注销”，防止对正常合作社造成负面冲击。

第五节　小农户衔接现代农业的路径①

2018 年 9 月 20 日中央全面深化改革委员会第四次会议审议通过的《关于

① 本节内容原文发表于《农村经营管理》2019 年 04 期，原题为“小农户衔接现代农业的路径探析”，作者为王玉斌（中国农业大学经济管理学院），略有修改。

促进小农户和现代农业发展有机衔接的意见》，于2019年2月21日由中办国办印发实施。这是贯彻党的十九大提出的“实现小农户和现代农业发展有机衔接”的重大战略举措，为我们非常清晰地描绘了小农户参与现代农业发展的光明路径。综合考量欧美发达国家现代农业发展经验，立足当下我国“大国小农”基本国情农情，发展农业社会化服务是实现小农户参与现代农业发展的有效路径。

一、“大国小农”是我国目前的基本国情农情

基于农村普查数据，我国农业基本面仍是“人均一亩三分地，户均不过十亩田”，小农户的数量占农业经营主体98%以上，小农户从业人员占农业从业人员的90%，小农户经营耕地面积占70%，现有农户共2.3亿户，户均经营耕地7.8亩，其中2.1亿农户经营10亩以下。据统计，2012年美国农场平均规模已超过250英亩（约合1 520亩），2016年德国家庭农场平均超过58公顷（870亩），且德国法律规定单个农场不得低于30公顷。近年来，欧美发达国家家庭农场经营规模都呈现不同程度的扩大趋势。相比而言，我国户均经营规模实在太小。根据叶敬忠等研究，恩格斯、马克思并没有对“小农户”进行过确切界定，后来的学者也未给出过准确的定义；只是，我国政府部门在测算时，通常将50亩以下的区间称为“小农户”；同时又认为，用土地规模衡量“小农户”应坚持多元化分析模式。综上所述，“小农户”在我国目前虽无确指具体规模，但确实是概括性描述我国“大国小农”基本国情农情的最贴切概念。

二、提高组织化程度是小农户衔接现代农业的核心

联合与合作是先进生产力发挥作用的前提。近年农业科技快速发展，农业机械化水平和农业科技贡献率大幅度提升，农业生产力已发展到新的更高水平，“小农户”和“小农户家庭经营”作为传统的生产关系组织方式已远不能适应生产力发展的实际需要。生产关系只有与生产力发展水平相适应，才有助于生产力作用的发挥，并助推生产力进一步发展。而现在“细碎”“分散”的经营方式根本不能有效采用先进生产技术与设备，无法实现更高技术

水平上的规模经济。所以，亟须对原有劳动者进行改造，重构新型生产关系，充分发挥科技作为第一生产力的作用和价值。发达国家的经验以及我国农业生产实践均已证明，农户和各类新型农业经营主体只有加强联合与合作，通过有效的利益联结机制紧密地组织起来，有效提高组织化程度和运营效率，农业生产资料和新兴科学技术手段才能被充分而广泛地采用，生产关系与生产力才能实现有效匹配，更高生产力水平上应用的规模效益才会发挥出来。

抓好两类农业经营主体是生产关系调整的根本要求。发端于20世纪90年代的农业产业化经营作为农业不同环节、不同主体相联结的有效组织模式，是推动城乡要素集群集聚、实现产业融合发展的有效机制，是促进新型业态发育、构建乡村产业体系的重要平台，是强化联农带农机制、形成乡村发展共同体的重要抓手，对于加快实施乡村振兴战略具有重大价值和战略意义。农业产业化经营由早期的以“公司＋农户”为主并在此基础上逐步发展演变，产生了“公司＋家庭农场＋农户”“公司＋合作组织＋农户”“公司＋集体经济组织＋农户”等多种组织模式，其中家庭农场、农民合作社在公司与农户、市场与农户之间发挥了良好的组织衔接作用，2019年中央一号文件提出“突出抓好家庭农场和农民合作社两类新型农业经营主体”有其充分实践根据和深刻历史含义。

三、发展农业社会化服务是小农户衔接现代农业的关键

发展农业生产托管为主的农业生产性服务业是当务之急。与传统的规模经营和土地流转相比，生产托管充分尊重农民意愿，有效保持了农户家庭经营的主体地位，不流转土地经营权情况下将农业生产中的耕、种、防、收等全过程或部分作业环节委托给服务组织来完成；社会化服务组织则依托自身资本、技术、设施、市场等方面优势，推进农业生产全程服务，把一家一户小农生产引入现代农业大生产大市场，对传统农业进行有效改造升级，促进农业组织化程度大大提升，并且通过保底、股份、合作、返利等方式，让农民平等参与、共同分享农业农村改革发展成果，让农户分享三产融合增值收益。2017年农业部、发改委、财政部联合发布《关于加快发展农业生产性服务业的指导意见》，农业部印发《关于大力推进农业生产托管的指导意见》，

2017 年、2018 年中央财政分别安排专项资金 30 亿元和 40 亿元，促进以农业生产托管为主的农业生产性服务业加快发展，已然取得明显成效。从当下实际发展情况看，未来发展空间和市场需求都十分巨大。

发展农村生活性服务业是解除农民后顾之忧的必要保障。到 2050 年，要实现“乡村全面振兴，农业强、农村美、农民富全面实现”“走中国特色社会主义乡村振兴道路，让农业成为有奔头的产业，让农民成为令人羡慕的职业，让农村成为安居乐业的美丽家园”这一宏伟目标，必须实现农民与居民待遇的均等化，实现生活环境与方式、社会基础设施与生活便利程度等达到基本一致，使城乡之间的生活差异由显著到逐步消除直到几无二致。那么，必须在大力发展农业生产性服务业将农民从土地上有效解放出来的基础上，通过大力发展农村生活性服务业使离开农村的“农二代”“农三代”回到乡下能够留得下、待得住，使流向乡村创新创业的人才能够享受到与在城里生活同样的便利。

第六节 农业生产性服务的增产增收之路[①]

随着我国农民收入水平的快速提高，收入来源结构也在发生改变。经营性收入在农民人均可支配收入中的比重逐渐下降，2015 年始，工资性收入和经营性收入在农民人均可支配收入中的比重首次逆转，工资性收入成为农民人均可支配收入的主要来源。农民工资性收入水平的提高进一步抬升了农业生产的机会成本，导致农户种粮积极性消减，不少地区出现耕地抛荒、低效率作业、“非粮化”或“非农化”现象，农业“边缘化”问题突出，对我国粮食安全造成潜在威胁，农业面临“谁来种地”“怎样种地”的现实难题。以土地流转为基础的规模经营对此做了长期且有益的实践，2016 年，我国土地经营权流转面积达 4.7 亿亩，占二轮土地承包面积的 35.1%，农业规模化经营

① 本节内容原文发表于《财经科学》2019 年 03 期，原题为“农业生产性服务、粮食增产与农民增收——基于 CHIP 数据的实证分析”，作者为王玉斌、李乾（中国农业大学经济管理学院），略有修改。

水平不断提高。但是，农地因其资源特性在流转中会产生较高的交易费用，依赖发育迟缓的农地流转市场来扩大农业经营规模，既不具有实质性的效果，也不具有全局性的作用。① 近年来频频爆出的种植大户跑路事件对土地规模经营效果提出了质疑，完全依靠土地流转实现农业规模经营面临发展困境。此时，以农业生产性服务为表征的服务规模经营逐渐兴起，破解了土地规模经营的困局，开辟了农业规模经营的新途径。

农业生产性服务作为一种新型生产要素，贯穿于农业全产业链，起到不同生产要素间的黏合作用，服务于农业生产。农业生产性服务使农业家庭经营卷入分工活动，把小农户引入到现代农业发展的轨道上来，在不降低农民收入、不危及粮食安全的前提下，破解了当前农业发展面临的难题，也改变了农户兼业的类型以及兼业的实质内涵。土地规模经济与服务规模经济是农业走向规模经营的两类可以兼容的发展路径。② 当前，我国农业生产格局正由土地规模经营向土地规模经营和服务规模经营并存转变，且服务规模经营呈现出较好的发展态势。国家也相继出台了《农业部　国家发展改革委　财政部关于加快发展农业生产性服务业的指导意见》（农经发〔2017〕6号）、《农业部办公厅关于大力推进农业生产托管的指导意见》（农办经〔2017〕19号）等，大力支持农业生产性服务业发展，以期更好地推进农业规模经营。但现实中农业生产性服务的具体效果如何，尚需进一步检验。

一、国内外研究现状

粮食增产与农民增收是“三农”工作的两个主要目标。但是，20世纪80年代中期之后农村出现了“增产不增收”的单边恶化倾向，甚至出现了“既不增产也不增收”的双向恶化趋势。③ 影响农民收入水平的因素众多，从收入来源来看，农业生产经营性收入是主要构成部分之一，其主要取决于粮食产量和销售价格。同样，影响粮食产量的因素也众多，已有研究表明种植规模、

① 罗必良．农业经营制度的理论轨迹及其方向创新：川省个案[J]．改革，2014(2)：96-112

② 罗必良．农业家庭经营：走向分工经济[M]．北京：中国农业出版社，2017

③ 高帆．中国经济发展中的粮食增产与农民增收：一致抑或冲突[J]．经济科学，2005(2)：5-17

化肥施用量、农业技术进步、农村劳动力流动、农业补贴、机械化水平、气候变化、信贷约束等都会对粮食产量产生影响，且在不同经济发展阶段、不同地区，各种因素发挥作用的方向及大小会呈现差异化。

农业生产性服务是指贯穿农业生产作业链条，直接完成或协助完成农业产前、产中、产后各环节作业的社会化服务（农经发〔2017〕6 号），包括农技服务、农机服务、植保服务、市场和流通服务、农资配送服务、农业金融服务等[①]。早期关于农业生产性服务的研究以定性为主，包括农业生产性服务发展历程演变、内涵辨析、模式划分、服务采纳、市场供给、服务定价等。随着农业生产性服务重要性的凸显，相关研究愈加丰富，其中关于农业生产性服务对农业生产影响的研究主要体现在：①对土地经营规模的影响。多数研究认为农业生产性服务与土地经营规模之间具有显著的正相关关系，农业生产性服务有助于提高农户种植面积[②③]。但也有学者认为农地经营规模与农业生产服务外包行为之间存在“倒 U 形关系”[④]。戚迪明等实证研究指出，对于以农业收入为主的农户，生产环节外包对其土地经营规模意愿具有显著正向影响，而对以非农收入为主的农户，生产环节外包对其土地经营规模意愿没有显著性影响[⑤]。②对粮食生产的影响。农业生产性服务对粮食生产效率提高具有促进作用，且作用效果具有服务项目异质性。孙项强等研究发现，农业生产性服务总体上促进了水稻生产技术效率提高，但不同生产环节之间差异较大，整地和播种环节的生产性服务对水稻生产技术效率具有显著的正向影响，而病虫害防治环节则具有显著的负向影响[⑥]。农业生产性服务作用效果

---

① 芦千文．农业生产性服务业发展研究述评[J]．当代经济管理，2019(3)：38-44

② 李颖明，王旭，刘扬．农业生产性服务对农地经营规模的影响[J]．中国农学通报，2015(35)：264-272

③ 姜松，曹峥林，刘晗．农业社会化服务对土地适度规模经营影响及比较研究——基于 CHIP 微观数据的实证[J]．农业技术经济，2016(11)：4-13

④ 陈昭玖，胡雯．农业规模经营的要素匹配：雇工经营抑或服务外包——基于赣粤两省农户问卷的实证分析[J]．学术研究，2016(8)：93-100

⑤ 戚迪明，杨肖丽，江金启，等．生产环节外包对农户土地规模经营的影响分析——基于辽宁省水稻种植户的调查数据[J]．湖南农业大学学报(社会科学版)，2015(3)：7-12

⑥ 孙项强，卢宇桐，田旭．生产性服务对中国水稻生产技术效率的影响——基于吉、浙、湘、川四省微观调查数据的实证分析[J]．中国农村经济，2016(8)：70-81

的服务项目异质性还体现在经营规模层面。杨万江等研究指出，新型经营主体提供的生产性服务能够显著提升稻农的技术效率，但不同稻作环节的服务对不同规模农户技术效率的影响存在差异，对经营规模小于80亩的农户而言，土地平整、机械栽插和田间管理服务的作用明显，而对经营规模大于80亩的农户来说，种苗提供、土地平整和机械栽插服务的作用更显著。[①] ③对农业技术进步的影响。粮食生产效率改善是农业技术进步的重要体现。因此，农业生产性服务可以促进农业技术进步。这种促进作用可以通过金融服务支持和创新监管、信息整合、技术转换和推广的创新、分散风险等直接路径，也可以通过优化农业科技资源配置、自身技术外溢、提高农业从业者素质等间接路径[②]。还有学者研究了农业生产性服务对农业结构调整、农民增收、职业农民教育、城镇化等的影响。

虽然已有研究涉及农业生产性服务对粮食生产的影响，但主要针对粮食生产技术效率，且以水稻为研究对象，鲜有对不同粮食作物单产和农民收入影响的研究。本节实证研究农业生产性服务对水稻、小麦单产以及农民收入的影响，与已有研究不同之处在于：①已有研究多以宏观统计数据或农户微观调查数据为样本，选取全国范围内村庄层面的样本数据进行实证研究；②已有研究偏好于水稻作物，同时考虑农业生产性服务对小麦生产的影响，对比不同农业生产性服务项目对不同粮食作物（水稻和小麦）单产水平的影响；③已有研究尚未同时关注农业生产性服务对农业生产和农民收入的影响，在研究农业生产性服务对农业生产影响机制的基础上，进一步探究其对农民收入的影响，综合检验农业生产性服务的增产增收效果。

二、理论分析与研究假说

1. 农业生产性服务与粮食增产

在耕地面积有限的情况下，粮食增产主要取决于粮食单产水平的提高，

---

① 杨万江，李琪．新型经营主体生产性服务对水稻生产技术效率的影响研究——基于12省1926户农户调研数据[J]．华中农业大学学报(社会科学版)，2017(5)：12-19

② 郝爱民．农业生产性服务对农业技术进步贡献的影响[J]．华南农业大学学报(社会科学版)，2015(1)：8-15

即土地生产效率的增加，表现为各项农业生产要素投入在单位面积土地上的效率改进。生产过程的重复和迂回是提高生产效率的关键因素①。亚当·斯密在《国富论》里指出："农业劳动生产率的增进，总是跟不上制造业劳动生产率增进的主要原因，也许就是农业不能采用完全的分工制度。"农业生产分工的有限性制约着农业劳动生产率的提升。但随着技术进步以及外部制度环境等的改善，农业生产分工的条件日趋完备，农业生产分工深化的空间得到有效拓展，大量的专业化服务主体产生，推动农业生产性服务业迅速兴起。这为小农户参与社会化分工创造了条件。小农户将农业生产的部分或全部环节外包，由服务主体集成应用先进技术，优化要素投入结构和方式，提高了农业生产效率。农业生产性服务使农业家庭经营卷入分工活动，延长了农业生产过程，通过分工经济和专业化经济效应促进农业生产效率提高。这即是斯密定理的内涵所在："专业分工能够提高经济效益，促进经济增长。"而在粮食单产水平提升空间愈加狭窄的现实情形下，农业生产性服务打通了技术进步衔接小农户的渠道，成为推动粮食单产水平继续提升的重要动力源。因此提出假说 H_1。

假说 H_1：农业生产性服务能够促进粮食增产。

2. 农业生产性服务与农民增收

农民收入来源包括工资性收入、经营性收入、财产性收入和转移性收入，其中与农业生产性服务最为紧密的是经营性收入和工资性收入。在农户经营性收入方面，农业生产性服务主要通过增加粮食产量和节约农业生产成本两条路径发挥增收作用。一方面，农业生产性服务提高了农业生产的机械化、规模化、专业化、科学化水平，促进农业生产效率提高，增加农业产出，在农产品价格既定的情况下表现为农业货币性产出的增加；另一方面，农业生产性服务能够通过服务规模经营获得规模效益，在一定程度上降低农业生产成本，而生产成本的节约则变相地表现为农户收入的增加。综合之下，农业生产性服务在农户经营性收入增长方面发挥着"开源节流"的双重作用。此外，农业生产性服务的产生能够从本质上减弱农业生产的季节性对农业劳动

---

① Grubel H G, Walker M. Service Industry Growth: Causes and Effects[M]. Vancouver: Fraser Institute, 1989

力流动的束缚，促进更多的农业劳动力更加长久、稳定的参与非农就业，降低农业兼业化程度，从而获得更多的工资性收入。因此提出假说 H_2。

假说 H_2：农业生产性服务能够促进农民增收。

三、模型设定与数据来源

1. 模型设定

（1）产量模型

本节选取粮食作物中的水稻和小麦为研究对象，粮食增产主要体现在粮食单产水平的提高，因此因变量分别为水稻或小麦单产水平（用 *Yield* 表示），核心自变量为是否使用农业生产性服务（用 *Service* 表示），控制变量选取水稻和小麦播种面积（用 *Acre* 表示）、农业劳动力占比（用 *Labor* 表示）、亩均良种补贴（用 *Subsidy* 表示）。模型采用经典的柯布-道格拉斯生产函数（即 C-D 函数），并根据本研究内容进行适当调整，具体表达形式如公式（1）所示。其中 i 取值 1 和 2，分别代表水稻和小麦，j 取值 1、2、3、4、5，分别表示五种不同的农业生产性服务项目；$Control_{il}$ 表示 i 作物的第 l 个控制变量，β_{ij} 和 β_{il} 分别表示自变量的估计系数，α_{ij} 和 ε 分别为常数项和残差扰动项。

$$LnYield_i = \alpha_{ij} + \beta_{ij} Service_{ij} + \sum_{l=1}^{3} \beta_{il} \mathrm{Ln}Control_{il} + \varepsilon \tag{1}$$

（2）收入模型

在分析农业生产性服务对农民收入的影响时，因变量为本村农民人均纯收入（用 *Income* 表示），分为五个等级，（$-\infty$，2 000 元］取值 1、（2 000，4 000 元］取值 2、（4 000，6 000 元］取值 3、（6 000，10 000 元］取值 4、（10 000，$+\infty$元）取值 5，因此构建多元有序 Probit 模型，模型具体表达形式见公式（2）。

$$Income^* = a_j + \lambda_j Service_j + \sum_{k=1}^{4} \lambda_k Control_k + \delta \tag{2}$$

公式（2）中 $Service_j$ 为核心自变量，表示是否使用第 j 类农业生产性服务，与产量模型中核心自变量一致；$Control_k$ 表示第 k 个控制变量，分别选取农业劳动力占比（用 *Labor* 表示）、劳动力外出占比（用 *O-Labor* 表示）、亩均粮食直接补贴（用 *D-Subsidy* 表示）、村集体财务支出（用 *Expense* 表示），其中 λ_j 和 λ_k 表示自变量的估计系数，a_j 为常数项，δ 为残差扰动项，且假设其服从标准正态分布，即 $\delta \sim N(0, 1)$。

$$Income = \begin{cases} 1\cdots\cdots \text{若 } Income^* \leqslant C1 \\ 2\cdots\cdots \text{若 } C1 < Income^* \leqslant C2 \\ 3\cdots\cdots \text{若 } C2 < Income^* \leqslant C3 \\ 4\cdots\cdots \text{若 } C3 < Income^* \leqslant C4 \\ 5\cdots\cdots \text{若 } C4 < Income^* \end{cases} \tag{3}$$

$$\text{Pro}(Income = j) = F(C_j - X\lambda) - F(C_{j-1} - X\lambda) \tag{4}$$

式（3）中 $Income^*$ 为农民人均纯收入 *Income* 的潜变量，$C1 \sim C5$ 为切点，当 $Income^* \leqslant C1$ 时，*Income* 取值 1，其余依此类推。公式（4）中 X 表示模型中所有解释变量，$F(\cdot)$表示正态分布累积函数。根据上式可推导得样本的似然函数，并得到 MLE 估计量，即 Ordered Probit 模型①。

2. 数据来源

本研究数据来源于“中国家庭收入调查（CHIP）2008 年”，即“中国城市、农村和流动人口居民收入调查——CHIP2008/RUMIC2009”。该调查由北京师范大学和澳大利亚国立大学的学者共同发起，包含农村住户、流动人口和城镇住户三个样本群体。本研究选取其中的村级样本问卷，该问卷涵盖人口、就业与经济发展，农业生产，耕地管理，村集体财务和村治理，公共服务五个部分。核心自变量 *Service* 包括五个，分别为“本村集体是否实行统一灌溉排水（用 *Irrigation* 表示）”“本村集体是否提供机耕服务（用 *Machine* 表示）”“本村集体是否实行统一防治病虫害（用 *Pest* 表示）”“本村集体是否提供统一购买生产资料的服务（用 *Material* 表示）”“本村集体是否实行种植规划（用 *Plan* 表示）”，“是”取值 1，“否”取值 0；“2008 年本村良种补贴标准为每亩多少元”为 *Subsidy* 变量，样本中存在零值，因此在对该变量取对数前，将零值赋值为 1。

CHIP2008/RUMIC2009 村级原始样本为 800 个，根据本研究变量选取情

① 陈强．高级计量经济学及 Stata 应用(第二版)[M]．北京：高等教育出版社，2016

况剔除缺省值样本后，水稻保留有效样本 580 个，小麦保留有效样本 521 个，收入模型保留有效样本 710 个。三个样本中，按村集体提供各项农业生产性服务占比高低来看，由高到低均依次为生产资料统购、提供机耕服务、病虫害统防统治、实施种植规划和统一灌溉排水（表 5-3）。

表 5-3　核心变量农业生产性服务的样本分布　　个

分类	水稻样本（580）		小麦样本（521）		收入样本（710）	
	是	否	是	否	是	否
Irrigation	343	237	333	188	459	251
Machine	516	64	456	65	634	76
Pest	468	112	435	86	588	122
Material	545	35	480	41	662	48
Plan	401	179	359	162	518	192

注：数据来源于笔者整理。

四、实证结果与分析

运用 Stata14 对各模型进行估计，修正异方差后，实证结果见表 5-4～表 5-6。

1. 农业生产性服务对水稻单产的影响

如表 5-4 所示，统一灌溉排水、提供机耕服务以及实施种植规划三个变量分别在 1%、1%和 5%的置信区间通过显著性检验，且估计系数均为正值，表明采用该三项农业生产性服务有利于水稻单产水平的提升，促进水稻增产。统一灌溉排水能够做到集体决策的有效性、科学性，在不浪费水资源的情况下充分保障水稻生长不同环节的水资源需求；提供机耕服务能够提高水稻种植的机械化水平、标准化水平以及作业效率，降低农户兼业经营情况下土地抛荒、低效率利用的程度；村集体实施种植规划是科学种田的前提，实施种植规划能够实现因地制宜地种田，优化水稻等农作物种植结构和布局，充分发挥各种农作物增产的潜力。病虫害统防统治和生产资料统购两个变量没有通过显著性检验，可能的原因在于，近年来农业生产资料成本快速上升，挤占了农业经营的利润空间，导致农户农资需求动力减弱，影响水稻单产水平的提升。但总体而言，农业生产性服务能够有效促进水稻单产水平的提升，进而促进水稻产量的增加，起到粮食增产的作用。笔者2018年初对辽宁、浙江、江苏、山东4个省的23个农业生产性服务组织的实地调查也佐证了该实证分析结果，调查表明，8个农业生产性服务组织为水稻种植提供全程生产性服务，平均提高水稻产量约47.5公斤/亩，其中江苏省蜻蜓农服服务组织通过开展全程农业生产性服务提高水稻单产高达100公斤/亩，农业生产性服务促进水稻增产的效果较为突出。因此假说H_1得到证实。

在其他三个控制变量中，水稻种植规模和良种补贴两个变量在五个模型中均通过显著性检验，且估计系数为正值，表明水稻种植规模越大、良种补贴标准越高，越有利于水稻单产水平的提升。因为水稻种植规模越大，专业化水平就相对越高；良种补贴标准越高，农户采用水稻良种的积极性就越高，二者均有利于水稻单产水平的提升。农业劳动力占比变量在四个模型中均通过显著性检验，且估计系数为负值，对水稻生产表现出负向的促进作用，农业劳动力占比越高，越不利于水稻单产水平提高。这表明水稻（农业）生产中劳动力冗余，存在无效的农业劳动力，应当进一步转移农业剩余劳动力。

表5-4 农业生产性服务对水稻单产的影响

分类	模型Ⅰ	模型Ⅱ	模型Ⅲ	模型Ⅳ	模型Ⅴ
	lnYield	*lnYield*	*lnYield*	*lnYield*	*lnYield*
LnAcre	0.017 6**	0.017 8**	0.017 4**	0.017 5**	0.015 6*
	(0.007 7)	(0.007 8)	(0.007 9)	(0.007 9)	(0.008 0)
LnLabor	−0.014 8	−0.017 9*	−0.023 9**	−0.024 1**	−0.020 5*
	(0.010 4)	(0.010 4)	(0.010 5)	(0.010 5)	(0.010 6)
LnSubsidy	0.022 5***	0.021 8***	0.021 4***	0.021 5***	0.020 1***
	(0.007 5)	(0.007 5)	(0.007 5)	(0.007 5)	(0.007 5)
Irrigation	0.057 2***				
	(0.017 2)				
Machine		0.070 8***			
		(0.024 3)			
Pest			−0.007 5		
			(0.022 7)		
Material				−0.017 4	
				(0.026 0)	

续表 5-4

分类	模型Ⅰ	模型Ⅱ	模型Ⅲ	模型Ⅳ	模型Ⅴ
	lnYield	*lnYield*	*lnYield*	*lnYield*	*lnYield*
Plan					0.045 1**
					(0.018 8)
常数项	6.044***	6.072***	6.106***	6.106***	6.094***
	(0.064 7)	(0.062 5)	(0.062 7)	(0.062 7)	(0.062 1)
样本量	580	580	580	580	580
R^2	0.054 6	0.048 2	0.037 1	0.037 3	0.046 9

注：括号内数值为标准误；***、** 和 * 分别表示解释变量在 1%、5%以及 10%的水平下显著。

2. 农业生产性服务对小麦单产的影响

对于小麦生产而言，农业生产性服务没有表现出显著的单产促进作用。如表 5-5 所示，除实施种植规划变量外，统一灌溉排水、提供机耕服务、病虫害统防统治和生产资料统购四个核心变量均未通过显著性检验。实施种植规划变量在 10%的置信区间通过显著性检验，且估计系数为负值，可能的原因在于，实施种植规划的村集体主要从事或偏向于水稻生产，或者说种植规划的实施以水稻作物为核心导向。

对比水稻和小麦发现，农业生产性服务增产作用的发挥在水稻和小麦生产中表现出显著的作物差异性，主要原因在于二者农业生产性服务需求与供给之间匹配方式及程度不同。具体来说，文中所用的农业生产性服务为村集体提供的农业生产性服务，在性质上偏向于公共性服务，具有半公益性特点①。而水稻和小麦在生产环节上存在较大差异，水稻生产的环节相对复杂，在市场化或经营性农业生产性服务尚不发达的情况下，水稻生产更多依靠自我服务或公共服务，而小麦生产作业环节便利性强，更容易通过市场化渠道获得农业生产性服务，服务需求的选择空间相对更大。农业生产性服务需求模式的作物差异性可以看作是生产性服务自主供给（村集体是土地的所有者，因此村集体提供农业生产性服务也可以看作是服务自主供给）与市场供给之间替代效应和互补效应的转换。当种植水稻时，农业生产性服务自主供给和

① 刘强，杨万江．农户行为视角下农业生产性服务对土地规模经营的影响[J]．中国农业大学学报，2016(9)：188-197

市场供给之间存在互补效应，当种植小麦时，自主供给和市场供给之间存在替代效应①。而本研究中农业生产性服务偏向于自主供给型且具有较强的公共服务属性，更加契合水稻种植的生产性服务需求，因此基于该样本数据的实证结果表明：农业生产性服务对水稻生产的促进作用较为显著，而对小麦生产的促进作用不显著。如若考虑市场化农业生产性服务的采用，农业生产性服务也会显著促进小麦单产水平的提高，这在笔者 2018 年初的实地调研中得到了较好的印证，下文将对此进行单独案例佐证。

表 5-5　农业生产性服务对小麦单产的影响

分类	模型Ⅰ	模型Ⅱ	模型Ⅲ	模型Ⅳ	模型Ⅴ
	lnYield	*lnYield*	*lnYield*	*lnYield*	*lnYield*
LnAcre	0.129 7***	0.130 0***	0.130 4***	0.130 2***	0.130 2***
	(0.009 0)	(0.009 0)	(0.009 0)	(0.009 0)	(0.009 0)
LnLabor	−0.055 2***	−0.052 5***	−0.055 0***	−0.053 8***	−0.057 3***
	(0.015 7)	(0.015 5)	(0.015 3)	(0.015 7)	(0.015 1)
LnSubsidy	−0.046 1***	−0.046 2***	−0.045 8***	−0.046 4***	−0.045 2***
	(0.013 0)	(0.012 9)	(0.012 9)	(0.012 9)	(0.012 9)
Irrigation	−0.016 6				
	(0.027 0)				
Machine		0.017 5			
		(0.041 6)			
Pest			−0.032 7		
			(0.035 3)		
Material				−0.006 7	
				(0.057 0)	
Plan					−0.050 7*
					(0.027 7)
常数项	5.194 9***	5.174 8***	5.188 6***	5.181 6***	5.207 7***
	(0.089 5)	(0.085 4)	(0.085 3)	(0.086 5)	(0.085 6)
样本量	521	521	521	521	521
R^2	0.279 0	0.278 8	0.279 8	0.278 5	0.283 1

注：括号内数值为标准误；***、** 和 * 分别表示解释变量在 1%、5%以及 10%的水平下显著。

① 谢琳，钟文晶，罗必良．农业生产性服务的自主供给与市场供给：相互关系与政策思路[J]．江海学刊，2017(3)：55-62

3. 农业生产性服务对农民收入的影响

粮食单产水平的提高能够在既定粮食价格水平下增加农民农业经营性收入，同时，农业生产性服务也能在一定程度上通过节约生产成本变相地促进农民增收。如表5-6所示，统一灌溉排水、提供机耕服务和病虫害统防统治三个变量分别在1%、5%和1%的置信区间通过显著性检验，且估计系数为正值，表明采用该三项农业生产性服务均有利于农民人均纯收入水平的提高。因为该三项农业生产环节均属于劳动密集型生产环节，通过服务外包能够显著降低农业生产的季节性对劳动力非农就业的束缚，劳动力资源得以优化配置，一定程度上实现了要素投入报酬之和最大化。生产资料统购和实施种植规划两个变量没有通过显著性检验，可能的原因在于：一是农民收入水平快速增长，其中农业经营性收入所占比重逐渐下降，通过农业生产性服务带动的农民收入增量在农民总收入中的比重相对更小，增收效果不易显著体现；二是村集体生产资料统购与农户单独购买农业生产资料的投入相差较小，而种植规划不能直接作用于农民收入，主要通过粮食增产间接作用于农民收入，传导作用较弱。但总体而言，农业生产性服务的开展有利于农民收入水平的提高。同样，笔者2018年初对辽宁、浙江、江苏、山东4个省的23个农业生产性服务组织的实地调查也佐证了该实证分析结果，调查表明，8个农业生产性服务组织为水稻种植提供全程生产性服务，促进农民亩均增收约282.2元，其中增产作用增收约131.9元，节本作用增收约150.3元；15个农业生产性服务组织为小麦种植提供全程生产性服务，促进农民亩均增收约377.7元，其中增产作用增收约247.2元，节本作用增收约130.5元，农业生产性服务促进农民增收的效果也较为显著。因此假说H_2得到证实。

表5-6　农业生产性服务对农民收入的影响

分类	模型Ⅰ	模型Ⅱ	模型Ⅲ	模型Ⅳ	模型Ⅴ
	Income	*Income*	*Income*	*Income*	*Income*
Labor	−0.017 1***	−0.017 7***	−0.017 8***	−0.018 0***	−0.017 9***
	(0.001 9)	(0.001 9)	(0.001 9)	(0.001 9)	(0.001 9)
O-Labor	0.078 8**	0.083 5**	0.081 0**	0.083 4**	0.082 2**
	(0.034 7)	(0.035 0)	(0.034 5)	(0.034 3)	(0.034 5)

续表 5-6

分类	模型Ⅰ	模型Ⅱ	模型Ⅲ	模型Ⅳ	模型Ⅴ
	Income	*Income*	*Income*	*Income*	*Income*
D-Subsidy	−0.000 9	−0.000 9	−0.001 1	−0.000 8	−0.000 8
	(0.001 0)	(0.001 1)	(0.001 0)	(0.001 0)	(0.001 0)
Expense	0.001 8**	0.001 8**	0.001 8**	0.001 8**	0.001 8**
	(0.000 8)	(0.000 8)	(0.000 8)	(0.000 8)	(0.000 8)
Irrigation	0.387 5***				
	(0.089 0)				
Machine		0.296 8**			
		(0.143 2)			
Pest			0.371 9***		
			(0.107 6)		
Material				0.106 3	
				(0.198 5)	
Plan					0.099 4
					(0.094 2)
常数项					
切点 1 估计值	−1.933 4***	−2.046 2***	−2.036 9***	−2.079 4***	−2.0564 ***
	(0.157 0)	(0.157 2)	(0.156 4)	(0.154 4)	(0.156 9)
切点 2 估计值	−0.620 8***	−0.744 2***	−0.726 6***	−0.778 5***	−0.749***
	(0.144 4)	(0.143 7)	(0.141 8)	(0.140 7)	(0.143 9)
切点 3 估计值	0.318 0**	0.182 1	0.206 6	0.142 1	0.166 5
	(0.143 3)	(0.142 4)	(0.140 4)	(0.139 0)	(0.142 5)
切点 4 估计值	1.432 9***	1.276 4***	1.302 9***	1.228 7***	1.254 0***
	(0.155 2)	(0.154 8)	(0.154 5)	(0.150 4)	(0.153 1)
样本量	710	710	710	710	710
对数似然值	−915.324 0	−922.928 1	−919.516 0	−925.258 3	−924.865 4
Pseudo R^2	0.095 5	0.088 0	0.091 4	0.085 7	0.086 1

注：括号内数值为标准误；***、** 和 * 分别表示解释变量在 1%、5%以及 10%的水平下显著。

五、稳健性检验

为检验如上实证结果的有效性，本节对农业生产性服务促进粮食增产与农民增收的效果进行稳健性检验。

1. 稳健性检验一

将五项农业生产性服务合并为一项（用 *Service* 表示），用数值 0、1、2、3、4、5 分别表示村集体提供农业生产性服务的项目数，其中 0 和 5 分别表示村集体没有提供农业生产性服务、村集体提供了 5 项农业生产性服务。运用 Stata14 对模型进行估计，修正异方差后，实证结果如表 5-7 所示。在三个模型中，模型Ⅰ（水稻）和模型Ⅲ（收入）中农业生产性服务变量均在 1%的置信区间通过显著性检验，且估计系数为正值，再次验证了假说 H_1 和假说 H_2，表明农业生产性服务有利于粮食（水稻）单产水平与农民收入水平提高。而模型Ⅱ（小麦）中农业生产性服务变量仍然没有通过显著性检验，与前文实证结果相一致，即在该样本情形下，农业生产性服务对小麦单产的促进作用不显著。因此，本研究中模型估计结果的稳健性较好。

表 5-7 稳健性检验结果一

分类	模型Ⅰ（水稻）	模型Ⅱ（小麦）	分类	模型Ⅲ（收入）
	lnYield	*lnYield*		*Income*
LnAcre	0.016 4**	0.130 1***	*Labor*	−0.017 2***
	(0.007 8)	(0.008 9)		(0.001 9)
LnLabor	−0.016 4***	−0.057 0***	*O-Labor*	0.082 5**
	(0.010 7)	(0.015 6)		(0.034 8)
LnSubsidy	0.021 5***	−0.045 9***	D-Subsidy	−0.001 1
	(0.007 5)	(0.012 9)		(0.001 1)
Service	0.018 8***	−0.011 1	*Expense*	0.001 8**
	(0.006 7)	(0.011 3)		(0.000 8)
常数项	6.064 1***	5.204 2***	*Service*	0.135 5***
	(0.063 3)	(0.087 8)		(0.036 5)
样本量	580	521	样本量	710
R^2	0.048 9	0.280 2	Pseudo R^2	0.093 3

注：括号内数值为标准误；***、** 和 * 分别表示解释变量在 1%、5%以及 10%的水平下显著；限于篇幅，模型Ⅲ（收入）中的四个常数项未一一列出。

2. 稳健性检验二

前文实证结果分别单独检验了每项农业生产性服务对粮食单产与农民收入的影响，为避免遗漏核心解释变量对实证结果的影响，现将五个核心解释变量同时纳入模型中。运用 Stata14 对模型进行估计，修正异方差后，实证结果如表 5-8 所示。在三个模型中，模型Ⅰ（水稻）和模型Ⅱ（小麦）中各项农业生产性服务变量估计结果均与前文实证结果完全一致，再次验证了假说 H_1；模型Ⅲ（收入）中机耕服务变量没有通过显著性检验，但统一灌溉排水与病虫害统防统治变量分别在 1%和 5%的置信区间通过显著性检验，与前文实证结果一致，假说 H_2 也再次得到验证，综合表明农业生产性服务有利于粮食（水稻）单产水平与农民收入水平提高。因此，稳健性检验二再次证明本研究中模型估计结果的稳健性较好。

表 5-8　稳健性检验结果二

分类	模型Ⅰ（水稻）	模型Ⅱ（小麦）	模型Ⅲ（收入）
	lnYield	*lnYield*	*Income*
Irrigation	0.048 2***	−0.011 1	0.334 1***
	(0.018 2)	(0.029 1)	(0.093 4)
Machine	0.061 3**	0.060 0	0.043 8
	(0.026 5)	(0.044 0)	(0.167 3)
Pest	−0.042 1	−0.038 5	0.287 3**
	(0.027 1)	(0.037 5)	(0.126 4)
Material	−0.040 5	0.021 9	−0.069 6
	(0.031 5)	(0.057 0)	(0.210 7)
Plan	0.040 6**	−0.053 1*	−0.045 1
	(0.020 4)	(0.030 1)	(0.100 6)
控制变量	已控制	已控制	已控制
样本量	580	521	710
R^2/Pseudo R^2	0.072 8	0.286 1	0.098 6

注：括号内数值为标准误；***、** 和 * 分别表示解释变量在 1%、5%以及 10%的水平下显著；限于篇幅，二个模型中的控制变量结果未　　列出。

六、小麦生产中农业生产性服务作用的再检验——案例佐证

文中所用样本数据年限较久远（2008 年样本数据），经过十年的发展，农业生产性服务市场逐渐完善，服务供需格局业已发生较大变化。样本中农业生产性服务供给与现实中小麦生产性服务需求存在一定程度的错位，会对实

证结果产生影响。因此，本节运用2018年调研案例进一步检验小麦生产中农业生产性服务的作用。

表5-9　小麦生产托管效益比较　　元/亩

	项目	农户自种费用	托管费用	生产环节实际成本	托管与农户自种费用差	生产环节托管收益
产前	化肥	195	158	143	37	15
	种子	37	28	25	9	3
	农药	17	12	9	5	3
产中	耕整地	85	70	50	15	20
	插秧/播种	25	18	15	7	3
	植保	18	14	8	4	6
	收割（脱粒）	65	50	35	15	15
产后	运输	15	11	7	4	4
	烘干	50	40	33	10	7
其他	水电费	48	37	34	11	3
	合计	555	438	359	117	79

注：数据来源于调研。

农业生产托管是农业生产性服务的重要表现形式。表5-9为山东淄博临沂众邦农业合作社联合社为农户提供农业生产托管服务的成本收益情况。通过采纳农业生产全程托管服务，小麦生产可节约成本117元/亩，其中产前、产中、产后环节分别节约51元/亩、41元/亩和14元/亩。产前环节的化肥投入是农业生产托管服务节本较为突出的环节，因为小麦生产中化肥投入成本占生产总成本的比重最高，为35.1%，专业化的生产托管服务组织能够通过科学施肥降低化肥投入量，加之生产资料统购的价格优势，大幅度降低了小麦生产的化肥成本。同时，农业生产托管服务还促进了小麦产量提高。经过统计，托管服务前和托管服务后小麦单产分别为550公斤/亩和570公斤/亩，亩均增产20公斤。

农业生产托管服务能够实现小农户与服务供给组织共赢。农业生产托管服务供给组织也能获得可观的盈利，提供小麦生产全程托管服务可获利79元/亩，其中主要来自耕整地（20元/亩）、收割（15元/亩）等产中环节，这些环节的特点是机械化水平较高，便于开展规模化服务。

七、结论与启示

本节基于CHIP数据实证分析了农业生产性服务对粮食单产与农民收入的影响，并通过典型案例对实证结果进行佐证。研究表明：农业生产性服务能够有效促进粮食增产与农民增收，但农业生产性服务的作用效果具有作物品类异质性，其对水稻生产的促进作用较为明显，而对小麦不显著，可能的原因在于，一是样本中农业生产性服务具有较强的非市场化性质，二是水稻和小麦生产环节具有较大的差异性。对具体农业生产性服务项目而言，统一灌溉排水、提供机耕服务和实施种植规划对水稻单产具有显著的促进作用，而病虫害统防统治和生产资料统购对水稻单产没有表现出显著的影响；统一灌溉排水和病虫害统防统治对农民收入具有显著的促进作用，而提供机耕服务、生产资料统购和实施种植规划对农民收入没有表现出显著的影响。

基于如上结论，得出如下几点启示：第一，应进一步支持农业生产性服务业发展，尤其是市场化农业生产性服务，能够通过市场机制提供的农业生产性服务完全交由市场完成，对于那些非排他性较强的农业生产性服务暂且由政府或公益性机构主导完成，形成以市场化供给为主导、公益性供给为辅的多元化农业生产性服务发展市场格局；第二，应重点支持农业生产的重点环节和薄弱环节参与农业生产性服务，避免普惠性农业生产性服务支持政策导致的低效率，如重点支持农业生产的产前和产后环节，提高支持政策效能；第三，不同农作物种类采纳农业生产性服务应予以区别对待，政策支持的力度应与农业生产的现实情况相挂钩。

本研究的不足之处在于数据较为久远，且在变量选取时以村集体提供的服务代表农业生产性服务。而现实情形下，随着农业生产性服务市场的成熟完善，市场化或经营性的农业生产性服务将占据主导地位，本研究结果将存在一定的偏差，农业生产性服务的作用效果会被低估或掩盖。另外，受样本限制，本研究无法引入更多有效的控制变量。后续会根据农业生产性服务业发展的新特征设计调查问卷，获取一手调研数据进一步检验农业生产性服务的增产增收效应。

第七节　小农户衔接现代农业的创新优选[①]

一、农业生产托管是契合农业生产实践的创新优选

顺应了农业劳动力严重缺失和机械化快速发展的形势。随着农村大量青壮年劳动力异地务工，传统农业面临劳动力缺乏、投入成本高和收益低下等突出问题，与此同时，农业机械化水平和农业科技贡献率快速提升，农业生产的规模化、规范化和标准化趋势进一步加强，传统小农户生产方式已很难实现盈利，而旧有的土地细碎化和不完全流转导致大型机械设备无法充分发挥作用。农业生产托管的出现，很好地解决了这一问题，在不流转土地和尊重一家一户土地承包经营权基础上实现了大型机械设备成方连片高效利用，实现了一二三产业有效融合发展。

顺应了粮价下跌和土地流转费用居高不下导致土地流转放缓的形势。近年来，种粮大户、龙头企业等粮食生产规模经营主体出现增产不增收、甚至亏损的现象，加之承担的风险和责任较大，严重制约了规模粮食经营主体流转土地、扩大规模的积极性，有的地方甚至出现了退租（逆流转）的苗头。农业生产托管的出现，为规模经营主体提供了一种新的发展途径，可有效降低规模经营主体流转土地的资金压力，实现了风险分担和利益共享，受到双方欢迎。

顺应了农民“恋地”“恋粮”与优质高效农业生产规模化发展的需要。随着青壮劳力大量离开土地，当前乃至今后一个时期，土地上的守望者绝大多数是老年人，这部分人普遍对土地怀有深厚感情，对土地流转有强烈抵触情绪。土地流转和托管之后新型农业经营主体按照现代企业制度开展现代农业规模化生产的示范效应将逐步显现，“守望者”们对于不改变土地承包权和经

---

① 本节内容原文发表于《农村经营管理》2018 年 03 期，原题为“农业生产托管是小农户衔接现代农业的创新优选”，作者为王玉斌（中国农业大学经济管理学院），略有修改。

营权的农业生产托管经营方式表现出极大兴趣，这也适应和促进了农业生产的规模化。

顺应了托管双方优势发挥和转型升级的趋势。近年来，粮食品种结构不合理与粮价“天花板”、成本“地板”、资源环境约束等问题并存，而农机保有存在部分环节、部分企业产能过剩与较多环节投入不足、机具不配套的矛盾，农业供给侧结构性改革对粮食生产与农机行业同时提出转型升级的要求，农业生产托管恰好促进其有机整合。

二、农业生产托管契合和丰富了农业生产相关理论

生产方式契合了生产力与生产关系理论。随着农业科技快速发展，农业机械化水平大幅提升，农业生产力水平已经发展到一个新的阶段，基于我国土地公有制的原有生产关系和起主导作用的农民劳动者素质已经远远不能适应当下生产力发展的要求。农业生产托管模式的出现，适应了生产力的极大进步，对原有劳动者进行培训和改造，让更专业的劳动者（人和机构）做更专业的事，更能充分发挥新型农业机械的作用和价值，对劳动对象能够进行更有效的改造和管控，在维持家庭经营基础上很好实现了物质资料生产、交换、分配、消费等利益联结机制与生产力发展水平的适应，有效地促进了农业生产经营的规模化和标准化，是顺应生产力水平发展提高的生产关系优化。

托管方式契合和发展了农业生产委托代理理论。农业生产托管的方式则有效地发展和完善了农业生产中的委托代理关系，在当下极大地优化了相关制度安排，密切了委托方与代理方的利益联结关系，更好地解决了委托与代理双方往往责权利不一致的问题，在更大程度上规避了代理人背离委托人初衷和委托人过分干预代理人行为等现象的发生，有效实现了委托人追求财富更大和代理人追求自身效用最大的目标高度一致，来自农民生产实践的探索较大的丰富和发展了委托代理有关理论。

交易形式契合了规避风险和降低费用的产权理论。农业生产托管使小农户与新型农业经营主体之间的各种交易由原来的市场交易行为转变为“企业内部”行为，发挥了农户的土地、劳力等优势和农业企业、合作社、家庭农场等新型农业经营主体在市场、信息、渠道等方面的资源优势，在减少进市

交易者数目基础上减少了市场交易的次数，有效地规避了交易中的部分摩擦，农民市场谈判地位也伴随着组织化程度的提高而明显提升，交易费用降低，节本增效明显。

资源配置契合了政府与市场互补的现代管理理论。现代管理理论认为政府与市场是配置社会资源的两种力量和手段，农业生产托管发端于民间，一开始就符合市场规律，但农业作为准公共品特性的行业，基于我国土地制度的农业生产托管在市场竞争和探索发展过程中面临更多市场失灵问题。政府出台“三权分置”和推进农业生产托管的政策恰逢其时，从具有发展基础的种植尤其是粮食产业入手，给予其合理合法的名分，基于已有农业社会化服务体系建设从财政、税收、金融等方面给予专项支持，撬动更多社会资源投入这一新生优选方式，符合和发展了政府与市场关系的理论。

三、从种植业和粮食入手，抓住了小农户参与现代农业发展的要害

当前“小农户和现代农业发展有机衔接”突出问题亟须破解。当前小农户和现代农业发展有机衔接面临突出问题：我国仍有 2.6 亿农户、6 亿多人生活在农村，其中有 2.3 亿承包农户；在工业化、城镇化深入推进过程中，小农户面临发展权利不充分的问题；在农村新产业新业态加快发展进程中，小农户面临发展机会不充分的问题；在农村一二三产业融合发展过程中，小农户面临分享现代农业发展成果不充分的问题。存在问题的原因又是什么呢？相对于新型农业经营主体，小农户普遍存在：土地分散、细碎；观念传统，自耕自种、自给自足，难以形成集约化、专业化和规模化，在维护市场主体地位、采用新技术装备、控制质量安全风险、抵御市场冲击等方面处于劣势；产业环节单一，基于已有承包地和现成劳动力，跟风生产，管理传统粗放，产品低端，产出效益低下；农业劳动力老龄化比较严重，缺乏生产经营知识，普遍陷入土地的低效利用与部分撂荒并存的困境。

农业生产托管是冲破“小农户和现代农业”困境在实践中的创新。农业生产托管是在不流转土地经营权的情况下，农户将农业生产中的耕、种、防、收等全部或部分作业环节委托给农业企业、合作社、家庭农场等服务组织来完成的一种经营方式。相较于传统意义上强调的规模经营和土地流转，农业

生产托管作为农业生产实践中的探索和创新，农民意愿受到充分尊重，保持了家庭经营的主体地位，种什么种多少由农户说了算，农民根本利益得到维护；社会化服务组织的利益诉求与农民共同富裕的目标实现了高度一致，受托方依托其自身在资本技术、设施设备、网络管理等现代要素优势，推进农业生产全程服务，对传统农业进行改造升级，提升农户组织化程度，延长产业链条，增强农户抵御风险能力，把一家一户小农生产引入农业现代化大生产大市场，通过保底产量或收益、股份合作、利润返还等方式，让广大小农户更好地分享一二三产业融合发展的增值收益，让广大农民平等参与、共同分享农村农业改革发展的成果，使农民持续增收得到保障，使农民的获得感、幸福感、安全感不断提升。

从种植业和粮食入手，找准了农业生产托管突破口。如前所述，我国粮食生产存在资源投入不足、自然资源和气象条件约束严重以及生产组织化程度低等问题，粮食作物种植比较普遍存在小农户利用传统生产方式的现象，加上粮价波动、成本高走、效益低下、科技贡献率与机械化率偏低等问题叠加，我国粮食在国际竞争中处于不利地位，而粮食生产是迫切需要，也是最容易实现规模化、专业化和机械化的行业。各地合作社、农机与肥料企业、非农资本创办实体等农业新型经营主体，在以粮食为主的生产经营中率先创新合作模式，从种到收实现全程托管；针对“卖粮难”，以新兴优势品种替代传统品种，实现单产提高和优质优价；创新生产方式，开展全程机械化作业，节本增效；创新服务模式，按照“生产车间”理念实现粮食生产“N统一”；创新组织方式，建设粮食产业联合体，实现一二三产业深度融合。

本章小结

本章既有农业社会化服务体系与农业农村优先发展的讨论，也有农民合作社内部交易价格机制的比较分析及“空壳社”清理注销的建议，还有农民合作社参与农业社会化服务与生产托管的调研，以及对小农户衔接现代农业的思考。

第六章

乡土情怀：投身乡村发展之源

引言： 乡土情怀是乡村振兴的维系和归宿。精准扶贫是人类反贫困“最伟大的故事”，无论西北边陲小镇还是东南沿海渔村，都在发生着翻天覆地的可喜变化。农大人情系乡土苍生，根埋村落大地，投身“三农”发展，为乡村梦圆携手前行。

第一节　人类反贫困“最伟大的故事”[①]

一、精准扶贫的重要意义

习近平总书记在党的十九大报告中指出，中国共产党创新提出的精准扶贫政策，以每年减贫 1 300 万人以上的成就，书写了人类反贫困“最伟大的故事”。世行官员明确表示“中国实施精准扶贫对世界减贫产生了积极影响”。与此同时，我们发现“精准扶贫、精准脱贫”工作中确确实实也存在着或出现了一些不容忽视甚至可能会影响全局的问题，我们是不是可以从主观上回避或者视而不见呢？答案显然是否定的。

2013 年 11 月，习近平到湘西考察时做出“实事求是、因地制宜、分类指导、精准扶贫”的重要指示。2014 年 1 月，中办推动“精准扶贫”政策落地。2014 年 3 月，习近平强调，要实施精准扶贫，瞄准扶贫对象，进行重点施策。2015 年 1 月，习近平调研云南，强调坚决打好扶贫开发攻坚战，加快民族地区经济社会发展；6 月，习近平贵州调研，强调要科学谋划好“十三五”时期扶贫开发工作，确保贫困人口到 2020 年如期脱贫。年人均纯收入 2 800 元以下属贫困人口。我国共有 14 个片区、592 个贫困县、12.8 万个贫困村。2015 年 11 月，《中共中央 国务院关于打赢脱贫攻坚战的决定》提出“确保到 2020 年农村贫困人口实现脱贫。”各省（区/市）、国务院部门、地（市）、县（旗）围绕落实中央决策，计划脱贫的时限有 5 年的、也有 3 年的，最短的甚至压缩到了 2 年。这切实可行吗？脱贫摘帽之后会不会出现返贫现象呢？

---

① 本节内容系王玉斌 2017 年主持并完成的《促进低收入农户增收和低收入村发展中存在的问题及建议——基于精准扶贫政策的调查》课题研究报告，于 2018 年 3 月获中共北京市委教育工作委员会“2017 年北京高校青年教师社会调研优秀项目一等奖”，此节基于原报告进行大幅度修改补充完成。课题组成员包括王玉斌、陈慧萍、刘议蔚、杜天瑛、邹杰玲、赵培芳、李军、尹金辉、李晓峰、赵立颖等。

促进贫困户（低收入户）增收脱贫，解决贫困村（低收入村）的长效发展问题，是精准扶贫的出发点和落脚点。要研究贫困户（低收入户）增收长效机制和长久解决贫困村（低收入村）的发展问题，就绕不开对精准扶贫政策实施效果和经验的深入调查与认真总结，并且，随着脱贫攻坚进入“攻坚拔寨”的关键历史时期，万不能忽视在此工作过程中可能产生或存在的现实问题，否则很可能会影响到2020年全面脱贫伟大目标的全面有效实现。因而，深入调研总结伟大成就，客观分析存在的现实问题，提出确保2020年全面脱贫伟大目标全面有效实现的对策建议，具有极为重要的现实意义。

二、出现的创新做法与有益探索

1. 组织扶贫，第一书记带动取得显著效果

村看村，户看户，普通村民看党员和领导干部。2015年，中组部、中农办、国务院扶贫办联合印发《通知》，向党组织软弱涣散村和建档立卡贫困村选派第一书记，期限为1～3年。三年来，第一书记结合自身知识、资源等优势，在产业打造、品牌创建、市场开拓、美丽乡村建设等方面发挥了极为重要的积极作用。调研来看，北京郊区各村均配备了第一书记，外地省份也有第一书记的配备，但是尚未全覆盖，而只是部分贫困村、低收入村或重点帮扶村。该项制度覆盖面应该进一步扩大，使其成为一项全覆盖、长坚持的农村工作基本制度和有力抓手。

2. 整合力量，社会组织参与扶贫是个创新

党的十八大以来，脱贫攻坚渐已形成各行业各部门广泛参与、全社会全方位聚力扶贫之势。北京市密云区民政局牵头惠泽华龄社工事务所，通过开展需求评估，精准识别社会救助家庭面临的困境，对有就业需求的低收入家庭成员进行家政技能培训，2017年选取了5个村、每村30人，共培训150人，再选取20名低收入家庭成员，进行提升培育，使其掌握就业前应掌握的技能，帮助对接就业；对部分丧失劳动能力的低收入家庭成员培训手工编织技能，事务所包销产品；采取储蓄式，倡导低龄老人帮扶高龄贫困老人；租赁贫困户闲置房屋发展民宿旅游。

3. 找好抓手，壮大新型经营主体极为关键

多年来的农业产业化发展实践告诉我们，农业龙头企业、合作社等新型经营主体在引领现代农业发展、建设美丽乡村和带动农民增收致富等方面，发挥了和发挥着极为积极巨大作用。据农业部统计，我国现有家庭农场 87.7 万、农民合作社 193 万、农业龙头企业 13 万、社会化服务组织 115 万。各地在分解脱贫任务指标时，往往将这些新型经营主体作为发展产业和带农脱贫有力抓手，各地在产业扶贫、金融扶贫、项目扶贫等方面执行效果较好，也走得较远的，往往是重视相关政策措施与新型经营主体发展培育相结合做得较实和较好的。

4. 产业为大，培育形成和谐梯队方可持续

习近平讲，要脱贫也要致富，产业扶贫至关重要。产业扶贫是实现从救济式扶贫向开发式扶贫、从输血式扶贫向造血式扶贫、从一次性扶贫向持续性扶贫转变有效途径。各地普遍重视产业发展在精准扶贫脱贫中的关键核心作用，因地制宜，选取具有地方特色和资源优势的产业，培育和扶持龙头企业，打造主导产业和特色优势品牌。河北沧州市立足特色、选准项目、延伸链条、形成优势、保障扶贫脱贫，培育打造金丝小枣、冬枣、鸭梨、棉花、肉鸡、肉鸭、蛋鸡、水产、珍禽等十大优势产业，实现了产业规模、经济效益、脱贫增收三提升。

5. 创新引领，认识政策措施方法集成突破

各级党委政府按照总书记和党中央指示，思想上重视，行动上迅速，使命感和紧迫感明显增强，主动厘清思路、强化责任，出台了一系列力度更大、针对性更强、作用更直接、效果更持续的举措，在组织扶贫、精准扶贫、精准脱贫上不断创新方式方法，聚焦真脱贫、脱真贫下了更多的真功夫，实现了电商、信贷、旅游、光伏、就业、智力、人才、搬迁、项目、社会组织等扶贫的组合发力，形成了领导干部带头、责任落实到人和党委、行政、各级各有关部门广泛参与，各级各类组织创新性地联合起来形成全方位、立体式、网格状的集团优势。

三、政策落实中存在令人担忧的问题

1. 完成脱贫时间提前与返贫的担忧

中央要求2020年脱贫，不完全统计，调研的蒙、辽、豫、冀、鄂、鲁、京、苏8省（市、区）中，湖北、河南和山东3省把精准脱贫工作提前了1～2年；其他24地市中，湖北宜昌、河北承德和保定、河南周口、辽宁阜新提前到2018年，山东滨州、河南郑州和南阳提到2017年；内蒙古的科尔沁和霍林郭勒，提出2016年精准脱贫。分析发现，越是努力提前脱贫的地方，越注重在短期措施上下功夫，越对精准扶贫的长期性、持续性重视不够。调研人员普遍担心，一旦达标验收摘帽，“一次性”扶持措施将无力继续跟进，一定比例的返贫很可能成为一种必然。

2. 新型经营主体成长与带动的担忧

如前所述，伴随着多年来农业产业化发展实践，普遍形成了通过产业化组织带动农民脱贫增收致富的共识，各地围绕农民脱贫和精准扶贫，将工作任务层层分解，往往落给龙头企业、家庭农场、合作社、中介组织等新型经营主体。但是，这些合作社、龙头企业等新型经营主体，许多自身尚处于发展的起步阶段，还不具备雄厚的资金实力和强大的带动能力。调查中普遍发现，较大比例承担扶贫任务的新型经营主体自身经营发展中还比较的普遍存在资金紧张、人才缺乏以及自身实力弱等问题。将过多社会责任压给尚不壮大的新型经营主体，确实令人担忧。

3. 配套政策措施期望与门槛的担忧

调研中发现，龙头企业等新型经营主体普遍反映存在融资难、贷款贵的问题。虽然，富民信用贷政策规定，新型经营主体每带动1户贫困户给予5万元扶持信贷资金额度。但是，实际工作中受到许多限制和约束：如60岁以上不能贷，而贫困户中老年群体不少；银行要对企业资产进行评估，而农业资产评估尚无统一标准，加之农业风险高、利润低、回收周期长，降低了新型经营主体获得银行贷款的可能性；即使贷到款，企业也要支付8%的较高利息成本。配套政策落实偏差与较高的行业门槛对带动主体造成一定困扰，对其积极性形成一定负面影响。

4. 虚假套取帮扶资金与实效的担忧

山东某国家级贫困县的鱼菜共生系统是当地招商引资的明星项目，从征地到大棚建设、休闲区域投资、优势资源聚集等各个方面，当地政府密集投放了多项财政扶持资金，致使业主形成了依靠财政补助或社会捐资扩大规模的惯性，即使系统应该必配的传感器也等着捐助，甚至系统两大主体之一的鱼的购买补充都盯上了佛家放生善款。熟悉情况的当地扶贫干部私下气愤地说："这哪是扶贫？哪是输血？这是抽血！"调研发现，个别地方的基层政府仍然存在截留扶贫款等现象，而贫困（低收入）户，也还比较普遍地存在"等、靠、要、争"等惰性思维。

5. 公共服务欠缺与招商障碍的担忧

各级政府在土地流转、基础设施、品种引进、示范推广、农民培训、市场信息、品牌培育等方面普遍采取了一系列积极措施，收到了一些实效，但是也存在不均衡和先天不足等问题：如土地流转，调研发现一些条件好的地方，提供土地流转 、"三通一平"甚至"九通一平"、土地整治等多方面免费服务；但是，也发现个别地方的村集体在土地流转过程中堂而皇之地赚取中间较高比例的差价；有的地方，因交通不便导致农产品运不出去，保鲜储运等公共服务与基础设施条件不足，制约着农业企业等新型经营主体产业链条的延伸。

6. 聚焦脱贫攻坚与日常工作的担忧

调研发现，贫困地区县直部门往往聚焦脱贫摘帽和迎接脱贫检查：第一书记全天候驻村扶贫，各类表格填报要求频出，为迎接省级部门检查，第一书记派出单位抽调专人帮忙填表造表，一个人口不到 20 万的国家级贫困县，光打印费一项支出就增加 20 万元；该县直机关全员帮扶贫困户，普通干部 1 户、科局长 5 户、县领导 15 户，县领导与重大客商洽谈时直截了当地要求对方为自己的帮扶对象出资出力；该县实施"十个全覆盖"，2018 年度财政支出预算数为收入预算数的近 10 倍，正常行政办公支出受到较大冲击。一些贫困县主要领导流动晋升与脱贫摘帽紧密挂钩，有的县委书记出于个人晋升将原定脱贫达标时间前提。

四、保障伟大目标有效实现的对策建议

1. 指导各地科学制定或调整脱贫目标，避免盲目提速

习近平在十九大报告中指出，“坚持精准扶贫、精准脱贫，坚持中央统筹省负总责市县抓落实的工作机制”“越往后脱贫难度越大”。建议国务院扶贫办指导各级政府部门合理确定或调整目标，鼓励各级部门在设定脱贫目标时立足实际，综合考量，不盲目攀比，合理把握扶贫攻坚总体节奏，有计划有步骤地予以推进实施，既确保按时完成中央要求，又尊重客观规律，针对当前扶贫脱贫工作进入了最为艰巨的深水攻坚阶段，原则上不允许提前达标验收；已申请并通过验收的，2020 年统一“回头看”；2020 年验收通过以后定期组织回头看，确保长久实效。

2. 聚焦新型农业经营主体培育扶持，大力发展规模化

精准扶贫离不开产业自身的发展，产业的壮大必须依靠新型经营主体带动发展适度规模化经营。建议以扶持新型经营主体为抓手，进一步加大财政资金投入，明确资金用途，提高资金使用效果；重视培育扶持新型经营主体，提高其发展能力，增强其带动能力；切实加强农经队伍建设和服务职能发挥；注重财政投入对社会资本的撬动作用；督促有关各方切实兑现支持新型经营主体发展规模经营和带动贫困户的奖补措施，完善土地流转、财政补贴、税收优惠、金融扶持等一揽子配套政策措施；促进人才引进与交流提高，切实提高贫困农民生产积极性。

3. 下大力气搞好农业生产性服务，发展农业生产托管

加强基础设施、信息和研发平台建设，做好先进生产技术的研发、引进和推广，加强技术指导培训；扶持新型经营主体围绕种、养、储、加、销等环节制定统一标准和风控机制；加快全国农业信贷和农业资产评估体系建设，支持开展农村承包土地经营权、农民住房财产权抵押试点；加快建立全国农业信贷体系和农业资产评估体系，建设政府、新型农业经营主体、贫困户、银行、保险“五位一体”制度体系，推进商业性农业保险，多渠道解决新型经营主体融资难的问题；推进土地、资金和生产资料等的托管业务规范化。

4. 重视精神层面的扶贫脱困，努力实现素质同步提升

习近平指出，既扶贫又扶志，调动扶贫对象的积极性，注重扶贫同扶志、扶智相结合。调研中遇到很多对脱贫认识错位、精神与经济发展不同步的例子。在扶贫工作中要充分重视和采取有效措施努力改变贫困户、甚至非贫困户原来那种“等、靠、要”和“以贫为荣”的局面，要保证政府扶持政策操作落实过程中的公平公开、科学评价、宣传教育和舆论监督并重，要及时合理地调整扶助政策措施以避免过分聚焦重叠而引起新的不公和矛盾；同时对低收入户进行帮扶带动中要注意社会主义核心价值观的宣传和精神、教育、价值观层面的帮扶，努力实现低收入户、贫困户由“要我脱贫”向“我要脱贫”的有效转变。

5. 梳理整合涉农财政项目资金，打出多措并举组合拳

2017 年仅国家层面就有 40 余个农业扶贫开发财政项目，针对农业扶贫项目涉及财政、发改、科技、扶贫、开发、国土、水利、交通、教育、宣传、文化、林业、农业等 10 多个业务部门，从国家层面搞好顶层设计，进行梳理整合；总结第一书记带动扶贫的经验做法和积极成效，加强宣传推广；鼓励各地立足自身资源优势、交通地理环境与经济发展水平，因地制宜、有区别地集成电商扶贫、信贷扶贫、旅游扶贫、光伏扶贫、就业扶贫、智力扶贫、人才扶贫、搬迁扶贫等政策和措施，打出富有针对性和节本增效的精准脱贫组合拳。

6. 营造脱贫攻坚与日常工作“两结合、两促进”的氛围

十八大以来，脱贫攻坚成为全面建成小康社会的底线任务，被纳入“五位一体”总体布局和“四个全面”战略布局，已形成各行业各部门广泛参与、全社会全方位聚力扶贫格局。但是，切忌工作中的因扶贫而扶贫、运动式扶贫、填表式扶贫和过场式扶贫，要努力营造务实工作的氛围、制定务实扶贫的对策、达到务实脱贫的效果，鼓励紧密结合单位实际业务工作需要，坚持目标导向，落实长效措施，做到脱贫攻坚和日常工作“两结合、两促进”。

五、扶贫攻坚的未来展望

党的十八大以来，在以习近平同志为核心的党中央坚强领导下，全国已

经形成各行业各部门广泛参与、全社会全方位聚力扶贫攻坚之势，已经书写了和正在书写着伟大恢宏的扶贫脱贫壮丽历史篇章。

随着脱贫攻坚进入“攻坚拔寨”阶段，我们要全面总结扶贫脱贫伟大成就和重要经验，客观评判并深入审视客观存在的问题，聚焦保障2020年全面脱贫伟大战略目标有效实现完善政策措施。

让我们深入学习贯彻落实习近平扶贫思想和党中央扶贫攻坚总体战略部署，把脱贫攻坚作为实施乡村振兴战略的一项重大任务，提高脱贫质量，坚持稳中求进，坚决落实“核心是精准，关键在落实，确保可持续”的要求。

第二节　朴实勤奋的乡村一家人①

2019年正月初三，是奶奶75岁生日。每年的这一天，是我们这一大家子在老家大办宴席的时候。这一天，奶奶的儿女子孙们全部聚齐，奶奶的弟妹哥嫂也定会亲自或安排子女过来拜年祝寿。这一天，比大年三十还要热闹。

奶奶75岁了，比祖国母亲年长5岁。奶奶从记事，到长大，然后嫁到我们家来，生儿育女，将6个儿女养大成人，再到看着他们结婚生子，现在有的孙儿辈也开始成家立业有了小孩，奶奶在这片土地上生活了七十多年，见证了新中国七十年来的繁荣发展，也见证了现代农村翻天覆地的变化。

比起去收集调查问卷，笔者更喜欢听奶奶这一辈的人讲故事。数据留在纸上，但故事我们总能记一辈子。

一、地地道道的农民

据说我们祖上是书香门第，高祖父是饱读诗书的秀才。古代用繁体字，“马”字脚底下是有四点的，现在简化成了一横。当年高祖父参加科举考试，写“马”字时就是加的一横。考官认为错了，给扣了分，高祖父一气之下，

① 本节作者钟子昕(中国农业大学经济管理学院)。

放弃做官，携家带口，乘一叶扁舟，从湖北南下湖南，回到了老家益阳。高祖父弃文归田，也不提倡自己的子孙后代读书，自此，爸爸上面的几代人都是农民，笔者的爷爷就是地地道道的农民。

爷爷和奶奶在那个年代读了高小，相当于现在的初中。在当时的农村，爷爷奶奶的文化程度算是很高的了。爷爷奶奶有六个孩子，四男二女。在温饱都难以解决的年代，送子女读书筹集学费是一件很难的事情，尤其是在落后的农村。若只是依仗土地种菜种田，只能满足一大家子人的温饱，想要有余钱是很难的，爷爷奶奶就想方设法挣钱。

那时候买一条船要花两三百块钱，他们省吃俭用凑足钱买了一条船。白天种地，夜里捕鱼，一晚上只睡几个小时。笔者曾问奶奶夜里没有灯光怎么看得见，她回答说，靠月光和一盏煤油马灯。没经历过捕鱼的小孩可能觉得捕鱼是一件多么有趣的事情："夜半三更，满天星光，泛舟江上，收获满满。"事实上，捕鱼是一项苦差。乡下蚊子多，尤其到了晚上密密麻麻，还跟着人跑，夜里捕鱼就等于在船上喂蚊子。但要将这么多的孩子养大成人，爷爷奶奶只能不怕苦、不怕累、不歇气地做事。

打一晚上的鱼可赚几十块钱，这在当时是不少的收入。不过捕鱼也不是一年到头都有的业务，是按季节来的，每年也就几个月有捕鱼的收入。后来家里生活慢慢好了，不再迫切需要打鱼的收入，那个渔船也就搁浅不用了，再后来就给卖了。现在江中的鱼不似几十年前那么多，江上打鱼的渔民也少了，偶尔能看见一对老夫妻划着小船捕些虾米和一些从城里来的过垂钓时光的人。图 6-3 为现在的资江河一景。

由于爷爷读了点书，在大队红砖厂兼着一份会计的职务，是算工分的，这就又比很多普通的农村人多了一点额外收入。奶奶在附近的镇上看到制衣厂里有人做裁缝，她便看着学，也花了几百块钱买了一台缝纫机。有了缝纫机便可以接活做，那时候做一个书包袋子几分钱，做一条秋裤不到一毛钱，奶奶一有时间便坐在缝纫机前踩线，硬生生把缝纫机的本钱给赚了回来。家里人的衣服、书包都不用花钱买，奶奶都可以自己做，为家里节省了一笔很大的开支，除此还能帮邻里亲戚缝缝补补，农闲到镇上厂里接点外活也能补贴家用。那个时候根本没条件让奶奶专门去学缝纫，奶奶要做农活也没功夫去学，不像现在小孩大人想学什么都可以上兴趣班。奶奶从小要干农活，出

图 6-3　现在屋后面的资江河

嫁以后，也是干不完的农活，还要拉扯孩子们长大，她的缝纫技术是站在别人旁边看会的，再加上她自己肯动脑筋肯摸索。

子女读书的学费凑齐后，还富余一些钱，爷爷便买了一头母牛。母牛除了犁地，长大了还可以生出小牛犊，小牛犊长大后，如果是母的，又会生出一堆牛来，牛便越来越多，遇上好价钱，就把牛卖了换成钱。养活这么大一家子人实在不易，八张嘴巴吃饭，但通过爷爷奶奶勤劳的双手，苦日子总算是熬过来了。虽比不上城里富裕人家，但在乡下也是很体面的一家。

二、将儿女送出农村

农村一直有“种粮食不如种经济作物，种经济作物不如种蔬菜，种蔬菜不如去打工”的说法，纯靠种田收入太低了，要想很多其他法子才能改善生活。那个时候交通信息没有现在发达，农民安身立命的东西就只有那一亩三分地，爷爷奶奶能想那么多办法挣钱实在难能可贵。老一辈人坚守在黄土地上生活，一辈子吃了不少苦，他们便开始有了一个信念——要将儿女送出农村。

现在奶奶的儿女们都离开了农村，老家就剩下奶奶和大伯母（一名退了休的农村小学老师）。大伯父落得清闲，在城里找了一份保安的工作，买了社保，老年也没了后顾之忧；二伯父在城里做销售，买了房，安了家；笔者的爸爸排行第三，在城里当大学老师；叔叔在广东创业混得也不错；两位姑姑也都在城里安了家立了户。

爷爷奶奶的几个儿女中，属爸爸的学历最高，那个年代研究生不多，没有家庭背景的爸爸完全是靠自己考研究生走出的农村。其他几位伯父、叔叔和姑姑都完成了义务教育，并且大都读完了高中。那个时候农村收入微薄，孩子不爱读书或者没考上大学不想读了的，早点出来打工挣钱或在家帮忙做农活也是好的。大队很多人家看家里负担重，早早地就不让孩子读书了。爷爷奶奶很开明，把选择权留给了孩子，如果孩子们想读书，爷爷奶奶就想办法供，不至于让孩子将来后悔。多年后在广东工作的叔叔因为没有大学文凭，遭遇了职场天花板，只好自己办厂创业。他后悔当年没有选择在学业上更进一步，所以现在特别重视对孩子的教育培养。

因为爸爸是从事教育工作的，在教育这方面他比较有话语权。爸爸的理念是：一个家庭不见得要赚多少钱，孩子的教育才是最重要的，小孩培养得好，家庭的未来才会好，家长们要言传身教，做出好榜样来。家里人都很认同爸爸的理念，很重视教育。现在笔者的哥哥姐姐们都大学毕业了，弟弟妹妹们接受着最好的教育，尽管学费很贵，但一定会提前给他们准备好。小孩们对什么方面感兴趣，大人们也都愿意培养他们的兴趣。大人们每周还会轮流腾出时间来带他们一起去市图书馆看书。在小孩面前，大人们总是尽可能地做出好榜样来，比如不在小孩面前玩手机之类的。到目前为止，大一点的孩子工作生活不用操心，小一些的孩子各方面都很不错，他们的未来都充满着希望。

三、回乡的路

奶奶一年一年地老了，而爸爸那一辈人事业已基本稳定，我们这一辈人也不用操心，家里越来越注重亲情的维护。爸爸那一辈人隔三岔五就会回老家看望奶奶，带一些城里的新鲜水果和各种吃食回去，傍晚时分，再准备些奶奶菜园子里的菜带回城。大家把各自摘的菜装进各自车的后备厢中，不急不慢，悠悠闲闲地整理好，然后一一与奶奶道别。一辆一辆的小车开往城市，没有什么离别的伤感，想回来时，很快又可以回来。一条连接城乡的宽阔大道，将归家的路从两三个小时车程缩成了半个小时。

儿时的记忆里，回老家的感觉一点儿也不像现在这样悠闲自在。早些年，家里只有一辆伯父用来做生意的微型面包车。说来也是一段记忆，当年伯父为了方便开车回家，专门修了一块小的停车坪，用现在的话来说，就是“私人停车场”了（图 6-4）。回乡下时，时间若紧张，大家得提前到伯父家上车。七座的面包车，挤 11 个人是常有的事。那时候孩子们小，占的空间也小，我们尝试过往车里强行塞下大人和小孩共 14 人（超载行为，切勿模仿）。幸好我们很快就到了没交警的乡下小路，伯父没被罚过款。说起走乡间小路呀，那更是一把鼻涕一把泪。在狭小的空间里我们经历各种颠簸，因为路太窄，车子还要频繁会车，若是对面来了个新手司机，高难度会车动作要折腾好一会儿。车子走走停停，回家的路漫长而艰辛，下车时，大家都腰酸背痛。

图 6-4　为了方便经常回家停车，伯父专门修了一块小的停车坪

其实在伯父家有面包车时，家里条件已经改善了。笔者上小学时，家里没有车，回一趟老家更加艰辛。若不是逢年过节，我们几乎都不回去，每次回去要隔个一年半载。回老家了，我们先坐一两个小时的公交车去市里的汽车枢纽站，然后在枢纽站里换乘回乡下的长途汽车。笔者记得当时长途汽车票价比公交贵很多，逢年过节还会涨价。长途汽车的座椅是木制的，没有弧度，硌得疼，我总要枕在爸爸妈妈的腿上才能睡着。车子质量一般，加上路也不好，车开得快时，车身晃得剧烈，中途总有人下车方便或者晕车呕吐。

图 6-5 准备带去城市的蔬菜

也不知是绕了多远的路，晃晃悠悠状态下，笔者迷迷糊糊地就睡到了目的地，大半天都在路上耗费了。下了车我们会马上见到挑着扁担来接我们的爷爷，强壮的爷爷帮我们把大包小包挑运回去。到家了，太久没见面的亲友们会很激动，小孩却似乎有些怕生，木木的。离别时，大家难舍难分，小孩子们哭声一片，才熟悉就要分开，下一次见面又不知到了什么时候。

爷爷又是挑着扁担，帮我们把大包小包送上车，包里的东西换成了乡下的蔬菜瓜果和鸡禽鱼肉（图 6-5）。倘若车子还未发车，我们会抓紧时间和爷爷多说几句；倘若车子发动了，爸爸妈妈中选一个人守行李，另一个就会陪我跑去最后一排隔着玻璃与爷爷不停挥手告别。爷爷会站在那里目送我们远去，我们也会在最后一排望着爷爷消失，眼里噙满了泪花。

四、人与人之间的距离

对比那时候的日子，现在的生活真是幸福呀。笔直的水泥大路，极大拉近了亲人们的距离；普及的小汽车，极大增加了亲人们团聚的频率。

不过，笔者也时常会怀念挤微型面包车的岁月。和爷爷奶奶道别后，亲人们还没散，还可以在车上继续聊天，告别爷爷奶奶的伤感很快淹没在谈笑声中。两辈人挤在狭小的空间里，心灵的距离也拉近了。

现在，筵席结束各回各家，从上了自家小车开始，大家就分开了。笔者曾一度为这个而伤感，妈妈安慰说：“这样多方便啊，舒舒服服地回自己家去，也不用再挤一辆车，想见面时随时可以再约呀。”对啊，下一次再约嘛。然而就好像小孩手里的一颗棒棒糖在最后只剩一点点的时候掉到地上不能吃了，妈妈答应下次再买，小孩觉得得到了补偿也不会再哭闹，但总还是会频频回头看看地上的那颗糖，对它依依不舍，念念不忘。

笔者常常在想，现代人为方便有意无意地拉远与他人的距离。三毛曾描述到：过去的小村庄，几十户人家，大门敞开，邻里常相互串门走动，亲如一家。现在村庄的小房子纵向堆成了高楼，高楼里的房子房门紧闭，邻居之间鲜有交流。这样隐私是保护了，却少了些人情。不过，我们这一大家子和邻居又不太一样，我们是有血缘关系的亲人，上了自家车后自然还是会联系，在微信群里马上就可以聊天，只是，不是面对面交流往往在交流效果上大打折扣。

这样一想，我们这一代小孩也挺孤独的。一个家庭通常只有一两个孩子，尽管爸爸妈妈说：“你们可以搞好关系，亲如亲的兄弟姊妹。”但亲的兄弟姊妹哪有不一起吃饭，一起睡觉的？农村小孩似乎还好点。乡下大门敞开，一大家子一起用饭，小孩子们可以常一起玩，不用去敲门问“你在不在家?”，打电话问“你有没有时间?”，直接上门找就是，大家都没什么隐私。

俗话说：“老小老小”，老人和小孩挺像的，情感细腻脆弱些。奶奶现在只有一个人了，奶奶的孩子们都在城里混得不错，但奶奶就是不愿意去城里生活，宁可一个人，也要留在乡下。她觉得乡下更自在，到了城里，仿佛被关进了钢筋水泥般的笼子，失去了“自由”。有研究表明，农村居民的幸福感普遍高于城市，因为农村居民之间的交往更加紧密。每每返乡，我都深有体会。

五、我们的根在农村

我们这一大家子是时代洪流下的一个平凡而普通的小家庭，为新中国的社会主义建设奉献着绵薄的力量，同时也享受着时代发展和乡村振兴带来的红利。家乡的路越修越宽（图 6-6 至图 6-8），它是久居城市的人心里念念不忘的归家路，是农村小孩去城里接受优质教育的希望路，是农村青年奔向城市打工赚钱的致富路，也是新中国千万条道路里头的惠民路，更是我们实现社会主义现代化强国的振兴路。

图 6-6　乡间的路

图 6-7　家后面硬化后的资江大堤

图 6-8　连接城乡的大道

国家统计局数据显示，2018 年末，我国的城镇化率已从 1978 年的 17.9%提升到了 59.58%。随着城镇化的进行，城镇化吸纳了大量农业转移劳动力就业，推动了国民经济持续快速发展，带来了社会结构的深刻变革。尽管越来越高的城镇化率，中国现在仍然还是一个农业大国，中国仍有 40.42%的人口户籍在农村，而剩下 59.58%的人的血管里头，大都流淌着农村的血液，流淌着勤劳朴实、艰苦奋斗的劳动人民的血液。大多数城镇人口的根在农村，笔者的根也在农村。

正因为爷爷奶奶当年的日日劳作，爸爸妈妈才有希望接受高等教育，我们才有今天如此幸福的生活。爷爷奶奶外公外婆不只是奉献者和牺牲者，他们是勤劳伟大的创造者和用双手致富的人。他们曾经经历过的苦难岁月不应该随着岁月的流逝而被遗忘，更不应该随着生活条件的改善而被淡化，他们的故事应该被后代永远记得。

第三节　故土故乡与新家新城[①]

七十年大国雄风正崛起，七十载乡村土地尽丰收。小小的山野乡村，见证着祖国腾飞带来的农业飞速发展；虔诚的农大学子，在回忆中书写着那片土地的赞歌。

——题记

一、姥姥说

喜欢在姥姥家门口的柳树荫下听姥姥讲故事。

“你妈妈有福气啊，一出生的那年，大队（生产队）刚好就有小米分了，就没饿到……”每当讲起那个年代的故事，姥姥记忆最深的莫过于整个村子的人都一起劳动挣工分。母亲出生于20世纪70年代，那个时候的国家像一个染了风寒的病人，浑身无力却又额头滚烫，乡村的农业也跟着病恹恹的，吃饱饭成了姥姥那辈人的追求。那个时候种的土地是集体的，使用的机械是集体的，所有生产资料都是集体的，当然，挨饿，也是集体的。姥姥说，榆树叶比猫爪菜好吃。或许有的人觉得野菜确实别具风味，甚至称得上可口，可是，是否想过把它们当成每天每顿饭的主食吃上个三年五载？是否想过把树皮剥下来晒干磨粉做成食物？是否想过人和牲畜吃着同样来自山里的野草当作主食？我尝过野菜馍馍，那口感，如果想要用来教育我们这些象牙塔里的学子忆苦思甜的话，再合适不过了。

姥姥说，种下门口那两棵柳树的时候，村子里的人家都是吃大锅饭的。大家挣工分，按工分分粮食，很多人磨洋工混工分，地怎么可能种的好呢？地收成不好，哪里来的粮食分给大家。其实，那个时候土地生产效率不高，除了大家劳动积极性不够外，硬实力的不足，才是最无法改变的。姥姥说，

① 本节作者马新春(中国农业大学工学院)。

那时候全队才一辆拖拉机，会开的也仅仅一个人，因此，他可以获得更多的工分。全队也仅仅一头驴子，瘦的都没有现在的绵羊大。那时候的劳作模式，是全程人工，完全没有机械。播种时，前面一人牵着驴子充当动力输出，后面一人扶犁开沟，而后是播种者，施肥兼培土者。而且，单行作业。这就是那时候的农村，这就是那时候大量劳动力劳作却见不到劳动成果的农业。

姥姥说，从母亲出生之后，村子的制度变了，土地承包到自己手里，多劳自然是多得。那时候，没有"鼓足干劲把活干"的口号，却有了人人撸起袖子热火朝天奔前方的干劲。开荒地，买牲畜，每家每户都在为自己的日子精打细算，拼命干活。村子里的牲畜渐渐多了起来，每家每户的粮食渐渐充盈起来，小学办了起来，可是能够读几年书的人屈指可数。那个时候的国家像是个大病初愈的青年，一心想着努力站起来，向前奔跑。可毕竟是刚刚病愈，健硕如初还是需要时间。国家这辆大车在向前奔驰着，河北山区里的那个小村子也在向着更美丽的明天挺进，焕发出蓬勃的朝气。

姥姥相信，日子会一天天地变好，就像门前那两棵泛青的柳树，向着广阔的蓝天昂首挺进。

二、妈妈在

妈妈总是在忙碌着。

从柳絮纷飞的初春，到草木葱茏的盛夏；从瓜果满架的后园，到稼穑青青的田间；从我还是朦胧回忆的幼稚孩童，到成为可以提笔书写的飒飒少年。妈妈的身影忙碌在每一处可以劳动的地方，妈妈的双手抚摸过每一寸孕育着希望的土壤，妈妈在忙碌着，妈妈在为了这个家庭不停忙碌着。

21世纪的中国是一条腾飞的巨龙，吟啸九天，扶摇直上；巨龙的脚下有一个安宁平静的山村，在传统农业工具与新兴农业机械的交替中稳步向前。

妈妈在耕田。初春的风还带着北国山区的丝丝凉意，未明的天空下就有了许许多多忙碌的人影。很小的时候，妈妈就把我带到田间。爸爸在外打工，家里的农活，就落在了妈妈肩上。我模糊的记忆中，有一片火光，那或许是烧田边荒草的火焰，温暖了初春微冷的晨光。妈妈在一片朦胧中忙碌着。手中的锄头上下翻飞，初春，要把田里的玉米秸秆残茬刨出，把地翻整，等待着清明前后的播种。玉米残茬是最大的麻烦，总是靠妈妈一锄头，再一锄头的刨出，瘦弱的身影忙碌在初春的清晨，妈妈在耕田。后来，那又是一个柳絮飘飞的季节，听说坎上的大伯家接了一台翻地机（小型旋耕机），村里人都稀罕这物件，可是除了伯伯家没有第二家敢用，都觉得不如自己刨地好，收成可没有保障。妈妈在耕地，依旧是在晨光熹微的初春，豆大的汗珠顺着妈妈的脸颊迎着刚刚升起的阳光流下，滋润着一寸寸妈妈亲手翻过的土壤，仿佛妈妈他们认为，只有自己动手翻过的地才能养育肥沃的庄稼。那一年，伯伯家的地没有减产，那一年，全村都在议论这个铁家伙。门前的柳树又发芽，这一年的晨光里不见了妈妈和其他乡亲们的锄头，只有一个伯伯驾驶着翻地机往来其中。村子的农民开始接受机具，村子的农业开始向机械化转型。

妈妈在播种。妈妈一个人播种，可以胜过姥姥那时候的三个人。在布谷鸟欢唱的季节，在春雨滋润过大地之后，在世间万物准备睁开睡眼迎接这个孕育着蓬勃生机的大地之时，妈妈在播种。妈妈的播种不再是姥姥那时候的“三人一行，一天两亩”，简单的自动播种机已经悄悄地在村子里普及了起来。如同犁一样简单的播种机，可是庄稼人的手中宝。一人引牲畜，一人扶机器，播种施肥，如同散步。开沟齐整、播种均匀；基肥适量、覆土紧实。一行过而诸事清，两人作而百亩平。村民或许不知道科技解放劳动力，但是他们知道播种机提高了种地效率，提升了播种质量。乡亲们愿意接受机械，喜欢了解机械，乐于使用机械。这是乡村耕地前进的一小步，更是中国农业生产机械化前进的一大步！

妈妈在和我说着姥姥说过的老故事，那些艰苦心酸的日子却让人们更加坚强；妈妈在田间耕作着姥姥耕作过的土地，孕育着丰收的春风吹绿了一年又一年的禾苗；妈妈在教导着这个执笔乡间的后生，学习知识造福家乡的愿望就在门前的柳树下生根发芽。

妈妈在忙碌着，因为小小的家庭在向前奔走；祖国在忙碌着，因为腾飞的巨龙必然翱翔云间。日子蒸蒸日上，国力与日俱增，就像门前浓密的柳叶，生机勃勃……

三、我看见

“三尺龙泉万卷书，天生我才意何如。”古人说，读万卷书，行万里路。

可是古人没说行万里路之后要做些什么。生于乡村，求学他乡，学生不才，却也读书不辍，学习科学文化知识；亦曾行路万里，寻找人生的方向。那年盛夏，摇曳风中的柳枝将这个学生送进了他憧憬许久的大学，“解民生之多艰，育天下之英才”这滚烫的十二个字像是烈烈骄阳深深地烙进了那颗年轻朝气的心灵，那学生，也就是我，知道，这里就是根，这里就是和家乡最为密切的学府。

从乡野山村农家子弟，到象牙塔中求知学子，我曾经迷糊、迷茫、迷失了自我，走得太远忘记了最初的目标；幸好，门前的大柳树总会在最关键的时刻提醒我自己是谁。门前大柳树的郁郁树荫仿佛是一个电影幕布，叶影斑驳中，我看见，懵懵懂懂的孩童在认真聆听着姥姥讲的老故事，眼角泛起了一丝丝晶莹的星光；我看见，影影绰绰的初春清晨一个瘦弱的背影在不停耕耘着田地，旁边的少年暗暗攥起了拳头；我看见，大柳树的枝条又泛青绿。离家太久，会感到迷茫，不妨，回家看看吧。

从求学以来，九年的时间在外漂泊，每每放假，总是迫不及待地飞驰回家，想看一看大柳树下的老家。

我看见，初春的东风中已经不见了畜力翻地人力播种，大大小小的手扶拖拉机和自动播种机在田间工作；深秋的晨霜上行驶着满载而归的运输车，各色各样的农作物在短短几天中便收获完毕。我看见，河下的村子外支起了一台秸秆打包机，四周堆起了小山高的秸秆块。我看见，村口的伯伯家添购了一台脱粒机，每到入冬便轮流为大家打玉米。我看见，坎上的伯伯家换置了大功率的旋耕机，以便农忙时可以提高工作效率……我看见，家家户户都习惯了农机的利用，山村的土地进行着一场看不见的革命，原来需要干十几天的农活，都在短时间内就高质量完成。

我看见，家乡大片的平坦地不像以前一样各种作物五颜六色、参差不齐，而是统一播种，整齐作业。我看见田间劳动力大多是女人与老人，却也不误农时，不减农产。我看见，还有一些土地草比苗高，仿佛无人打理。我不能再等待，我不能再沉默，我带着老师给的问卷，抓住了回乡调研的机会，一户一户地走访了两个村子。我看见，好多户商家承包了大片平地，统一种植；我看见，好多户农家男人不再务农，只靠女人和机器在田间；我看见，好多人家搬离村落，每年草草地种下田便不问。中国在飞速发展，农村在向着大城市靠拢，农业该何去何从？老支书说，现在已经没有年轻人种田了，村里的田又以山地坡地居多，大型机械根本没法使用，农业大户也整不起来，土地不能荒了啊！看着老支书焦急而又落魄的神情，我的心久久刺痛，一直埋头苦读于象牙塔的我，口口声声农业农机的我，却不知道家乡的农业竟然面临着无人继业的窘境。然而，我低头一看，我，这个即将出学的学生，难道不是新一代农民吗？为什么我就不可以接手土地，开展新农业呢？何必面朝黄土背朝天，新时代的新农民，在学校的所知所学不就是为了可以将来有一天用在我热爱的这片土地上吗！

我看见，中央每年的头号文件必是关于“三农”；我看见，国家下发的农机补贴和种植补贴都大大刺激了农民购买机具；我看见，国家许多地方已经开始了土地管理的新模式尝试。我看见，祖国的农业也随着巨龙的腾飞而不断发展，或许我们会面对这样那样的问题，但是，七十年来我们农村的进步从未止息！而未来，我们更会加快步伐，发展适合新中国的强盛农业，因为，我看见，门前的柳树生机蓬勃。

我看见，村子的农业正在慢慢转型，机械化逐步普及的同时，土地制度也在悄悄露出了调整的苗头。我看见，东方巨龙正在昂首吟啸，百年大国已然崛起！就像门前茁壮的大柳树，枝繁叶茂。

三代人的农心传承，乡村农业已然振兴；七十年的不懈奋斗，泱泱中华傲然崛起；近百年的筚路蓝缕，华夏子孙昂首立世！姥姥说，是党和国家给了大家土地让所有人吃饱了饭；妈妈说，是党和国家给了政策让农村发展富饶；我说，是党，给了我们一个富强的国家，是国家，给了我们一个强盛的时代。这样的时代，该由我们每一个昂扬向上的中华儿女去铸就辉煌！

第四节　见证成长的村落变迁印迹[①]

“和谐村”是坐落在西北黄土高原上的一个小村庄，村落一隅生长着一棵

① 本节作者马如琳(中国农业人学经济管理学院)。

高大的杨树，它高高地屹立在这高高低低的村舍群中，俯瞰着这里的一切，无数个春去秋来，四季更迭，村里的人们见证它的成长，它也见证这里发生的一切变化。

当它还是一棵幼苗的时候，它孤零零地在这个角落里看着一切，它看见了这个布满坎坷的凹凸不平的路上发生的一切。在颠簸中缓缓前进的三轮车，在松软的黄土路面上压出了一道道车痕，轮胎与地面的摩擦带动起一阵黄沙，夹杂着被挤压溅起的小碎石，击打在路旁小坑里它的嫩叶上，完整嫩绿的叶面上出现了残缺。

车厢里坐在母亲怀里的小孩皴裂的红脸蛋随着车的颠簸晃动，手里紧紧攥着从集市里买的几颗糖果，母亲则用一只历经沧桑的手抱着怀里的小孩，布满老茧的另一只手紧紧抓着一个被棉布层层包裹起来的竹篮，里面装着去集市卖剩下的几颗自产的土鸡蛋。他们紧紧地看着前面的这个难走的陡峭上坡路，为坐在驾驶位的人捏了一把汗，三轮车也感到艰难，排出浓厚的黑烟，吃力地呻吟着。

骑自行车上来的外地卖货郎放弃了挣扎，干脆从车上下来，推着自行车，载着车架上满满当当的小货品前进。后面跟着几个小孩拿着捡来的废纸箱卖，挣来的零钱来换一些类似于弹弓、皮筋的小玩意儿玩。

是的，白天还好，有各种声音陪伴着它，到了晚上，整个世界又剩下了它孤零零一个，这条路上静悄悄的，不见一个人影，唯有天上的点点星月与它共度这漫漫长夜。它静默地等着，终于等到了凌晨早起的人儿们一脚高一脚低地打着忽高忽低的手电筒发出的昏暗的光点，它知道，这些孩子们要这样走上将近一个小时，去往一个有着几间破旧教室，用砖头围起来的土院子里插着一杆红旗的叫作“学校”的地方，这样一来它就不寂寞了。

天气晴朗时，这条路被喧嚣的机动车碾过的车轮以及熙熙攘攘的人群踩过的鞋底弄得尘土飞扬，遇到雨雪天，路上的黄土被雪水或者雨水搅得稀巴烂，这时候路上就不会再有漫天飞舞的黄土了，取而代之的是一路的泥泞，裤脚帅气的泥巴跟零星几朵盛开的雨伞。下雨或者下雪天路上一般不会有人出来的，有的话也只是出来农忙或者赶集回来正好赶上坏天气的大人们以及那些不得不去上学的孩子们。没有任何防备的大人们只好拖着被泥水浸湿的鞋子，为了防止脚底打滑，小心翼翼地前进着；背着书包的孩子们穿着的雨胶鞋，经泥巴包裹后显得十分笨重，每次前进都要把陷进泥坑里的那只脚拔出来，然后在找准位置把另一只脚放上去，出门时还干净的衣服，不一会儿就洒满了大大小小的泥点。

日子就这样一天天地进行着，这棵杨树也渐渐长大，直到有一天，几个戴着眼镜的文化人来到这里，挨家挨户地进行走访，一边问话，一边拿着纸和笔记着，听到整个村子的未来发展前景，村民的脸上露出了灿烂的微笑。

也是从那时起这个村子开始慢慢地发生改变。

杨树一旁的好几亩庄稼地上开始建起了几座洋楼，宽敞明亮的大教室，崭新的桌椅，光滑的黑板，平整的水泥地中央高高竖起的五星红旗，这里的孩子们再也不用花将近一个小时的时间走去隔壁村上学了，从此这棵杨树总会听到从学校里传来的琅琅读书声，清脆的打铃声以及下课后孩子们爽朗的笑声；那些年久失修的老房子的土墙在多年的风吹雨打中裂开了好几道裂缝，这种不得不靠木桩抵着来防止倒塌的危房，在政府的补贴鼓励下都被拆掉了，在那座废墟上盖起了结实亮堂的红砖瓦房，村民们的脸即使在雨雪天也舒展开了。

杨树又长大了，从树根分长出的树杈开始变得强壮，茂密的树枝足以撑起一片荫凉。树下开始出现了乘凉唠家常的人，聊着哪家的补助金下来了，今年村委会又给每个农户发放多少农业补贴……一切都在悄无声息地发生着变化，眼前这条饱经风霜的土路也似乎是时间改变了！

终于，浩浩荡荡的工程队来了，在政府的补贴跟组织下，每家每户分工摊钱，开始改造家门口这条坑坑洼洼的路了，水泥，砂石，铁锹，水管，水槽……忙忙碌碌了几个月，这条路发生了翻天覆地的变化，平坦宽阔的大马路，两旁有着用水泥筑成的水渠，村子一下子变得干净整洁了，路修好了，干事情也就方便了，再也不用担心雨雪天气阻碍前进的步伐了。

俗话说“要想富，先修路”，果然，这条路建好之后，关于钱财商品交易的频数提高了，人们开始找到了新的发财之路。村里的几家先富人群最先利用起了这条宽敞的路，买了几辆小车，开始跑起了运输，将村子与县城连接起来，买东西也就方便了，沿路的村民乘着自己的优良地段，也在门口开起了杂货铺来零售一些生活用品，于是村子里的小商铺开始多了起来，打这条路经过的车辆也逐渐增多，整个村子开始活跃起来了。

时间继续推移，杨树也从细小的树苗变成更高更茂盛的大树。杨树成长了，村子里的人们也随着在时代进步与社会发展的脚步成长了。自打小学到高中都免学费后，村子里闲逛的青少年减少了，大家一起组队去读小学，去镇里读初中，去城里或市里读高中，这个小村子里终于也出了好几个去往外面大城市上学的大学生。从踏上求学之路开始，他们一直在跟城里的孩子们比赛，然而事实是他们不光输在了学习的起跑线，连长身体也落后于别人：由于不怎么在意营养跟饮食，这里的孩子们普遍瘦小。但是总有一些人在默默关注着这些较为弱势的群体，在某一天的早上，学校里的孩子们每个人都获得了一份免费的牛奶，鸡蛋跟面包，老师告诉他们，以后他们每天都有这种免费的营养早餐。那些早起忘带早点的孩子们每天都可以准时准点地吃上补充营养的早餐了，果不其然，几个月后，孩子们都相比以前变得更强壮，个头长得也更快了。

全国掀起的广场舞热潮终于刮到这个偏僻的小村落了，为了好好利用这晚上的空闲时间来丰富文化生活，在政府的建议跟扶持下，杨树边上的一片空地被改造成了一个小型广场，还增添了几个健身器材跟长凳。白天，无聊的人们在这边唠唠家常或是闲坐在这儿，看着马路上的车来车往。到了晚上，安静的村子开始热闹起来了，放学回来的孩子们带着自己的小玩具在这里玩耍，农忙回来的大人们吃完饭后，也会相约在这，大家一起和着音乐，跳着广场舞，直到夜深，玩得尽兴了，才散了去。

杨柳树最惧怕的幽静夜晚一下子变得热闹非凡，昏黄的路灯下一片快乐景象，人民的文化生活逐渐丰富起来。

村子里的大人们在政策的支持下也开始做一些非农业的工作了，增加的收入不仅改善了他们的基本生活，也造福了他们的孩子。孩子们的物质生活不再像以前那么匮乏，至少可以在电视上看到外面的世界，有些收入好一点、思想开明家庭的孩子偶尔还会有机会跟着父母从这座村庄出去看看外面的生活，接触到一些新的人物跟新的事物。

随着时间的流逝，这棵杨柳从一个在不起眼的土坑里冒出的幼嫩小树苗苗壮成长为高大茂盛的大杨柳树，屹立在这村的主心骨旁：这条令人骄傲的宽敞大马路边；它处在这家家户户中间，俯瞰着这里的一切，也见证发生在这里的一切：眼前的这条脆弱的坑洼土路终于褪去了千疮百孔的破旧布衣，穿上了坚固厚实的水泥外套；落后贫穷的小村庄逐渐发展起来；物质匮乏的人民生活逐渐富裕起来，输于起跑线的农村教育也开始奋起，努力地去追逐遥遥领先的城市教育；缺乏物质营养跟精神营养的孩子们也开始前进，他们通过各种渠道看到了一个更好的世界应该是怎样的，他们也相信获得了物质营养，精神营养也不远了，越来越多的人走出去，越来越多的新文化涌进来，在这里他们看到了希望。

杨柳仍然屹立在这个村庄里，这片希望的土地上，它伸展它的“四肢”，努力地向上够，它还想长得更高，这样它才能看得更远，它才能看到这个村子更加美好的未来，看到更多的农村家庭发生振奋人心的变化，看到更多的年轻人走出去学习更多的知识，看看外面更加广阔的世界，它还想看到更多……

第五节　期待百年梦圆乡村①

乡村富则国富，乡村振兴则国振兴，“三农”问题的重要意义不言而喻。要实现我国乡村的振兴，就必须实施乡村振兴战略，这不仅是顺应新时代中国特色社会主义的社会主要矛盾变化提出来的要求，更是党中央站在全局角度通过多年探索而得出的宝贵经验；它不仅符合时代发展的要求，更体现着农民对新生活的殷切盼望，也是我国全面建成小康社会的“最后一公里”。但我们也要时刻谨记，乡村振兴战略不是一维的，而是多维的；不是抽象的，而是具体的。它明确指出，要坚持农业农村优先发展，把我国农村建设成为“产业兴旺、生态宜居、乡风文明、治理有效、生活富裕”的新农村，贯穿农

① 本节作者黄佳诗(中国农业大学经济管理学院)。

民的衣食住行，同时要与“两个一百年”奋斗目标相结合，统筹乡村政治、经济、文化、社会、生态建设，力图使我国农业成为有奔头的产业，让农民成为有吸引力的职业，让农村成为安居乐业的美丽家园，战略目标清晰、要求明确。而我们，作为“两个一百年”奋斗目标即将实现的这一伟大时代见证者，作为致力于振兴乡村的参与者，更应清楚地明白，乡村振兴与“两个一百年”奋斗目标之间息息相关。

一、乡村振兴战略与“两个一百年”的关系

“两个一百年”奋斗目标的具体内容为：第一个一百年，也就是到中国共产党建党一百年时，全面建成小康社会，使得国民经济得到更大程度的发展，各项制度得以完善；第二个一百年，也就是到新中国成立一百年时，基本实现现代化，建成富强民主文明和谐美丽的社会主义现代化强国。而乡村振兴战略的目标为，到 2020 年，乡村振兴取得重要进展，制度框架和政策体系基本形成。到 2035 年，乡村振兴取得决定性进展，农业农村现代化基本实现。到 2050 年，乡村全面振兴，农业强、农村美、农民富全面实现。

可见，首先二者的时间点是有重合的。从理论上看，中国特色社会主义下的小康社会必然不是只关注某一群体，而是共同富裕，是社会所有行业与群体的全面发展；从现实情况看，我国近期对于消灭贫困、乡村振兴的目标是确保 2020 年所有贫困贫困人口共同迈入全面小康社会。因此，应该这样理解“两个一百年”奋斗目标下中国乡村振兴战略：乡村振兴战略是“两个一百年”奋斗目标的一部分，也是实现“两个一百年”奋斗目标的必然要求。谈乡村振兴战略离不开“两个一百年”奋斗目标，实施乡村振兴战略是实现“两个一百年”奋斗目标的途径，“两个一百年”奋斗目标是乡村振兴战略的背景与基础。

二、不忘历史，凝聚力量

不忘初心，在理解“两个一百年”奋斗目标与乡村振兴战略的基础上，有必要对乡村振兴战略提出的意义，以及已有的规划部署进行回顾。

在新中国的发展历程中，中国农村与农民做出了巨大的贡献。在新中国

成立的历史中，“农村包围城市”是创新性的而又具有中国特色的发展道路和总战略，广大的农民被号召起来，发动武装起义，建立军队，为建立新中国贡献了巨大的力量；在新中国成立初期，由于国家整体发展战略的需要，中央制定了“以农补工”的政策，强制征购农产品，从而推动工业化实现的进程，而这在一定程度上也阻碍了农业的发展①，可以说是农民对新中国早期产业发展的伟大奉献与牺牲；在中国近年最伟大的壮举——改革开放中，安徽省凤阳县小岗村的农民为了不再挨饿，以勇敢果决的方式，搞起了大包干，改为“分田到户”，在中国改革的历史上写下了浓墨重彩的一笔；在中国经济不断发展、基础建设不断完善的历程中，农民工背井离乡，在他乡挥洒汗水，用自己的辛勤劳动建成一座座高楼大厦，构成了城市的美丽风景……

可以说，没有中国农民，就没有新中国的飞速发展。在经济发展有一定成果、国际地位显著提高的今天，我们绝不能忘记中国农民，不能忘记中国农民在历史进程中的伟大贡献。所以，从历史角度看，实现乡村振兴，进而实现“两个一百年”奋斗目标是必要的，而且是有重大意义的。

三、立足当代，扬长补短

当今中国社会存在着城乡差距大的问题。从收入层面来看，我国城乡居民收入比例超过两倍②；从消费层面来看，城镇居民与农村居民之间有 10 年的差距；从就业层面来看，农村居民从事的工作工资更少、保障更低；从公共服务的层面来看，城市的公共投入是农村的 16 倍。而在教育与医疗方面，由于农村天然的地理位置弱势以及历史原因，城乡之间也有很大的差距，农村居民的文化程度远不如城市居民，农村居民的卫生消费占全国医疗总消费的比例也只有 6%③。

而这样的现状导致了一些社会问题。首先，城乡收入差距大会对社会稳

① 辛逸，高洁．从“以农补工”到“以工补农”——新中国城乡二元体制述论[J]．中共党史研究，2009(9)：15-24

② 吴钦春．我国城乡居民收入差距现状及对策研究[J]．河南社会科学，2013，21(8)：38-40＋108

③ 王春侠．农民问题与社会和谐[J]．江淮论坛，2005(5)：91-96

定造成不良影响。章元等研究发现，失业的农民工更容易走向犯罪，从而导致犯罪率的上升①，收入微薄的农民工容易对社会现状产生不满情绪，尤其是其中一些没有固定工作的人群，他们同时有不满情绪与闲暇时间，更容易成为当地社会的不稳定因素。其次，中国经济进入“新常态”，国民生产总值增速放缓，需要供给侧改革，同时也需要拉动内需。而中国有超过一半的人口都是农民，他们并非没有需求，而是因为收入不足无法形成有效需求。只有农民有更高的可支配收入，农村居民的需求才能够跟上，中国经济才能够得到更好的发展。最后，城乡差距会引发人们对于公平正义的担忧，自古以来中国人就有悯农思想，当农村居民因为出身而与城市居民在未来发展上有较大差距时，人们会对社会的运行机制产生担忧，这对于维持社会发展的活力不利。

所以，要想实现“两个一百年”奋斗目标，建成富强民主文明和谐美丽的社会主义现代化强国，就必须立足当下，解决这些由于乡村发展不足而造成的社会问题，这正是乡村振兴战略的意义所在。

因此，乡村振兴战略的提出既是对为中国发展做出巨大贡献的农民的回馈，也是改善现实社会、从而实现“两个一百年”目标的必经途径。到目前为止，乡村振兴战略已经有了全面的规划，同时也已经产生了一定成果。

习近平总书记曾对乡村振兴有重要指示，提出“五个规划”，“要坚持乡村全面振兴，抓重点、补短板、强弱项，实现乡村产业振兴、人才振兴、文化振兴、生态振兴、组织振兴，推动农业全面升级、农村全面进步、农民全面发展”。

经济基础决定上层建筑。产业振兴是乡村振兴的基础，有了坚实的产业解决农民就业问题，才能再谈农村的文化建设。人才振兴与组织振兴是乡村振兴的催化剂，在组织的指引下，通过劳动创造价值，能够改变农村现状、改善农民生活。文化振兴与生态振兴是乡村振兴的筋骨，只有提升文化软实力，乡村才会真正由内而外散发吸引力，而良好的生态则确保了乡村振兴未来发展的可持续。

---

① 章元，刘时菁，刘亮．城乡收入差距、民工失业与中国犯罪率的上升[J]．经济研究，2011，46(2)：59-72

在中央的指挥棒下，在这样全方位考虑的事先规划下，中国乡村的振兴是可预见的。事实上，如今乡村振兴战略也取得了一些成果。

乡村振兴、质量兴农，各地因地制宜，发展了适合当地的乡村旅游等绿色产业，为乡村注入了全新活力。例如，海南省岭脚村在乡村振兴战略的指引下，由单纯地以传统方式种莲雾，转变为发展以莲雾为特色的乡村旅游，实现了产业升级与产业融合；广东省河源市紫金县凤安镇在乡村振兴战略的指引下，发展“交通＋特色产业”的扶贫模式，丰富了当地的人文和旅游资源……乡村振兴战略正在改变中国的每一个村镇。

四、展望未来，奋勇前进

1. 乡村振兴战略与“两个一百年”奋斗目标必然实现

无论从何种角度或层面上看，乡村振兴战略对于中国发展都有重要的意义，而党中央也非常重视乡村振兴战略的实施。党的十九大以来，习近平总书记就乡村振兴战略作出了一系列重要批示。习近平总书记强调，“坚持农业农村优先发展，在干部配备上优先考虑，在要素配置上优先满足，在公共财政投入上优先保障，在公共服务上优先安排”。而2019年的中央一号文件和党中央、国务院印发的《乡村振兴战略规划（2018—2022年）》也全面部署了乡村振兴各项工作。可以说，如今乡村振兴战略拥有非常重要的战略性地位。

而且，乡村振兴战略不仅处在优先位置，在具体实施中也注重规划先行，各地区因地制宜；保障资金，增加渠道引导资金流向；密切监督，推进责任落到实处。这些举措避免了追逐潮流盲目建设的情况，注重的是有质量的振兴农村与农民，同时也将乡村振兴落实到细处，可以相信，乡村振兴的实现也是能够在不远的将来成为现实的，从而也能够作为一部分推动“两个一百年”奋斗日标的实现。

2. 中国乡村将会更安逸和美好

伴随着乡村振兴战略的实现，未来的中国乡村必将是更好更美的乡村。

陶渊明的《桃花源记》描绘了中国人心中共同的理想家园，而乡村振兴战略正在让桃花源成为中国乡村的现实。从产业发展来看，未来“农户＋合作社”的联结机制将会更加完善，乡村的经济水平会进一步提升，“良田美池桑竹”指日可待；从文化氛围来看，未来中国乡村将会得到更高水平的治理，消除封建恶习，构成更加淳朴文明的文化氛围，让“黄发垂髫并怡然自乐”；未来乡村劳动力数量将达到一个平衡，教育和卫生水平也会进一步提高，中国乡村的环境将会是“芳草鲜美，落英缤纷”。未来的中国城市与乡村除地理位置之外，将没有重大差别，中国乡村将是一片田园牧歌，而富强民主文明和谐美丽的社会主义现代化强国也将在总体上得以实现。

总而言之，乡村振兴战略是“两个一百年”奋斗目标的一部分，也是实现“两个一百年”奋斗目标的必然要求。它的提出不仅具有历史意义，而且具有强烈的现实意义。而且，乡村振兴战略已经具备了优先地位、完备规划以及一定的成果。可以预见，在党中央的领导下，未来乡村振兴必将实现，而这也将推动“两个一百年”奋斗目标的实现。

回顾过去，牢记艰辛岁月，不忘初心，砥砺前行。立足当代，谨记幸福是奋斗出来的，为全面建成小康社会贡献自己的力量。展望未来，社会主义新农村的美好愿景定会实现。

第六节　乡村振兴的百年追溯与未来展望①

我于历史长河中走来，耳边响起你的诉说，如泣如诉，如诗如歌。既有年幼时的苦涩迷茫，又有饱含岁月的沧桑，然终不失初心所向，在这雄关漫道上落下坚定的脚印，向着红色旗帜飘扬的方向前进。

曾经的你，在这世界上是那么的辉煌，然而终究逃不过怀璧其罪的厄运，昏庸的统治者弃你于不顾，任凭野兽榨干你的血肉。残酷的剥削者认为，他们打断了你的脊梁，你必将堕入深渊而不复，但你没有放弃，隐忍不发，于无尽的黑暗中等待那一束光芒的到来。慢慢地，七十载的岁月凝聚了你的血肉，百年的磨炼铸成了你坚硬的脊梁，而这一路上的栉风沐雨便成就了你这般坚毅的灵魂。农村，这片生我育我的土地啊，农民，这群辛勤耕耘的亲人

① 本节作者鹿傲飞、张冰洁（中国农业大学经济管理学院）。

啊，你们必将于这新时代中重新绽放光芒！

以史为镜，可以知兴替。回首这七十载的历程，它是我国农村的一场“文艺复兴”，编织成一曲动人心弦的歌谣；遥望这近百年的岁月，更是我国农民的一次“开天辟地”，颂唱出一首荡气回肠的曲赋。鸦片战争后，传统的“农本”思想受到了前所未有的冲击，“工商立国”成为那时代的口号，农业发展陷入了前所未有的低谷。民国初创，社会有识之士认识到了片面发展工商业而忽视农业的弊端，遂提出“农村复兴”口号，力图“农村与城市之平等发展”，但终因国家积贫积弱，且未有宏图大略者予以指导，化为一场泡影。

纵观近代历史，中国农村一直处在危机之中，城市的发展并未反哺农村，反而在一定程度上加重了农村的落后。于是，中国的农村便于漫长的岁月中，等待着那个能将它拉出深渊的一双手。事实证明，这份等待是值得的。新中国成立后，通过土地改革，打破了禁锢在农村、农民身上的枷锁，解放了农村生产力，使农民真正成为土地的主人。但是这还不够，在党和政府的积极引导下，农业合作化的浪潮接踵而至，势要将残存的封建土地制度进行一次彻底的冲洗，引导农民走上共同富裕的社会主义道路。十一届三中全会后，党中央深刻总结新中国成立以来农业发展方面的经验教训，做出了实行“家庭联产承包为主的责任制”的重大决策，为农村致富和现代化开辟了一条崭新的道路。从此，农民生产积极性显著提高，农村开始富裕起来。至此，中国农村的面貌日新月异，农民们的雀跃声响彻田野。但是，勤勉的中国人民并未因这些成就而止步不前，因为牢记那段触目惊心历史的我们清楚明白，落后就要挨打，中国人民要自豪地立于世界民族之林，中国农民要昂首挺胸阔步前进，要让世界听到时代的最强音！

2005 年，新农村建设如火如荼地开展了起来，毫无疑问，这是中国乡村建设的新篇章。这一次，乡村振兴的目标不是仅放眼于农村，而是在以工补农、以城带乡的全面部署下统筹城乡发展①，使乡村与城市两者都不会成为“木桶效应”中的那一短板。在新农村建设中，我党提出了“生产发展、生活富裕、乡风文明、村容整洁、管理民主”的总要求，并把坚持和完善农村基

① 周立．新时代乡村振兴战略——乡村振兴战略与中国的百年乡村振兴实践[J]．人民论坛·学术前沿，2018(3)：10

本经营制度，加快农村要素市场建设，深化农村产权综合改革作为新农村建设的重点任务，努力实现在农村基础设施和基本公共服务的建立完善。

2017 年，十九大开启，习近平主席在深入研究我国农业农村发展现状的基础上，在十九大报告中提出“乡村振兴战略”，要求全面推进农业农村的发展，使乡村振兴第一次上升为国家战略。乡村振兴战略以“产业兴旺、生态宜居、乡风文明、治理有效、生活富裕”为总要求，将“三农”问题作为工作的重中之重，并通过建立健全城乡融合发展体制机制和政策体系，加快推进农业农村现代化，重点解决发展不平衡、不充分、不同步的三大问题，将振兴乡村作为实现“两个百年”目标的关键节点。我们需要时刻谨记，在经济飞速发展的今天，农业依旧是我国的立国之本，只有切实做好“三农”工作，让农业成为有奔头的产业、农民成为有吸引力的行业、农村成为安居乐业的美丽家园，我国经济发展才能有坚实的基础来面对当前国际复杂形势的冲击。为了更好地推进乡村振兴战略，党和国家在深刻考虑国家发展实际的前提下，明确提出了乡村发展“三步走”战略：要求到 2020 年，乡村振兴取得重要进展，制度框架和政策体系基本形成；到 2035 年，乡村振兴取得决定性进展，农业农村现代化基本实现；到 2050 年乡村全面振兴，农业强，农村美，农民富全面实现。至此，我国农业农村发展的宏伟蓝图有了详尽的指导。

农民富则国富，农业强则国强，农村振兴则国家振兴。我们要清楚地明白，实行乡村战略是建立现代化经济体系的重要基础，更是建设美丽中国的关键举措，但它不是一蹴而就的，而是一个漫长而沉稳的发展过程，对此，习近平总书记提出实施乡村振兴战略要围绕“产业振兴，人才振兴、文化振兴、生态振兴、组织振兴”五个方面统筹规划的科学论断。我们必须要切实地以“五大振兴”为指导，使乡村振兴之路走得有理有力，从而更好地推进乡村振兴战略的实施。

（1）产业振兴是乡村振兴战略的基础保证。产业不仅是乡村经济的支柱，更是服务乡村生活的基础保证，只有实现乡村的产业发展，才能使乡村振兴战略稳步前进。然而目前，大多数人对产业振兴仍然仅具有一个模糊的概念，甚至很多人存在认识误区，认为实施产业振兴只需要加快发展现代农业产业或者认为产业振兴是一个难以把握的问题，但实际上，产业振兴是要综合农村的发展优势，努力发展现代化的农业，推进农业绿色化、优质化、品牌化，以结合本地优势打造出“一村一品”的发展格局为目标。因此乡村产业振兴应从以下几个方面出发：第一，要加大对特色农产品的宣传力度，通过精心的销售策划提高品牌知名度；第二，加大对乡村龙头企业的扶持力度，形成“先富带动后富”的相互扶持的格局；第三，加强农村现代化服务业的发展，通过运用互联网等技术，采用大数据、信息化等手段，促进有关农资、农技、农人、农品、农需信息的传播，打破市场上存在的信息不对称；第四，要推进城乡产业融合互动发展，要全面推进“现代农业＋”创新发展新业态将城乡产业的优缺进行互补，充分发挥农村产业中的优势，结合城市的需求，大力发展如休闲农业、会展农业、定制农业等新业态。

（2）人才振兴是乡村振兴战略的重要支撑。乡村人才振兴必须要高度重视人才的作用，不仅要从外引进专业技术人才，还要能够留住本村中的人才，这样所做出的决策才能既有外来的先进思想，又能够切实符合本村的实际发展状况。乡村人才振兴采取以下措施：第一，解决好当地人才的创新创业问题，大力推进例如家庭农场、合作社等各种形式的创业，给予当地人创业一定的政策扶持、资金补助和技术指导，这不仅有利于带动当地人民的就业，而且有效地防止人才外流，使农村发展拥有关键的人才要素；第二，加大对人才引进工作的开展，运用政策、机制、机会等多种方式，鼓励社会各界人才走到乡村、认识农村、了解农村，使其对乡村生活有所向往，对农村未来抱有希望，愿意返乡兴办实业，发展产业，带动就业，将所学运用到农村，促进发展；第三，要加强对人才的培养与储备，培育出一批拥有良好的专业素质、做事勤奋、年富力强的人才，扩大政府支出中用于教育的部分，努力培养高素质劳动力，从而推动乡村的发展。

（3）文化振兴是乡村振兴战略的动力源泉。文化是一个民族的灵魂，是中华文明源远流长的重要保证，乡村更是中国传统文化的发源地。因此，乡村文化在继承优秀中国传统文化的基础上，也应该与时代相结合，促进农村文化的振兴。因此，文化振兴应做到：第一，深入挖掘优秀的传统文化。中华优秀传统文化蕴涵着丰富的思想道德资源，要继承中华优秀传统文化中的人文精神与道德规范，并结合时代取其精华，推陈出新，使中华文化发展时刻保持活力；第二，要大力培育和践行社会主义核心价值观。一个国家，一个民族，只有当人民有信仰时，国家才会有力量，民族才会有希望。因此，我们应该在全社会大力弘扬和培育社会主义核心价值观，使之成为全体人民共同的价值追求，成为百姓日用而不觉的行为准则，让我们国家的农民成为有知识、有文化、有素养的新型农民；第三，要塑造优秀的家风文化。家庭是社会的基本细胞，是人生的第一所学校。“少成若天性，习惯之为常态”，要重视家庭建设，注重家庭、家教、家风，促进家庭和睦，亲人之间和谐友爱，促进下一代健康成长，使老有所养，少有所依，努力将农村打造成和谐友爱的大同社会。

（4）生态振兴是乡村振兴战略的发展内涵。生态文明建设是我国党的十八大以来提出的“五位一体”重大决策，建设好乡村的生态文明，是中华民族永续发展的千年大计，关系人民福祉和民族未来，功在当代，利在千秋。因此，要切实做好乡村的生态文明建设：第一，要树立乡村发展的生态理念，“绿水青山就是金山银山”，而尊重自然、顺应自然是我们在与自然相处时应该铭记的准则，要切实做到不随意扔垃圾，保护水源，当然，我们保护生态发展的同时，也不能拒绝经济的发展，要实现好两者之间的平衡有序，拒绝极端主义思想；第二，要加快形成资源节约型的空间格局、产业结构和生活方式。要对农村土地进行整体的规划，尽可能集中节约利用农村土地面积，减少对自然生态空间的占用，给自然留下更多的修复空间，从而给农业留下更多良田，让子孙后代拥有天蓝、地绿、水净的美好家园；第三，加大对生态系统的保护力度，实施重要生态系统保护和修复的重大工程，优化生态安全屏障体系，构建生态廊道和生物多样性保护网络，提升生态系统质量和稳定性①。

（5）组织振兴是乡村振兴战略的制度保证。中国共产党自成立起，就将时刻保持与人民之间血肉关系作为不可替代的信念，而农村基层党组织更是党在农村工作的基础，是与人民群众保持密切联系的桥梁与纽带，不仅有利于实现国家与社会的长治久安，保障人民生活水平，而且能充分调动农村生产要素，推动农村的发展。因此，乡村组织振兴意义重大，要做到：第一，要加强乡村基层党组织建设，强化基层党组织在农村工作事务中的权威，对“村霸”等黑恶势力进行坚决打击，对基层工作人员进行严格的考核，防止“一颗老鼠屎坏了一锅粥”现象的发生；第二，要完善村民民主自治制度，使村民拥有更广泛的选举权、管理权，使农民充分认识到，自己是这个村子里不可缺少的一分子，大大激发农民当家作主、建设好自己乡村的热情；第三，乡村组织振兴要加强乡村党员队伍建设，加强对党员的教育，切实发挥共产

① 本段部分内容引自《国家质量兴农战略规划（2018—2022年）》。

党员的先锋模范带头作用，把农村事务落实在手上，扎根于心中。

此外，乡村振兴战略并不是“独行侠”，我们在大力推进乡村振兴过程中，既要抓速度，更要抓质量，坚持“质量兴农”，使我国农业发展道路走得顺、走得稳。党的十八大以来，习近平总书记对“质量兴农”和加强农产品质量安全工作做出了一系列重要指示。质量兴农是加快推进农业由增产导向转向提质导向的必由之路，也是农业实现高质量发展的标志性要求，确保农产品质量安全是深入推进质量兴农的最重要内容，也是最基本的底线。中央明确提出，农业农村部要加强农产品质量安全和相关农业生产资料、农业投入品的监督管理，严防、严控、严管质量安全风险，让人民群众吃得放心、安心。相关司局要发挥好综合协调、牵头抓总、督查督办、对外联络以及引导舆论等方面作用，担负起“管行业就得管安全”的责任。要坚持质量兴农，切实保护好人民的生命安全，就要切实做到：第一，制定实施合适合理的标准，宁严勿松。要加强标准的制定与修改，建成覆盖领域广、覆盖范围全的政策体系，切实解决好老百姓关心的药残、药控的问题；第二，开展最严格的监管。要加快构建质量安全追溯体系，全面推行食用农产品合格证制度，建立“黑名单”和举报奖励制度，加强监督抽查，守住不发生重大农产品质量安全事件和系统性安全问题的底线，并加强对执法监督人员的培训；第三，实施最严厉的处罚，对危害人民群众生命安全的行为绝不姑息。要全面推动法律体系的建设，加大对违法违规行为的处罚力度，挂牌查处一批重大案件并及时向社会公布；第四，“质量兴农”必须做到统筹推进。质量兴农涉及面广、内容多、政策性强，涵盖农业产前、产中、产后全环节，涉及种植、畜牧、渔业等各行业，必须统筹协调推进。要继续深入实施质量兴农系列行动，抓紧研究制定完善产业结构调整、质量安全监管、农业绿色发展、农产品品牌创建等方面的支持政策，现有资金项目要向质量兴农方面倾斜。扎实有效推进质量兴农政策体系、评价体系、考核体系、工作体系建设，集中精力抓好几件打基础管长远的大事；第五，积极引导媒体、专家、公众、社会组织等各方面参与，正面引导和舆论监督相结合，在更大范围、更广领域汇聚推进质量兴农工作的正能量①。

作为新时代的大学生，作为一名有志于为中国农业农村发展贡献自己全

① 本部分内容引自《国家质量兴农战略规划(2018—2022年)》。

部力量的农大学子，我们不仅要学好有关农业的专业知识，更要将理论与实践相结合，踏足乡村，了解这片热土上平凡而不平庸的故事，从中总结出丰富的经验，从而为将来投身于农村建设打下坚实的基础。

回望历史，是为了体会前人的艰辛苦难，让我们铭记这百年路上来的沧海桑田；驻足当下，政通人和而万事俱兴，更应乘风而起，全面推进农村事业的发展；那么凝望未来，便在这条康庄大道上奋力前行，终会超越昔日的荣光。

本章小结

本章既有精准扶贫战略实施的调研探索与问题建议等的讨论，也有深度扶贫内生动力的思考，还有对美丽乡村建设过程中幸福家庭变化的见证、观察与思考，更有对百年历史的回望、成就的总结以及下个一百年中国梦的期待……

附 录

诗歌咏志：“三农”调研情之所系

引言：近几年来，团队基于课题调研需要和行业发展实际需求，经常是“三天两地”式的在城市和乡村之间切换，在东部与西部、南方与北方之间穿梭，结合旅途颠簸和业务调整，既有风景的变换，也有感情的起伏，借诗以抒情言志。

调研路上①

蜻蜓点水收获丰，
空中飞人也轻松；②
感恩感念记心中，
时间管理事半功。③

（2019 年 7 月 28 日）

① 2019 年暑假调研任务比往常要多，时间紧任务重，经常四天三省或三天两省跑来跑去。

② 由于得到了农业农村部有关司局处室的指导协调和山东省、四川省、贵州省、江苏省、辽宁省农业农村部门等的帮助，调研节奏虽快，但是效果得到了较好的保障。

③ 事半功倍，时间安排紧凑而富有成效。

送　别①

合欢花开，生要远行。②
硕果压枝，术业功成。
前方路上，诸多大坑。
为师道声，你多珍重。
坎坷曲折，定能趟平。
踏实肯干，团队为城。
取舍有道，心中有衡。
祝君好运，步步为营。
事业生活，各种垂青。

（2019年6月18日）

① 自己带的研究生毕业，按照惯例是要聚聚欢送并送上美好祝福的。

② 多年来已成惯例，每到校园里合欢树开花的时节，便是学生毕业离校步入社会的时候。

父亲，节日快乐

人生的甘甜有十分，
你只尝了三分；
生活的苦涩有三分，
你却吃了十分！[①]

父母简朴大半辈子，
用苛刻的吝啬和苟且对待自己，
全身心投入孝敬完老人，
八十多了还在成全着子女！

仁义礼智信，
清廉勤俭苦，
父母是彻头彻尾生活的矮子，
父母是确确实实道德的巨人。

岁月在您额头刻下深深痕迹，
佝偻了您瘦弱的身躯，
伟岸了咱仁厚的族谱，
激励着晚辈前行的脚步！

我的老父亲，
我最疼爱的人，
父亲节之际恭祝天下父母：
身体健康，温馨快乐幸福！

（2019 年 6 月 15 日）

① 刘和刚演唱的歌曲《父亲》，每每听到这几句，总会热泪盈眶。

端　午①

端阳源于古，
屈原伍子胥；②
种收系五谷，③
辛劳不言苦；
忙中偷闲娱，
数典勿忘祖；
纳入国法普，④
粮稳天下足。

（2019 年 6 月 7 日）

① 端午节（农历每年五月初五日），又称端阳节、端五节、重五节等，为中国四大传统节日之一，源自上古先民择“龙升天”吉日祭祀龙祖的节日，各地习俗和文化活动众多，承载了深邃丰厚的历史文化内涵。

② 端午节通常与纪念两个重要历史人物相关：一个是伍子胥，为春秋时期（公元前770—公元前476年）楚国人。其父兄均为楚王所杀，子胥弃楚投吴，助吴伐楚，五战而入楚都。吴王阖庐死后其子夫差继位，子胥多次劝谏灭越遭拒，夫差听信太宰伯嚭谗言，赐子胥宝剑。伍子胥自杀前对门客说：“我死后，请将我眼睛挖出置于东门之上，以看越国军队进程灭吴”（伍子胥死后九年，吴国为越国偷袭所灭）。夫差闻言大怒，令取子胥尸首装入皮革于五月五日投入江中。二是屈原，为战国（公元前475—公元前221年）末期楚国人。相传，屈原力主联齐抗秦，遭到贵族子兰等人强烈反对，遭谗去职，被流放至沅、湘流域。公元前278年，秦军攻破楚国京都，屈原心如刀割，于五月五日写下了绝笔之作《怀沙》，之后抱石投汨罗江。听闻屈原投江，当地百姓马上划船捞救……无果而终，但是人们荡舟江河不忍离去，后发展成为龙舟赛。百姓们还纷纷拿来米团投入江中，以免鱼虾糟蹋屈原的尸体，后来逐步演化为吃粽子的习俗。

③ 端午节与芒种相连，在农事看来，恰是夏收夏种的关键时节。

④ 端午节与春节、清明节、中秋节并称为中国四大传统节日。其中，端午节于2008年起被列为国家法定节假日。

春旱·麦雨

久旱逢大雨，
可惜麦收时。[①]
劳作小半年，
颗粒归仓里？[②]

（2019年6月6日）

① 俗话说的四大喜事之一是“久旱逢甘霖”，但是2019年春季北方大旱，进入麦收时节的大雨是不能算的。

② 大雨倾盆令人心焦，所谓的“抢收抢种”“麦熟一晌”就是与老天抢时间。

贺我农曲周深耕 46 载[①]

蹭蹭热度，念念过去，[②]
马马虎虎，张口喘气。[③]
坐坐板凳，想想来日，[④]
迷迷糊糊，原地踏步。[⑤]
——生活虐我千百遍，
我待生活如初恋。[⑥]

（2019 年 5 月 30 日）

① 中国农业大学扎根曲周 46 个春秋深耕，取得丰硕成果，昔日盐碱地变为今天米粮川，连日来新闻联播、焦点访谈等各路媒体的宣传报道可谓铺天盖地，热闹非凡。

② 吾生亦 46 载，回首往事，庸庸碌碌，思绪万千。

③ 没有什么大的成就，还走得有点累有点喘，力有不逮。

④ 坐着冷板凳，刚好可以冷冷静静，想想未来。

⑤ 身处历史激流当中，目标不很明确，自己难以认清和准确把握未来，那就继续埋头做好本职工作吧。

⑥ 生活的挫折一个接着一个，可谓“苟且一个连着一个又一个”，但是我们要始终保持乐观向上的精神状态，积极应对的心态，充满正能量地对待。

访严俊昌

小岗老书记，
改革亲身历；①
思路真清晰，
历史扼要叙；②
粮地深情系，③
见三总书记。④

（2019 年 5 月 28 日）

---

① 严俊昌是著名的农村改革发源地——安徽省凤阳县小溪河镇小岗村的老支部书记，79 岁，是发起"联产承包责任制"18 个签字当事人之一。

② 严俊昌回顾农业农村改革历史，无论波澜壮阔的历史，还是当下有关"三农"的大政方针，思路清晰，简明扼要，点中要害。

③ 严俊昌对于粮食和土地，能够非常明显地感觉到其有一种极为深厚的、充满时代印记的特殊感情，他坚决拥护党中央"将饭碗牢牢端在自己手里"和农民土地承包经营权长期不能变的政策。

④ 严俊昌曾受到江泽民、胡锦涛和习近平三位总书记的亲切接见。与我们分开时，再三语重心长地叮嘱，要坚决拥护和支持习近平总书记。

乡村振兴中华有为[①]

山外青山天外天，[②]
水中碧水仙中仙；[③]
振兴甘露荡心田，[④]
产业兴旺舞钢钎；[⑤]
碧水青山共期盼，
金山银山靠流汗。

（2019 年 5 月 20 日）

---

① 2019 年 5 月 16 日，美国总统特朗普签署法案制裁华为，引起全球中华儿女的强烈反响和深入思考；农业，也要打造“华为”。

② 俗话说“山外有山天外有天”，我们要居安思危，不可盲目乐观，不能妄自尊大。

③ 2005 年 8 月，时任浙江省委书记的习近平提出“绿水青山就是金山银山”，为农业转型升级发展带来了全新的思路。农业农村发展中的生态建设在“又快又好”发展时期曾经留下了不少欠账；当前已经进入“新时代”，“又好又快”和“生态文明”成为时代主题，农村面源污染治理、人居环境改造日益受到重视。

④ 2017 年 10 月，党的十九大报告中提出“乡村振兴战略”，迅速成为新时代“三农”工作的总抓手。

⑤ “乡村振兴战略”包括乡村产业振兴、乡村人才振兴、乡村文化振兴、乡村生态振兴和乡村组织振兴五个大的方面，产业振兴是“五大振兴”的核心和关键。

百望晚霞①

日落百望霞满，
绚烂绽放墨坛；②
乾坤挪移运转，
天道酬勤罚懒；③
孺牛俯首勿鞭，
试问前程可攀？④

（2019 年 5 月 13 日）

① 百望山，傍晚的百望山上红霞漫天，异常美丽，引人遐思。

② 傍晚的百望山彩霞漫天，巨幅山水画般的美景绚烂异常，仿佛打翻了画家的染料坛子。

③ 巨幅山水变化无常，精妙绝伦的画卷轮番展开，这是大自然的力量及其演变规律，作为大自然的一分子，我们只有遵其道而行之。

④ 臧克家《老黄牛》中有言“不等扬鞭自奋蹄”，但是现在年轻学子面对眼前各种诱惑，作为老师如果不扬鞭是不是可以呢？“三农”学子的前程如何保障呢？还是遵循自然规律与人才教育成长规律吧。

论道可持续

长枪短炮为哪般？
南郊宾馆论发展。①
行业大咖明湖畔，②
持续创新铆劲干。
啄木鸟儿歪头看，
环境不美誓不还。

（2019 年 5 月 9 日）

① 2019 年 5 月 8—10 日，2019 年中国可持续发展研究会学术年会暨可持续发展论坛在山东省济南市南郊宾馆召开，行业内大咖云集会堂，论道可持续发展；院里一棵古树旁聚集了众多的摄影爱好者，摄影者的长焦镜头似长枪短炮一般纷纷聚焦古树树洞等待育雏中的啄木鸟现身。

② 指济南有名的大明湖。

小水行

乡村振兴，规划先行①；
小水村里，桃花美景②；
段弟操刀，顺平县城③；
艾师调研，深入里层④；
刘侯县长，⑤ 亲自陪同；
两大联盟，助力提升；
多方携手，献智顺平！

（2019 年 4 月 13 日）

---

① 2018 年 8 月 28 日，习近平总书记提出："乡村振兴，规划先行。"

② 2019 年 4 月 13 日，规划专家组赴河北省保定市顺平县台鱼乡小水村开展规划调研，该乡盛产毛桃，恰逢桃花盛开时节，甚是美丽。

③ 段文凯博士亲自驾车带队，早起直奔农业农村部贸易促进中心定点帮扶的小水村。

④ 艾东老师在调查走访座谈中异常深入和仔细。

⑤ 顺平县委常委、副县长刘启正，农业农村部贸易促进中心副处长、挂职顺平县委常委、副县长侯英武。

驴生如人生

有驴秀恩爱，
有驴拉磨赛。[①]
驴的一生，
同样有，
偌大的差距。

（2019 年 4 月 11 日）

① 在德州驴产业论坛期间参观驴场，既拍到了两头驴卿卿我我秀恩爱的镜头，还拍到了驴拉磨甚至挨鞭子的镜头，触景思人。

南昌寻根[1]

陈云旧居陈列馆,[2]
抓革命，促生产,[3]
先辈英名记心间;
红色基因永流传,[4]
担使命，当模范,
乡村振兴换新颜。

（2019 年 4 月 9 日南昌）

① 2019 年 4 月 9—11 日，农业农村部乡村产业发展司组织的全国产业化座谈会在南昌召开，利用会议间隙，参观了江西省南昌市化工石油机械厂旧址上建造的陈云旧居陈列馆。

② 陈云（1905 年 6 月 13 日—1995 年 4 月 10 日），伟大的无产阶级革命家、政治家，杰出的马克思主义者，中国社会主义经济建设的开创者和奠基人之一，党和国家久经考验的卓越领导人，是以毛泽东同志为核心的党的第一代中央领导集体和以邓小平同志为核心的党的第二代中央领导集体的重要成员。“文化大革命”中，他在党内只保留了中央委员的名义，被下放江西省南昌市化工石油机械厂“蹲点”。

③ 当时的农业生产和农产品供应还是个大问题。

④ 饭碗要牢牢端在自己手里，饭碗主要是盛自己生产的粮食，重视发展农业生产，贯彻“粮稳天下安”。

天津调研

晚赴津门朝还京，
驴业调研赶忙中；
生产托管事业兴，①
典型案例促提升；
乡村七十产业重，②
振兴跨百五杆秤，③

（2019 年 3 月 22 日）

① 陪同德州驴高峰论坛筹备组调研天津毛驴产业发展情况，心头还牵挂着生产托管的事情，农业农村部乡村产业发展司社会化服务处交给的典型案例整理任务也是刻不容缓的。

② 2019 年时值新中国成立七十周年，国家提出的“乡村振兴战略”涉及五个方面，其中的产业兴旺为重点。

③ 党的十五大报告首次提出“两个一百年”奋斗目标，即：到建党一百年时，使国民经济更加发展，各项制度更加完善；到世纪中叶新中国成立一百年时，基本实现现代化，建成富强民主文明的社会主义国家。当前，正处于“两个一百年”的关键历史交汇期。而 2017 年党的十九大报告提出的“乡村振兴战略”涵盖了“五大振兴”。

盛事筹

阳春三月芳菲盛，
行业论坛谋划中；①
相邀大咖聚禹城，
振兴驴业矢志宏；
红墙之外方略成，
立取津门老号经；②
诚信为本宾客盈，
认真笃行恒运通。

（2019 年 3 月 21 日）

① （2019）中国德州驴产业高峰论坛于 4 月 10—12 日在山东省德州市禹城召开。

② 筹备组在会议上确定有关事项，并当场拟定有关文件，随后筹备组一行立即赶往天津市天宝楼参观考察驴肉营销模式。

世行扶贫都安行

白头山，朝鲜有，①
都安城外走一走；
黑头羊，都安狗，②
平壤城里瞅一瞅；
白头山，山白头，③
中朝相邻不拴狗；④
黑头羊，羊黑头，
产业脱贫走网购⑤。

（2019 年 3 月 13 日南宁）

① 中国吉林的长白山，在边境地带分属于中朝两国，在朝鲜境内部分称为“白头山”，被朝鲜人民视为圣山。

② 广西壮族自治区河池市都安市盛产特色黑头羊，像狗一样温顺。

③ 矿产资源过度开发，我们在调研黑头羊基地时发现，就在基地附近的表面原本黑色的石头高山，已经被挖掉了一半，全是白色的石灰岩，所以从一面看是黑山绿草，从另一面看就是尘土飞扬的“白色矿山”。看到都安的黑头羊和“白头山”，使人不由自主地联想到长白山和朝鲜。

④ 意指中朝睦邻友好，携手推进东北亚和平、稳定。

⑤ 黑头羊、瑶鸡等当地的特色农产品，因为数量较小，基本还没有形成优质优价的格局，部分新农人开始尝试电商，倒是不错的一个尝试。

扶贫难[1]

山秀水美人好，
道路崎岖难搞，
经济基本卧槽；
羊肥鸡香猪跑，
饲草优势独到，
思路需要开调；
借力脱贫赶考，
倾情烧脑论招，
驴牛亦可点卯。

（2019 年 3 月 11 日河池）

① 产业扶贫作为精准扶贫精准脱贫和乡村振兴的重要内容，在现实中遇到很多困难，需要深入思考、深入基层拿出实招。

喜获批示[①]

点点成果，拳拳厚道；[②]
感恩感谢，深藏不表；[③]
平台渠道，尤为重要；[④]
乡村调研，颠簸辛劳；
你我携手，继续抬脚；[⑤]
诚惶诚恐，贡献大脑；
躬身“三农”，振兴美好。

（2019 年 3 月 8 日）

① 2018 年 12 月—2019 年 2 月之间，团队调研报告和政策建议获得中共中央政治局委员、国务院副总理胡春华两次批示，获得中央农村工作领导小组办公室副主任、农业农村部副部长韩俊批示一次。随后，中国农业大学新闻网“学校要闻”予以报道。

② 近年来团队深入“三农”一线调研取得的一点点成绩，不足为道；中国农业大学给予了充分重视和报道。

③ 团队的辛苦，领导的关怀，各方的支持，我们都会永远铭记。

④ 近年来，中国农业大学及经济管理学院、国家农业农村发展研究院等在渠道建设方面给予的重视和大力投入，中国农业大学在服务“三农”工作中的长期积累，发挥了极为重要的作用。

⑤ 获得批示只是对过去调研的肯定，我们将永远在深入一线调研的路上。

观国家博物馆有感[1]

冰冻三尺非日寒，
祖国母亲在发展；
昔日辉煌举世赞，[2]
先人流血亦流汗；[3]
吾辈孰被来者判，[4]
尚需策马快扬鞭。[5]

（2019 年 2 月 23 日）

---

①　孩子学校要求寒假期间参观博物馆，于是 2019 年 2 月 23 日跟女儿一起到国家博物馆参观，适逢改革开放 40 年成就展期间，观后有感而发。

②　众多的文物珠宝展示了先辈的勤劳与智慧，过去辉煌的历史，在当时乃至今日都受到世界普遍赞誉。

③　先人的辉煌，来自一代又一代人的拼杀和拼搏。

④　我们生活在当下的人，应该感受到历史发展的压力和责任；我们这一代人的功过是非，需要历史来做评判，需要后代人来做评判，不是我们这一代人说了算的。

⑤　想要得到后世称颂，不是简单的当下抬轿子、喊号子，而是需要切实做好事情，需要保持昂扬的精神和斗志在前人基础上继续策马扬鞭更上一层楼。

枯树·桥

是树，是桥？
目睹河水冲断了桥，
你俯下身子探于河面，
叫人们试着从你身上踏过；
是岁月，是苍老，
残缺卷曲的躯干，
和满是皲裂的老茧，
是岁月使你原本挺直的身躯，
日渐苍老；
但是，你的精神，
将如同这承载沧桑的河道，
巍峨的山川，
以及山坡的酸枣，
永远为后人称道！

（2019 年 2 月 23 日）

谬赞联

上联：昔日愚公，代代传，举步艰，山还是山

下联：今朝钩机，分分变，效率赞，川已是川

横批：山地整理，空间无限①

（2019 年 2 月 22 日）

① 作为一名来自农村的从事"三农"领域研究的学者，看到河床、山坡、平地，被钩机弄得七零八落，五味杂陈。但是，顾忌到微信朋友圈的可控能力，以及一些老熟人参与其中，又不好明说消极的认识和顾虑。我想，这应该就是真正所谓的"谬赞"。

春雪后游奥运村

奥运村里雪娉婷，
消食健步呈祥宁；
天寒地冻叹伶仃，①
五颗钉子是美景；②
乡村振兴总纲领，③
五大振兴任务清；④
猪年诸事砥砺行，
五湖四海宾客盈。

（2019 年 2 月 19 日）

---

① 伶仃洋，又名零丁洋，著名宋朝抗元英雄文天祥曾在零丁洋写下《过零丁洋》的千古正气诗篇，使零丁洋更加声名远播。我也是孤身一人在奥森公园偌大冰面上消遣，油然想起古人，眼前美景惹人醉，前人打拼后人惠。

② 北京奥林匹克公园瞭望塔工程于 2011 年开始施工建设，位于北京中轴线上，以“生命之树”为设计理念，塔体由 186～246.8 米高的五座独立塔组合而成，建筑总面积 18 687 平方米，塔冠面积 5 257 平方米，塔座面积 13 430 平方米，被网友称为“五颗钉子”，从空中看是一个五环图案，登上观光塔可以俯瞰半个北京城。2016 年经国际奥委会批准正式命名为“北京奥林匹克塔”。

③ 2017 年 10 月，党的十九大报告中提出“乡村振兴战略”，成为新时代“三农”工作的总抓手和总纲领。

④ “乡村振兴战略”20 字总要求：产业兴旺、生态宜居、乡风文明、治理有效、生活富裕，对应乡村产业振兴、乡村人才振兴、乡村文化振兴、乡村生态振兴和乡村组织振兴五个方面。

望　京[1]

望京楼上望京，[2]
踏雪路上踏雪，[3]
寻梅崖上寻梅，[4]
砍柴山上砍柴。[5]

（2019年2月13日）

① 本条微信发出后，朋友圈中不少好友应和。其中中国农业科学院哈尔滨兽医研究所王晓钧教授的堪称绝对：望京楼上望京都（堵），踏雪路上踏雪痕，寻梅崖上寻梅开，砍柴山上砍柴忙。

② 百望山顶有一个楼阁，是标志性的建筑，称为望京楼。天气晴好之时，立于望京楼上能够俯瞰半个北京城，奥运村玲珑塔、"大钉子"观景塔、鸟巢、水立方、盘古七星等建筑清晰可见。

③ 春节期间，京城下了零星小雪，山顶因为人迹较少，还没有怎么融化，走起来脚底咯吱咯吱的响声。

④ 零零散散朵朵梅花已在悬崖峭壁上开放，在枝头压雪中露出些许红晕。

⑤ 山上的管护工人已趁闲暇时间对步道旁边杂乱生长的野酸枣等进行了修剪和砍伐，枝条遍地。

百望山怀古[①]

(一)[②]

百次登高盼儿归，
望穿秋水不见回，
山岳忠义同光辉，
杨家英名伴流水。

(二)[③]

京密运河润京华，
百望山下伴随她，
主席水利顶呱呱，
泽被万世非话下。

（2019 年 2 月 10 日）

① 百望山，又叫“望儿山”，位于中国农业大学西校区西北约 2 公里处。其得名大致有三种说法：一为因山下有两个村庄东北旺、西北旺而得名；二为北宋杨六郎与辽兵在山下大战，佘太君登山观战为六郎助威，故名“望儿山”；三为百望山是太行山余脉进入京城的最后一道山梁，是太行山脉延伸到华北平原最东端的山峰，有“太行前哨第一峰”之称，《长安夜话》云：“百望山南阻西湖，北通燕平。背而去者，百里犹见其峰，故曰‘百望’”。

② 藏头“百望山杨”，杨家英名与百望山及其脚下流水一样，永远矗立、永远流芳。

③ 京密引水渠，始建于 1960 年，一期工程 1961 年完成，二期工程 1966 年完工，是一条位于北京市境内的引水渠，全长 112.7 公里，建造总目标是引密云水库拦蓄的潮白河河水供应北京市区饮用。目前一直作为北京重要饮用水来源渠道。京密引水渠与全国其他众多仍在发挥积极作用的大型水利设施一样，大部分都是毛主席时期主导修建完成并投入使用的。

小年·生产托管

过了小年是大年，①
生产服务谁来干？②
保姆管家搞托管，③
耕种防收样样办；④
保你功倍又事半，⑤
年后进城把钱赚；
现代农业小农连，⑥
乡村振兴指日现！⑦

（2019 年 1 月 28 日）

---

① 北方通常将腊月二十三称为"小年"，腊月三十即除夕，俗称"大年"。

② 近些年来，农业生产性服务作为农业社会化服务的重要着力点，日益发展壮大，在推进适度规模经营、农业机械化等方面发挥了积极作用。

③ 以生产托管为主要内容的农业生产性服务发展迅速，尤其自 2017 年以来，国家年度专项资金投入规模分别达到 30 亿元、40 亿元和 40 亿元，创造和诞生了很多"田保姆""田管家"等托管服务概念和模式。

④ 目前的托管方式，主要分为耕、种、防、收等主要环节的关键环节托管以及全程托管。

⑤ 生产托管确实发挥了节本增效的积极作用，机械化率、劳动生产率等得到大幅度提高。

⑥ 自 2018 年以来，国家重点推进小农户与现代农业的有机衔接，促进小农户参与现代农业发展，分享着现代农业发展利益。

⑦ 此诗文在微信朋友圈中发出后，引起数人回复，其中有曰：农民教授过新年，要么花草要么鞭。只叹当下钱包瘪，只能买肉解解馋。还有老牛哞哞叫，喝光牛奶吃驴鞭！

苟且的中年

披星戴月比狗还早，
捋须长叹不再年少。[①]
昨夜月圆未见花好，[②]
今晨骑马继续挎刀。[③]

（2019年1月23日）

① “三农”调研，屡屡天还大黑就已起床上路，可谓“比狗早”；摸摸早上没来得及刮的胡须，顿觉已是“苦逼”的中年。

② 昨晚睡觉前，天上月亮又大又亮又圆，美中不足的是既没有看到漂亮的鲜花，又是只身在外无法与家人在一起。

③ 虽然美中有不足，身体显疲惫；但是早早醒来想想身上的任务，还是抖擞精神继续出发了。

年底盼故乡

十五月亮十六圆，
嫦娥你可思乡关？①
忠孝自古难两全，
有钱没钱把家还。

（2019 年 1 月 21 日）

① 通常认为阴历十六的月亮要比十五圆，现在已经是腊月十六了，天上的月亮分外皎洁，按照大学放假时间来看已应该进入回乡陪老人过年的阶段；广寒宫中的嫦娥玉兔，你们也在想念远在家乡的父母亲朋吗？

观北京海淀博物馆有感

达官祖坟被人刨，[①]
亘古至今几人逃。
展览传承颜值娇，[②]
追昔思今岁月好。
蛤蟆立正想蹦高，
劝君奋斗趁年少。

（2019 年 1 月 20 日）

① 展柜里琳琅满目的珍贵文物，绝大多数来自历史上达官显贵的坟墓。

② 展出的文物都非常漂亮，甚至具有深奥的科技内涵，在传承科技和文化方面往往“价值连城”。

大理古城①

大理古城楼真靓，
士兵端枪镇洱苍；②
古城中央是学堂，
闹中取静育栋梁。③

（2019 年 1 月 6 日）

① 2019 年 1 月，应邀参加农业农村部乡村产业发展司在大理组织召开的全国农业产业化统计培训会，晚上参观漂亮文明的大理古城。

② 大理古城历史悠久，楼宇殿堂，漂亮异常，1962 年 1 月，著名作家曹靖华游过大理之后赋留闻名遐迩的风花雪月诗："下关风，上关花，下关风吹上关花；苍山雪，洱海月，洱海月照苍山雪"；古城中央驻军部队前的广场上，矗立着高大威严的端枪战士在镇守和保卫古城平安吉祥。

③ 当你漫步古城的街街巷巷，你会发现在嘈杂拥挤当中有那么几处建造端庄占地相对宽敞的所在，恰恰是中小学校，可见古城重视教育之风由来已久。

平凡快乐[①]

看得见花，
望得见叶；
吃得了果，
拉得了磨；
周而复始，
元旦快乐！

（2018 年 12 月 30 日）

① 俗话说，能吃能睡能走能动就是最大的幸福和快乐。因为调研的缘故，冬季里可以天南海北看看花赏赏叶，吃吃果拉拉磨，辛苦并快乐着，夫复何求。

元旦·乡愁

山还是那座山，
云还是那片云？①
看得见山，
望得见水；②
别人的故乡，
自己的乡愁。③

（2018 年 12 月 30 日）

① 年年岁岁花相似，岁岁年年人不同。山还是那座山，但是人，至少思绪，已经不是原来那个人的思绪了。

② 2017 年 7 月，习近平总书记在中央城镇化工作会议上提出"看得见山，望得见水，记得住乡愁"，作为农业战线的一名科研人员，也一直在致力于这一目标。

③ 自己身为一名外来客，北京是别人的故乡，自己的乡愁系在遥远的故乡，但是元旦佳节之际也只能想想故乡而已，难免惆怅挂肚。

德国调研

时间紧凑兮步履忙，①
隔车抓拍兮手扒窗；②
合作调研兮心中装，
目的达成兮回家乡。

（2018 年 10 月 26 日）

① 2018 年 10 月 14—27 日，作为农业农村部赴德国农民合作社运行管理培训团成员赴德国进行参观考察，时间紧凑，步履匆匆；感谢团领导和团友，路老师和孙老师，THomas 等众机构和人员的安排与接待。

② 在高速行驶的奔驰大巴上，时常对着旁边或者车后拍来拍去。

重 阳①

又是九月九,
举起杯,
倒满酒,
饮尽乡愁,
醉卧门口。
祝愿老人,
健康长寿!
你我友情,
天长地久!

(2018 年 10 月 17 日)

① 我国俗称阴历九月九为“重阳”或“重阳节”,素有陪老人登高的传统。2018 年的重阳恰好参加农业农村部德国参访团,在德国乡间驰骋的大巴上,想起了家乡的老人。

二月二，高铁情思

二月二，龙抬头，
怎能忘得了乡愁；
父母亲，年事高，
怎能总在外面漂；
高铁快，高铁好，
再不阻挡往回跑；
车轮滚，思绪翻，
怎能不忆想当年；
吃不饱，穿不暖，
竭山拔力供备咱。
尔如今，隔两地，
年老体衰谁惦记；
时间紧，任务重，
怎能放下良心秤；
万般由，千般事，
二老叮嘱别惦记；
闭上眼，想一想，
你我真的那么忙？
盛会开，红旗展，
不忘初心往前赶！

（2018 年 3 月 18 日）

井冈科技扶贫①

革命圣地井冈山，
脱贫摘帽冲在前；
别墅民居依山建，
房前鱼塘屋后田；
乡风文明不闭户，
生态宜居民心聚；
精准脱贫贵持续，
科技支撑好唱戏。

（2018 年 1 月 21 日）

① 井冈山是科技部多年来的定点扶贫点，科技部多年以来一直派驻科技扶贫干部。2018 年 1 月，受科技部重大专项项目中心副主任、挂职江西省井冈山市委委员、常委、副书记张洪刚邀请，受中国农业大学校领导委托，与经济管理学院王文信老师一道，前往井冈山调研科技扶贫有关工作。

井冈思

白云飘飘脚下过，
井冈巍巍山里行。
扶贫悠悠乡土情，
脱贫漫漫绣花功。

（2018 年 1 月 19 日）

后　记

处于新时代重要的历史节点，作为从事“三农”领域科学研究和教育教学的一员，策划出版本书，既属于情理之中，又是偶然动念。

2018 年底我在中国农业大学经济管理学院会议后拿到《望得见山·看得见水·记得住乡愁——讲述改革开放40 年乡村变迁故事》之时，为学院的用心、李军教授与任金政教授的匠心、农经卓越班学子的飞扬思想和妙笔文心所折服，我就想是不是也可以搭建平台，组织我可爱的研究团队成员、所带领本科班级与授课的学生参与“五大振兴”进行深入调研和总结呢？我首先试着了解了一下，大家的积极呼应使我备受鼓舞。

说做就做，一边动员相关人员参与撰稿，一边与出版社联系，一边凝练和明确主题。2019 年寒假前某晚监考过程中，我突然想到“乡村七十载　振兴跨百年”这个题目似乎比较切题。于是在小范围开始讨论，同时得到了中国农业大学党委宣传部王勇部长，经济管理学院党委张瑞海书记、常务副院长司伟教授等有关领导的关心和鼓励。于是，就把其确定为丛书的系列名称，同时也确定了丛书第一册的名称为《中国乡村振兴——理论与实践探索》。

在组织撰写和编辑稿件的过程中，中国农业大学出版社童云老师和何志勇老师不厌其烦地给予专业而高效地指导和帮助，博士生李乾投入了大量的时间和精力，金融系李晓峰老师和学院党委尹金辉副书记在组织编撰稿件过程中提供了较多的帮助和鼓励，编撰成员也对每一篇稿件、每一个章节进行反复推敲、不辞辛苦。

本书的出版得到了教育部基本科研业务费专项资金项目“我国与北美驴产业发展比较研究”（编号：2019TC074）和农业农村部乡村产业发展司“农

业产业化发展情况调度”等项目的资助与支持。

需要特别说明的是，本书在组稿过程中还得到了《中国农民合作社》杂志编辑部主任于占海先生、《农村经营管理》杂志主编徐刚先生的指导和帮助。

本书的成稿与较快出版得到了众多领导和同仁的关怀、关心、鼓励、支持与资助，在此一并致以衷心感谢！

应该说明的是，由于编著者时间和水平有限，错漏在所难免，恳请批评指正！

王玉斌

二〇一九年八月二十八日